1 | La France est **une République indivisible, laïque, démocratique et sociale**. Elle assure l'égalité devant la loi, sur l'ensemble de son territoire, de tous les citoyens. Elle respecte toutes les croyances.

2 | La République laïque organise **la séparation des religions et de l'État**. L'État est neutre à l'égard des convictions religieuses ou spirituelles. Il n'y a pas de religion d'État.

LA RÉPUBLIQUE EST LAÏQUE

3 | La laïcité garantit **la liberté de conscience** à tous. **Chacun est libre de croire ou de ne pas croire.** Elle permet la libre expression de ses convictions, dans le respect de celles d'autrui et dans les limites de l'ordre public.

4 | La laïcité permet l'exercice de la citoyenneté, en conciliant **la liberté de chacun** avec **l'égalité et la fraternité de tous** dans le souci de l'intérêt général.

5 | La République assure dans les établissements scolaires le respect de chacun de ces principes.

CHARTE DE LA LAÏCITÉ À L'ÉCOLE

La Nation confie à l'École la mission de faire partager aux élèves les valeurs de la République.

6 | La laïcité de l'École offre aux élèves les conditions pour forger leur personnalité, exercer leur libre arbitre et faire l'apprentissage de la citoyenneté. **Elle les protège de tout prosélytisme et de toute pression** qui les empêcheraient de faire leurs propres choix.

7 | La laïcité assure aux élèves l'accès à **une culture commune et partagée**.

8 | La laïcité permet l'exercice de **la liberté d'expression** des élèves dans la limite du bon fonctionnement de l'École comme du respect des valeurs républicaines et du pluralisme des convictions.

9 | La laïcité implique **le rejet de toutes les violences et de toutes les discriminations**, garantit **l'égalité entre les filles et les garçons** et repose sur une culture du **respect** et de la compréhension de l'autre.

10 | **Il appartient à tous les personnels de transmettre aux élèves le sens et la valeur de la laïcité**, ainsi que des autres principes fondamentaux de la République. Ils veillent à leur application dans le cadre scolaire. Il leur revient de porter la présente charte à la connaissance des parents d'élèves.

11 | **Les personnels ont un devoir de stricte neutralité** : ils ne doivent pas manifester leurs convictions politiques ou religieuses dans l'exercice de leurs fonctions.

L'ÉCOLE EST LAÏQUE

12 | **Les enseignements sont laïques.** Afin de garantir aux élèves l'ouverture la plus objective possible à la diversité des visions du monde ainsi qu'à l'étendue et à la précision des savoirs, **aucun sujet n'est a priori exclu du questionnement scientifique et pédagogique**. Aucun élève ne peut invoquer une conviction religieuse ou politique pour contester à un enseignant le droit de traiter une question au programme.

13 | Nul ne peut se prévaloir de son appartenance religieuse pour refuser de se conformer aux règles applicables dans l'École de la République.

14 | Dans les établissements scolaires publics, les règles de vie des différents espaces, précisées dans le règlement intérieur, sont respectueuses de la laïcité. **Le port de signes ou tenues par lesquels les élèves manifestent ostensiblement une appartenance religieuse est interdit.**

15 | Par leurs réflexions et leurs activités, **les élèves contribuent à faire vivre la laïcité** au sein de leur établissement.

Liberté • Égalité • Fraternité
RÉPUBLIQUE FRANÇAISE

ministère éducation nationale

Vivre ensemble, comment ?

Enseignement moral et civique

CYCLE 4

NOUVEAU PROGRAMME 2015

Sous la direction de

A.-M. Hazard-Tourillon
Agrégée d'Histoire,
Académie de Créteil (Val-de-Marne)

et

Arlette Heymann-Doat
Professeure émérite de droit public
à l'université de Paris-Sud

Par

Maria Aeschlimann
Professeure agrégée d'Histoire-Géographie,
Collège François-Truffaut, Asnières (Haut-de-Seine)

Anne-Marie Hazard-Tourillon
Agrégée d'Histoire,
Académie de Créteil (Val-de-Marne)

Annie Lambert
Agrégée d'Histoire-Géographie

Caroline Normand
Professeure certifiée d'Histoire-Géographie
Collège Louis-Issaurat, Créteil (Val-de-Marne)

Fabienne Vadrot
Professeure certifiée d'Histoire-Géographie
Collège Pierre-de-Ronsard, Saint-Maur-des-Fossés (Val-de-Marne)

Éric Zdobych
Professeur agrégé d'Histoire-Géographie
Collège Jacques-Offenbach, Saint-Mandé (Val-de-Marne)

Nathan

Édition : Carole Greffrath et Véronique Lhermitte,
avec l'aide précieuse de toute l'équipe lettres-sciences humaines
Relecture : Isabelle Macé
Conception graphique et couverture : Frédéric Jély
Mise en pages : La papaye verte
Iconographie : Maryse Hubert, Sophie Suberbère et Juliette Barjon
Illustrations : Laetitia Aynié (pp. 18, 19, 31, 36, 38, 41, 45)
et Romain Ronzeau (pp. 57, 78, 86, 107, 115, 122-123)
Infographie : Renaud Scapin

25 avenue Pierre de Coubertin, 75013 Paris
ISBN : 978.2.09.171887.3

Avant-propos

Qu'est-ce que l'enseignement moral et civique ?

Les objectifs de l'enseignement moral et civique

- **Développer l'aptitude à vivre ensemble dans une société démocratique**

L'Enseignement moral et civique articule **le « moral », la personne**, et **« civique », le citoyen**. Il éduque l'élève à **penser et agir par lui-même et avec les autres**, à comprendre le **bien-fondé des règles**, à agir conformément à elles, à reconnaître **le pluralisme** des opinions, des croyances, des modes de vie et à **construire du lien social et politique**.

Il invite l'élève à construire sa « conscience morale » qui, à l'égard des autres, le met en situation d'exercer sa responsabilité individuelle et collective.

- **Transmettre et faire partager les valeurs de la République**

L'enseignement moral et civique s'appuie sur **un socle de valeurs**, à la fois **valeurs de la République française** (Déclaration des droits de l'Homme et du citoyen de 1789, Constitution de la Ve République) et **valeurs de l'humanité** (Déclaration universelle des droits de l'Homme de 1948, Convention européenne des droits de l'Homme et des Libertés fondamentales de 1950, Convention internationale sur les droits de l'enfant de 1989...). Parce qu'elles sont inscrites dans des textes fondamentaux, **ces valeurs sont indiscutables : liberté, égalité, fraternité, solidarité, laïcité, esprit de justice, dignité, respect et absence de toute forme de discrimination**.

La pédagogie de l'enseignement moral et civique et sa mise en œuvre dans le manuel

- **Une architecture en quatre dimensions**

La culture morale et civique prend appui sur **quatre dimensions liées entre elles**, qui doivent se travailler de manière **concomitante**, en **simultanéité**, **sans hiérarchie ni chronologie** (voir programme p. 6 à 9) :

- **la sensibilité**, soi et les autres ;
- **le droit et le règle**, des principes pour vivre avec les autres ;
- **le jugement**, penser par soi-même et avec les autres ;
- **l'engagement**, agir individuellement et **collectivement.**

- **La mise en œuvre de l'enseignement moral et civique dans le manuel**

Le manuel proposé respecte strictement les objectifs de l'enseignement moral et civique. Il privilégie **l'entrée des thèmes par les valeurs, afin de lier les quatre dimensions du programmes entre elles**. Il leur associe des **connaissances morales et civiques** et propose des **apprentissages** qui rendent l'élève **actif**, en mesure d'agir et de **mettre en actes les valeurs et principes moraux** : enquêtes, dilemmes, tâches complexes, travaux de groupes, débats, jeux de rôles...

Notre manuel met en avant une **culture de la responsabilité, de l'égalité, de la solidarité, du respect**. Il contribue à éveiller la « conscience morale », qui est la capacité à se sentir unis autour de valeurs partagées et à vouloir le rester (c'est l'étymologie de laïc, *laios*, « peuple » en grec). Cet esprit de **laïcité apprend à vivre ensemble**, donne les moyens d'**agir pour vivre ensemble**.

Nous espérons que ce manuel saura vous aider à mettre en place ce nouvel enseignement.

Anne-Marie Tourillon,
directrice de collection.

À la découverte de votre manuel

Ce manuel est structuré en 3 parties et 9 chapitres.

Dans chaque chapitre :

Des doubles pages d'étude de documents

Je découvre

Un travail sur des documents qui propose, au choix, des parcours différenciés (questions de prélèvement, bilan à rédiger, exposé ou affiche à réaliser…)

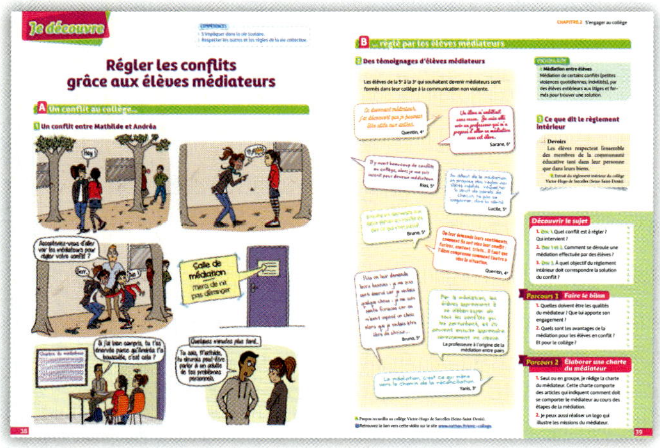

À nous d'agir !

Des propositions de tâches complexes, avec un « Coup de pouce » pour les élèves qui en ont besoin, et des aides supplémentaires sur le site de la collection.

En équipe !

Des missions à mener en équipe, avec une mise en commun en fin de séance.

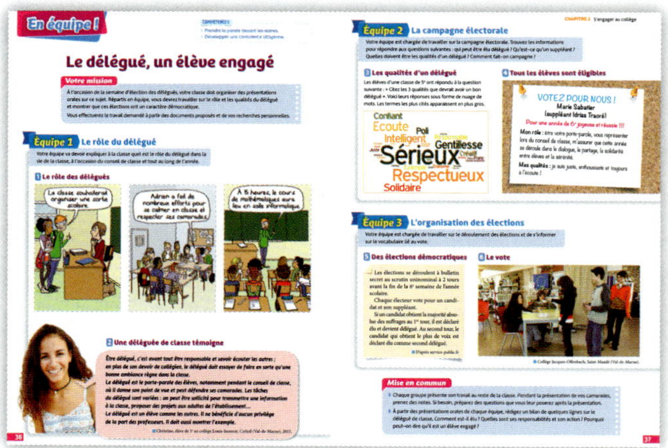

Des doubles pages pour découvrir un personnage, une œuvre, un événement

Il/Elle s'est engagé(e)

L'engagement d'un homme ou d'une femme célèbre

Un questionnement en 3 parties :
- des questions de prélèvement ;
- une activité en autonomie ;
- des pistes de prolongement.

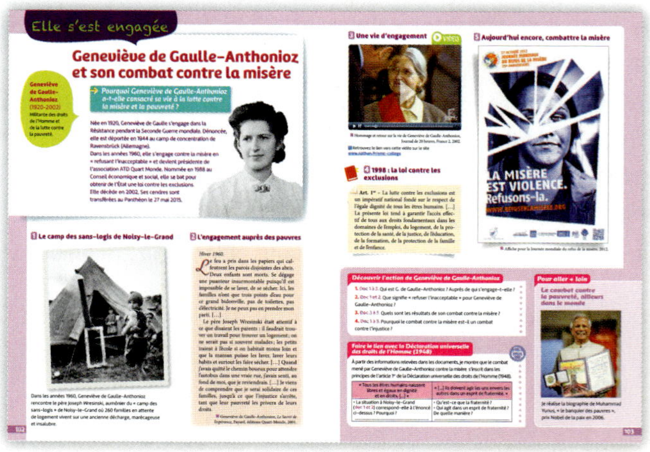

Les « Journées/Semaines de... »

Les grandes journées ou semaines qui rythment le calendrier scolaire :

Journée de la laïcité, Journée internationale des femmes, Semaine de la presse et des médias...

L'art s'engage, l'art témoigne

Pour faire le lien entre art et engagement

Un travail autour d'une œuvre, avec :
- une fiche technique « Mémo'Art » ;
- un questionnaire pour analyser l'œuvre et comprendre son sens ;
- des pistes de prolongement.

En fin de chapitre, des exercices et une synthèse

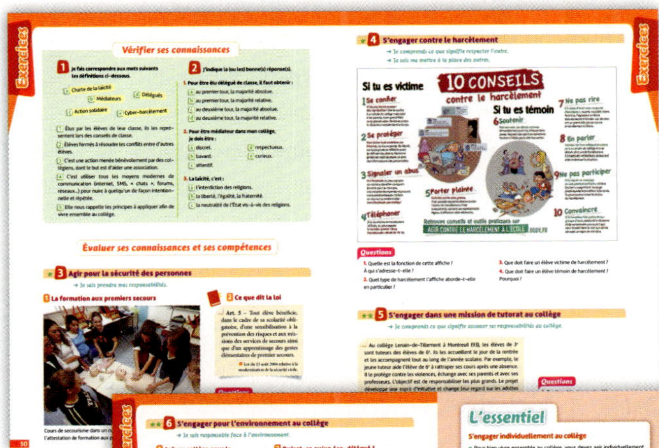

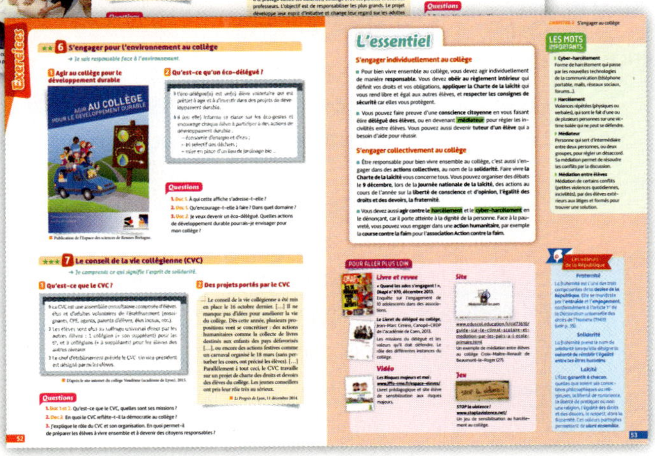

3 pages « Exercices »

- Un affichage des **compétences**.
- Un système d'étoiles pour indiquer **le niveau des exercices**.

1 page « L'essentiel »

- La **synthèse** et les mots à retenir.
- Les **valeurs de la République** travaillées dans le chapitre.
- Des propositions « **pour aller plus loin** ».

Le programme d'Enseignement moral et civique Cycle 4

Programme publié au *BO spécial* n° 6 du 25 juin 2015.

... et son application dans le manuel

La sensibilité

La sensibilité est une composante essentielle de la vie morale et civique : il n'y a pas de conscience morale qui ne s'émeuve, ne s'enthousiasme ou ne s'indigne. L'éducation à la sensibilité vise à mieux connaître et identifier ses sentiments et émotions, à les mettre en mots et à les discuter, et à mieux comprendre ceux d'autrui.

Connaissances, capacités et attitudes visées	Objets d'enseignement	Application dans le manuel
1/a Exprimer des sentiments moraux à partir de questionnements ou de supports variés et les confronter avec ceux des autres (proches ou lointains).	– Connaissance et reconnaissance de sentiments. – Connaissance et structuration du vocabulaire des sentiments moraux.	**Méthode** « De l'expression des sentiments à l'expression d'un jugement moral » p. 14 *Ces objets d'enseignement sont par ailleurs pris en compte dans l'ensemble des questionnaires du manuel.*
2/a Comprendre que l'aspiration personnelle à la liberté suppose de reconnaître celle d'autrui.	– Connaissance de soi et respect de l'autre, en lien avec l'éducation affective et sexuelle. – L'identité personnelle ; l'identité légale. – La question des addictions.	**Chapitre 2 S'engager au collège** • Régler les conflits grâce aux élèves médiateurs pp. 38-39 • Comment s'engager contre le harcèlement ? pp. 40-41 • S'engager contre les addictions pp. 46-47 **Chapitre 3 La liberté, pour vivre ensemble** • Pourquoi toute liberté a-t-elle des limites ? pp. 68-69 **Chapitre 4 L'égalité, pour vivre ensemble** • L'ensemble du chapitre 4 pp. 76 à 95 **Chapitre 5 La solidarité, pour vivre ensemble** • L'ensemble du chapitre 5 pp. 96-111
3/a Comprendre la diversité des sentiments d'appartenance civiques, sociaux, culturels, religieux.	– Expressions littéraires et artistiques et connaissance historique de l'aspiration à la liberté. – La francophonie. – Sentiment d'appartenance au destin commun de l'humanité.	**Chapitre 3 La liberté, pour vivre ensemble** • Les libertés, une conquête pp. 58-59 • Victor Schœlcher pp. 60-61 • *Liberté*, de Paul Eluard pp. 66-67 **Chapitre 4 L'égalité, pour vivre ensemble** • Différents et égaux pp. 80-81 **Chapitre 9 Qu'est-ce que la Défense nationale ?** • Le monument des enfants pour la paix à Hiroshima pp. 180-181
3/b Connaître les principes, valeurs et symboles de la citoyenneté française et de la citoyenneté européenne.	– Citoyenneté française et citoyenneté européenne : principes, valeurs, symboles.	**Chapitre 2 S'engager au collège** • S'engager dans une action solidaire pp. 42-43 **Chapitre 5 La solidarité, pour vivre ensemble** • Être solidaire : comment, pourquoi ? pp. 98-99 • Qui finance mon éducation au collège ? pp. 106-107 **Chapitre 7 Être citoyen** • L'ensemble du chapitre 7 pp. 132 à 151

Vous pouvez retrouver l'intégralité du programme sur www.nathan.fr/emc-college.

Le droit et la règle

L'éducation au droit et à la règle vise à faire acquérir le sens des règles au sein de la classe, de l'école ou de l'établissement. Elle a pour finalité de faire comprendre comment, au sein d'une société démocratique, des valeurs communes s'incarnent dans des règles communes. Elle tient compte du fait que les qualités attendues des futurs citoyens sont destinées à s'exprimer dans un cadre juridique et réglementaire donné que ces mêmes citoyens peuvent faire évoluer.

Connaissances, capacités et attitudes visées	Objets d'enseignement	Application dans le manuel
1/a Expliquer les grands principes de la justice (droit à un procès équitable, droit à la défense) et leur lien avec le règlement intérieur et la vie de l'établissement.	– Le rôle de la justice : principes et fonctionnement. – Le règlement de l'établissement et les textes qui organisent la vie éducative.	**Chapitre 1 Collégiens, ensemble** • Les droits et les devoirs des collégiens pp. 18-21 **Chapitre 2 S'engager au collège** • Régler les conflits grâce aux élèves médiateurs pp. 38-39 **Chapitre 6 Le droit et la justice, au service de tous** • Le droit, pourquoi ? pp. 114-115 • La justice, pourquoi ? pp. 116-117 • La symbolique de la justice pp. 118-119 • L'organisation de la justice en France pp. 120-121 • La justice civile : un procès au tribunal d'instance pp. 122-123 • La justice pénale : une audience au tribunal correctionnel pp. 124-125 • Un droit et une justice pour les mineurs pp. 126-127
1/b Identifier les grandes étapes du parcours d'une loi dans la République française.	– La loi et la démocratie représentative. Leur lien avec la Constitution et les traités internationaux.	**Chapitre 8 La République française, une démocratie** • Quelles sont les étapes du parcours d'une loi ? pp. 154-155 • Que est le rôle de l'opinion dans le débat démocratique ? pp. 160-161 • Quelle est l'influence des sondages d'opinion dans le débat public ? pp. 162-163 • L'usage d'internet dans la vie politique pp. 164-165
2/a Définir les principaux éléments des grandes déclarations des droits de l'Homme.	– Les différentes déclarations des droits de l'Homme. – Le statut juridique de l'enfant.	**Chapitre 2 S'engager au collège** • Comment s'engager contre le harcèlement ? pp. 40-41 • S'engager contre les addictions pp. 46-47 **Chapitre 3 La liberté, pour vivre ensemble** • Les libertés, une conquête pp. 58-59 **Chapitre 6 Le droit et la justice, au service de tous** • Un droit et une justice pour les mineurs pp. 126-127 *Les grandes déclarations des droits de l'Homme sont étudiées dans tous les chapitres du manuel.*

... et son application dans le manuel

Le jugement

La formation du jugement moral doit permettre de comprendre et de discuter les choix moraux que chacun rencontre dans sa vie. C'est le résultat d'une éducation et d'un enseignement qui demandent, pour les élèves, d'appréhender le point de vue d'autrui, les différentes formes de raisonnement moral, d'être mis en situation d'argumenter, de délibérer en s'initiant à la complexité des problèmes moraux, et de justifier leurs choix. Les élèves sont des sujets dont l'autonomie ne peut être progressivement acquise que s'ils ont la capacité de veiller à la cohérence de leur pensée, à la portée de leurs paroles et à la responsabilité de leurs actions. Le développement du jugement moral, modulé selon les âges, fait appel de manière privilégiée aux capacités d'analyse, de discussion, d'échange, de confrontation des points de vue dans des situations problèmes. Il demande une attention particulière au travail du langage, dans toutes ses expressions écrites ou orales.

Connaissances, capacités et attitudes visées	Objets d'enseignement	Application dans le manuel
1/a Expliquer les différentes dimensions de l'égalité, distinguer une inégalité d'une discrimination.	– Les différentes dimensions de l'égalité. – Les différentes formes de discrimination (raciale, antisémite, religieuse, xénophobe, sexiste, homophobe...).	**Chapitre 1 Collégiens, ensemble** • L'égalité filles-garçons face à l'orientation pp. 22-23 • Semaine d'éducation à la lutte contre le racisme et l'antisémitisme pp. 26-27 • *The problem we all live with*, de Norman Rockwell pp. 28-29 **Chapitre 4 L'égalité, pour vivre ensemble** • L'ensemble du chapitre 4 pp. 76 à 95
1/b Comprendre les enjeux, de la laïcité (liberté de conscience et égalité des citoyens).	– Les principes de la laïcité.	**Chapitre 1 Collégiens, ensemble** • Les droits et les devoirs des collégiens pp. 18-21 **Chapitre 2 S'engager au collège** • Journée de la laïcité à l'école : 9 décembre pp. 44-45 **Chapitre 3 La liberté, pour vivre ensemble** • La laïcité au quotidien pp. 62-63
2/a Reconnaître les grandes caractéristiques d'un État démocratique.	– Les principes d'un État démocratique et leurs traductions dans les régimes politiques démocratiques (ex. : les institutions de la Ve République).	**Chapitre 8 La République française, une démocratie** • Les institutions de la Ve République pp. 156-157 • Les élections en France pp. 158-159 • Quelle est l'influence des sondages d'opinion dans le débat public ? pp. 162-163
2/b Comprendre que deux valeurs de la République, la liberté et l'égalité peuvent entrer en tension.	– Les libertés fondamentales (libertés de conscience, d'expression, d'association, de presse) et les droits fondamentaux de la personne. – Problèmes de la paix et de la guerre dans le monde et causes des conflits.	**Chapitre 1 Collégiens, ensemble** • Semaine de la presse et des médias pp. 24-25 **Chapitre 3 La liberté, pour vivre ensemble** • L'ensemble du chapitre 3 pp. 54 à 75 **Chapitre 9 Qu'est-ce que la Défense nationale ?** • France, Europe, monde : quels engagements de la Défense française ? pp. 176-177

L'engagement

On ne saurait concevoir un enseignement visant à former l'homme et le citoyen sans envisager sa mise en pratique dans le cadre scolaire et plus généralement la vie collective. L'école doit permettre aux élèves de devenir acteurs de leurs choix, et de participer à la vie sociale de la classe et de l'établissement dont ils sont membres. L'esprit de coopération doit être encouragé, la responsabilité vis-à-vis d'autrui mise à l'épreuve des faits.

Connaissances, capacités et attitudes visées	Objets d'enseignement	Application dans le manuel
1/a Expliquer le lien entre l'engagement et la responsabilité.	– Les responsabilités individuelles et collectives face aux risques majeurs. – La sécurité des personnes et des biens : organisations et problèmes.	**Chapitre 2 S'engager au collège** • Responsable de la sécurité au collège pp. 48-49 **Chapitre 3 La liberté, pour vivre ensemble** • Face à la mence terroriste, limiter les libertés pour assurer la sécurité ? pp. 70-71 **Chapitre 7 Être citoyen** • Responsable face aux séismes pp. 146-147 **Chapitre 9 Qu'est-ce que la Défense nationale ?** • Quelles relations entre les citoyens et la Défense nationale ? pp. 172-173
2/a Expliquer le sens et l'importance de l'engagement individuel ou collectif des citoyens dans une démocratie. **2/b** Connaître les principaux droits sociaux.	– L'exercice de la citoyenneté dans une démocratie (conquête progressive, droits et devoirs des citoyens, rôle du vote, évolution des droits des femmes dans l'histoire et dans le monde...). – L'engagement politique, syndical, associatif, humanitaire : ses motivations, ses modalités, ses problèmes.	**Chapitre 2 S'engager au collège** • Le délégué, un élève engagé pp. 36-37 • S'engager dans une action solidaire pp. 42-43 **Chapitre 4 L'égalité, pour vivre ensemble** • Journée internationale de la femme : 8 mars pp. 90-91 **Chapitre 5 La solidarité, pour vivre ensemble** • L'ensemble du chapitre 5 pp. 96 à 111 **Chapitre 7 Être citoyen** • L'ensemble du chapitre 7 pp. 132 à 151
2/c Comprendre la relation entre l'engagement des citoyens dans la cité et l'engagement des élèves dans l'établissement.	– Le rôle de l'opinion dans le débat démocratique. – L'engagement solidaire et coopératif de la France : les coopérations internationales et l'aide au développement.	**Chapitre 2 S'engager au collège** • Comment s'engager contre le harcèlement ? pp. 40-41 **Chapitre 5 La solidarité, pour vivre ensemble** • Être solidaire : comment, pourquoi ? pp. 98-99 • Journée mondiale du refus de la misère : 17 octobre pp. 104-105 **Chapitre 8 La République française, une démocratie** • Le rôle de l'opinion publique pp. 160-161 • Les sondages d'opinion pp. 162-163 • L'usage d'internet dans la vie politique pp. 164-165 **Chapitre 9 Qu'est-ce que la Défense nationale ?** • Les engagements de la Défense française pp. 176-177 • L'engagement de la France en Afrique pp. 178-179
2/d Connaître les grands principes qui régissent la Défense nationale.	– La Journée de Défense et de citoyenneté. – Les citoyens et la Défense nationale, les menaces sur la liberté des peuples et la démocratie, les engagements européens et internationaux de la France.	**Chapitre 9 Qu'est-ce que la Défense nationale ?** • L'ensemble du chapitre 9 pp. 171 à 185

Sommaire

PARTIE 1 Vivre ensemble au collège

PARTIE 2 Vivre ensemble dans la société

PARTIE 3 Vivre ensemble en citoyens

Participer à un débat en classe

Le débat argumenté n'est pas une simple discussion. Il nécessite une attitude responsable de respect mutuel et contribue à former des citoyens qui ont conscience de faire partie d'une collectivité où l'intérêt général doit l'emporter sur l'intérêt particulier.

Y a-t-il des métiers féminins et des métiers masculins ?

Malik et Éva sont tous deux élèves de cinquième. Un jour, Eva évoque son désir de devenir maçon. « Une fille maçon ! Mais tu en seras incapable ! lui répond Malik. En plus le mot maçon n'existe pas au féminin ! » Éva ne comprend pas la réaction de son ami. […] Le métier de maçon, cela s'apprend, que l'on soit fille ou garçon. Elle décide d'en parler à son père et lui demande de l'aider à rechercher sur Internet si maçon a un féminin. Et en effet, elle trouve une liste de métiers où figure le terme maçonne. Toute fière, elle envoie un SMS à Malik : « Plus tard je serai maçonne ! »

→ **Retrouvez l'intégralité du texte p. 22.**

FICHE MÉTHODE

A Analyser le thème du débat

1. Définir avec ses propres mots l'intitulé du débat.
2. Identifier les documents proposés et, pour chacun, en dégager l'idée essentielle.

B Participer au débat dans la classe

3. Utiliser les informations des documents qui se rapportent au thème du débat.
4. Exprimer ses arguments et les justifier. Écouter les arguments des autres avec respect.

C Retenir l'essentiel du débat

5. Retenir les arguments qui permettent de vivre ensemble, dans le respect.
6. S'interroger sur l'évolution de son point de vue entre le début et la fin du débat.

RÉFLÉCHIR

A Analyser le thème du débat

1. Est-ce que je pense qu'il existe des métiers réservés aux hommes et d'autres réservés aux femmes ?
2. Quelle est l'idée essentielle du document support du débat ?

B Participer au débat dans la classe

3. Je me mets à la place des personnes citées dans le document et j'exprime leur point de vue.
4. J'indique mon point de vue personnel sur les arguments de Malik (ex. : « Il ne respecte pas Éva ») et d'Éva (ex. : « maçon est un métier difficile, elle devrait faire un autre choix »). J'écoute les arguments des autres.

C Retenir l'essentiel du débat

5. J'indique les arguments recevables (ex. : « Filles et les garçons peuvent exercer les mêmes métiers s'ils en ont les diplômes ») et ceux qui ne le sont pas (ex. : « Une fille est trop faible pour être maçon ») .
6. J'explique pourquoi j'ai ou je n'ai pas modifié mon point de vue entre le début et la fin du débat.

Réaliser une tâche complexe

Dans la vie de tous les jours, on est confronté à des situations complexes que l'on doit résoudre. On ne peut y parvenir en divisant la situation globale en petites situations, examinées l'une après l'autre, sans liens entre elles. Pour trouver une solution, il faut réfléchir à la situation dans son ensemble, en une seule fois.

Un exemple de tâche complexe

Consigne (la tâche à effectuer)

Votre classe souhaite mener une action solidaire au profit de l'association Action contre la faim. Pour réaliser ce projet, vous devrez organiser une campagne d'information sur l'association (ses objectifs et son action à travers le monde). Vous avez la possibilité, par la suite, d'organiser une course contre la faim pour récolter des fonds.

Les documents de travail

Doc 1. Le message d'Action contre la faim
Doc 2. Un exemple d'action au Burkina Faso
Doc 3. Aujourd'hui encore, souffrir de la faim
Doc 4. Bilan de la 16e édition de la course contre la faim
Doc 5. Comment mobiliser mon collège contre la faim dans le monde ?

→ **Retrouvez l'intégralité de la tâche complexe, avec les documents, pp. 42-43.**

FICHE MÉTHODE

A Prendre connaissance de la tâche complexe

1. Présenter avec ses propres mots la tâche à réaliser.
2. S'interroger sur les actions possibles, pour la réaliser.

B Se documenter avant de réaliser la tâche complexe

3. Lire et confronter des documents.
4. Relever les informations des documents qui aident à comprendre comment réaliser la tâche complexe.
5. Si besoin, s'aider du « Coup de pouce » proposé dans le cahier à la fin de chaque tâche complexe.

C Effectuer la tâche complexe

6. Choisir des actions pour accomplir la tâche et expliquer ses choix.
7. Indiquer comment s'engager dans ces actions, seul ou avec d'autres.

RÉFLÉCHIR

A Prendre connaissance de la tâche complexe

1. À quelle situation correspond cette tâche complexe ?
2. Comment faire pour organiser une action avec mon collège ?

B S'informer avant de réaliser la tâche complexe

3. Quel est le thème commun des documents ? Quelle valeur commune est illustrée par les actions présentées ?
4. Comment ces documents peuvent-ils m'aider à réaliser la tâche complexe ?

C Effectuer la tâche complexe

5. Je définis mon projet de solidarité au profit de l'association : pourquoi et comment agir contre la faim dans le monde ?
6. J'indique avec qui je vais m'engager dans cette action (avec ma classe, avec l'association Action contre la faim…) et comment je vais m'engager (calendrier du projet, préparation et lancement de la campagne d'information, organisation d'une action pour récolter des fonds…).

De l'expression des sentiments à l'expression d'un jugement moral

Lors d'une discussion ou d'un débat, notre première réaction consiste à exprimer nos émotions, nos sentiments. Mais il est nécessaire de nous exprimer ensuite de manière responsable, en prenant appui sur les valeurs qui nous permettent de bien vivre ensemble : c'est le jugement moral.

Une histoire sur l'égalité

Un lion, un âne et un renard étant allés à la chasse, prirent un cerf et plusieurs autres bêtes. Le lion ordonna à l'âne de partager le butin ; l'âne fit les parts entièrement égales, et laissa aux autres la liberté de choisir. Le lion indigné de cette égalité, se jeta sur l'âne et le mit en pièces.

Ensuite il s'adressa au renard, et lui dit de faire un autre partage ; mais le renard mit tout d'un côté, ne se réservant qu'une très petite portion. « Qui vous a appris, lui demanda le lion, à faire un partage avec tant de sagesse ?

– C'est la funeste aventure de l'âne », lui répondit le renard.

« Du lion allant à la chasse avec d'autres bêtes », Ésope (écrivain grec), *Fables*, VIIe-VIe siècle av. J.-C.

→ Retrouvez ce texte p. 79.

Déclaration des droits de l'homme et du citoyen (1789)

Art. 1er – Les Hommes naissent et demeurent libres et égaux en droits.

Art. 6 – [La loi] doit être la même pour tous, soit qu'elle protège, soit qu'elle punisse.

FICHE MÉTHODE

A Réagir à la situation avec ses sentiments

1. Identifier et exprimer ses émotions et ses sentiments.

B Penser par soi-même et avec les autres

2. Critiquer la situation avec des arguments en lien avec les valeurs du « vivre ensemble » : liberté, égalité, fraternité, justice, dignité…
3. Critiquer la situation avec des arguments qui prennent appui sur les déclarations des droits de l'Homme et sur la loi.
4. Écouter les critiques des autres, et être capable de changer de point de vue.

C Agir contre ce type de situation

5. Envisager des actions pour bien vivre ensemble.

RÉFLÉCHIR

A Réagir à la situation avec ses sentiments

1. Qu'est-ce que je ressens face à l'attitude de l'âne, du renard et du lion ? Colère, mépris, admiration, indignation, sentiment d'injustice…

B Penser par soi-même et avec les autres

2. Je montre, par des arguments, que dans cette situation, la loi du plus fort l'emporte et que la valeur d'égalité n'est pas respectée.
3. Je prends appui sur la Déclaration des droits de l'Homme et du citoyen de 1789 pour expliquer pourquoi la loi du plus fort ne doit pas l'emporter : quelles valeurs cette Déclaration garantit-elle ? Quel serait le rôle de la loi face à cette situation ?
4. Je compare le point de vue des autres avec le mien. Qu'est-ce que j'en pense ? Me fait-il changer d'avis ?

C Agir contre ce type de situation

5. Je m'engage avec ma classe contre la loi du plus fort au collège. Au nom de l'égalité de tous, nous créons une affiche, un poème, un slogan, qui explique pourquoi et comment réagir contre ce type de situation.

Que faire face à un dilemme ?

Le dilemme est une courte histoire avec un personnage confronté à plusieurs choix contradictoires. Que devrait-il faire face à ce dilemme ?

Un exemple de dilemme

DON RODRIGUE
[…]
Il vaut mieux courir au trépas.
Je dois à ma maîtresse aussi bien qu'à mon père :
J'attire en me vengeant sa haine et sa colère ;
J'attire ses mépris en ne me vengeant pas.
[…]
Allons, mon bras, sauvons du moins l'honneur,
Puisqu'après tout il faut perdre Chimène.
Courons à la vengeance ;
[…]

Corneille, *Le Cid* (1637), Acte I, scène 6.

→ **Retrouvez l'intégralité du texte p. 116.**

Mise en scène de Thomas Le Douarec, Théâtre Comedia (Paris), 6 mai 2009.

FICHE MÉTHODE

A Découvrir le dilemme

1. Comprendre la situation évoquée et s'interroger sur sa propre conduite pour résoudre le problème posé.

B Argumenter et débattre

2. Donner des arguments pour justifier sa décision.
3. Écouter les arguments des autres.
4. Classer les arguments : argument pratique, argument moral, argument juridique, argument recevable, non recevable, etc.

C Faire le bilan

5. Face à ce dilemme, identifier les arguments qui correspondent aux valeurs au cœur du dilemme, ici celles d'honneur et de justice.

RÉFLÉCHIR

A Découvrir le dilemme

1. D'après moi, que devrait faire Rodrigue ? Pourquoi ?

B Argumenter et débattre

2. Je donne mon avis argumenté sur la décision de Rodrigue.
3. J'écoute les arguments de mes camarades.
4. Je confronte la solution du duel à celle du procès pour régler les conflits.

C Faire le bilan

5. Dans ce dilemme, je me mets à la place de Rodrigue et j'explique pourquoi le duel n'a pas permis de résoudre le conflit. Je mets le dilemme en perspective, en montrant en quoi le procès est préférable au duel.

1 Collégiens, ensemble

Comment bien vivre ensemble au collège ?

■ Affiche réalisée par Calypso Grossi (élève de 4e A), lauréate du concours *Imaginons l'égalité*, collège Nicolas-Jacques-Conté, Sées, 2014.

1 Ensemble au collège : filles et garçons

VIDEO

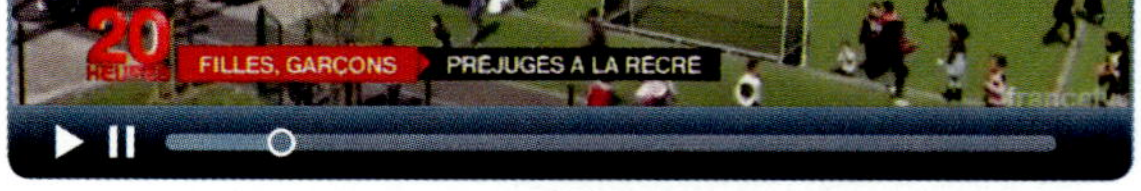

■ « Inégalité filles-garçons : les préjugés commencent dès le plus jeune âge », *20 heures*, France 2, 14 avril 2015.

Retrouvez le lien vers cette vidéo sur le site www.nathan.fr/emc-college-eleve.

? Comment favoriser l'égalité entre les filles et les garçons au collège ?

> *L'éducation de l'enfant doit viser à lui inculquer le respect des droits de l'Homme et des libertés fondamentales et à le préparer à assumer les responsabilités de la vie dans une société libre, dans un esprit de compréhension, de paix, de tolérance, d'égalité entre les sexes et d'amitié entre tous les peuples.*

Extraits de l'article 29 de la Convention internationale des droits de l'enfant, 1989.

2 Ensemble au collège : tous différents mais tous égaux

VIDEO

Un parcours républicain contre le racisme.

Retrouvez le lien vers cette vidéo sur le site www.nathan.fr/emc-college-eleve.

Affiche de la ligue d'enseignement de l'Essonne, 2015.

? Pourquoi est-il important d'organiser une Semaine d'éducation contre le racisme et l'antisémitisme au collège ?

Exprimez-vous !

1. Au collège, quels sont mes droits, quels sont mes devoirs ?
2. Dans notre collège, qu'est-ce qui nous permet de mieux vivre ensemble ?

En équipe !

COMPÉTENCES
- Comprendre les raisons de l'obéissance aux règles.
- Savoir participer à la définition de règles communes.

Les droits et les devoirs des collégiens

Votre mission

Votre classe doit élaborer des articles du règlement intérieur de votre collège. Répartis en équipe, vous devrez travailler sur des thèmes qui composeront ce règlement. Vous réfléchirez sur les droits et les devoirs des collégiens, ainsi que sur les mesures de discipline et sur les mesures d'encouragement.

Équipe 1 Pour apprendre au collège, des droits et des devoirs

Votre équipe va devoir expliquer à la classe comment le collège organise et encadre le travail des collégiens.

1 Le collège, un lieu d'apprentissage

2 Les clubs d'un collège

3 Absentéisme et retard

Les retards répétés provoquent des dysfonctionnements au sein de l'établissement et à la vie scolaire. Les retardataires dérangent les camarades et le professeur lorsqu'ils réintègrent le cours. Les retards peuvent par ailleurs engendrer le décrochage scolaire, un élève souvent en retard est très vite perdu en classe.

Témoignage de Mme Ataala, CPE du collège Louis-Issaurat (Créteil), 2015.

Lorsque le taux d'absentéisme est important, certains élèves, sous l'influence des absents, peuvent « décrocher » en sous-estimant l'importance de l'assiduité. L'ambiance de classe est alors moins agréable. En effet, c'est la présence d'élèves de niveaux variés qui permet une avancée qui profite à tous.

Témoignage de Lina, élève de 4e au collège Louis-Issaurat (Créteil), 2015.

Équipe 2 Au collège, le respect des biens

Votre équipe va devoir rédiger des articles du règlement intérieur qui indiquent ce que les élèves doivent respecter au collège.

4 Le respect des locaux

5 Des moyens pour étudier

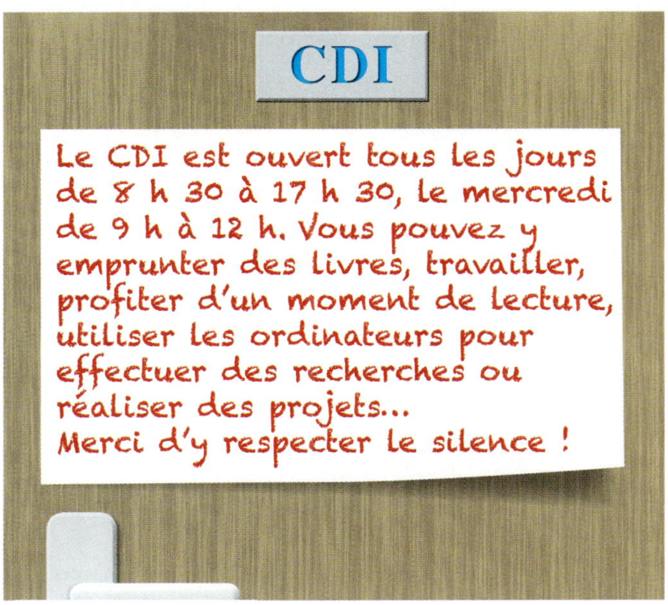

6 À propos de vos manuels scolaires

Sachez que ces livres sont gratuits pour vous mais qu'ils coûtent de l'argent. Un manuel scolaire coûte en moyenne 20 €. On vous en prête au minimum 7, au maximum 10 (cela dépend de vos options). Calculez...

• Qui paie ? Pour les collégiens, c'est l'État. C'est-à-dire que c'est une partie des impôts que vos parents paient qui sert à payer les manuels scolaires.

• Si vous les rendez abîmés (reliure déchirée, couverture très cornée, sale…), on vous demandera de payer une amende à l'intendance.

Extrait du site internet du collège François-Couperin, académie de Paris, 2015.

En équipe ! Les droits et les devoirs des collégiens

Équipe 3 Au collège, le respect des personnes

Votre équipe va devoir rédiger des articles du règlement intérieur qui indiquent ce que signifie le respect de soi et des autres.

7 La liberté d'expression

Une élection des délégués

L'élève a le droit d'être représenté.

■ Collège Jacques-Offenbach, Saint-Mandé (Val-de-Marne), 2014.

Un débat organisé dans une classe

L'élève a droit à la liberté d'expression et au respect de sa parole.

■ Collège Rosa-Parks, Gentilly, 2012.

9 Les violences au collège

Le harcèlement en milieu scolaire, moins visible que les violences verbales, physiques, d'atteinte aux biens [...], dégrade, de manière insidieuse et durable, le climat scolaire au sein [...] des établissements. Ses conséquences à court, moyen et long termes, peuvent être graves, tant pour les victimes que pour les auteurs. Le harcèlement en milieu scolaire se définit comme une violence répétée qui peut être verbale, physique ou psychologique.

■ D'après Éduscol, dossier « Prévention de la violence en milieu scolaire », 2015.

8 Des mots à inscrire dans le règlement intérieur

laïcité

port de signes religieux

harcèlement

téléphone

tenue vestimentaire

comportement

10 Une affiche contre la violence

■ Campagne du conseil général des jeunes des Alpes-Maritimes, 2014.

Équipe 4 Encourager et punir

Votre équipe va devoir rédiger des articles du règlement intérieur qui indiquent, d'une part, des mesures d'encouragement, pour valoriser les élèves méritants, et d'autre part, des mesures de discipline, pour punir les élèves irrespectueux.

11 Récompenser des élèves qui font des efforts

FÉLICITATIONS

Youssou Diop

	Résultats	Appréciations
Mathématiques	Excellents Résultats	Bravo Youssou, c'est un excellent trimestre, à l'écrit comme à l'oral.
Français	Résultats très satisfaisants	Elève très sérieux et soucieux de sa réussite. Le travail est toujours soigné et vos interventions sont pertinentes Youssou, félicitations.
EPS	Résultats satisfaisants	Élève impliqué et dynamique. Continuez ainsi, c'est très bien.

12 Mettre en lumière des élèves au comportement « positif »

Des élèves de 4ᵉ ont organisé une remise du prix de l'engagement.

Dans le cadre du projet mis en place par les 4ᵉ2 à la demande de M. le Principal, nous vous demandons de vous prononcer sur un ou des élève(s) méritant(s).

1. Sait créer une bonne ambiance.
2. Est patient.
3. Participe à la vie du collège.
4. Sait se rendre utile ou aider les autres.
5. Participe à la réalisation de projets.
6. Est tolérant.
7. Respecte les autres.
8. A été capable d'un changement pour avoir un comportement positif.

13 Les punitions et les sanctions

	Les punitions scolaires	Les sanctions disciplinaires
Dans quels cas ?	En cas de manquements mineurs aux obligations des élèves et en cas de perturbations dans la vie de la classe ou de l'établissement. Elles prennent en considération le comportement de l'élève, quels que soient ses résultats scolaires.	En cas de manquements graves ou répétés aux obligations des élèves, et notamment d'atteintes aux personnes et aux biens. Elles sont inscrites dans le dossier administratif de l'élève.
Exemples	• Inscription sur le carnet de correspondance. • Devoir supplémentaire. • Retenue pour faire un devoir ou un exercice non fait.	• L'avertissement. • Le blâme, rappel à l'ordre écrit et solennel, inscrit dans le dossier de l'élève. • La mesure de responsabilisation, exécutée dans l'enceinte de l'établissement ou non, en dehors des heures d'enseignement, qui ne peut excéder 20 heures. • L'exclusion temporaire de la classe. • L'exclusion définitive de l'établissement.

D'après le *Bulletin officiel* n° 6, 25 août 2011.

Mise en commun

- Chaque groupe présente son travail au reste de la classe. Pendant la présentation de vos camarades, prenez des notes. Discutez ensemble de ce que vous pouvez ajouter ou retirer.
- Rédigez le règlement intérieur de votre collège. Il comportera deux parties :
  – les droits et les devoirs des élèves (travail scolaire, citoyenneté, respect des biens et des personnes…) ;
  – récompenses, punitions et sanctions.

Je découvre

COMPÉTENCES
- Être capable d'argumenter et de confronter ses jugements à ceux des autres.
- Savoir définir les différentes formes de discrimination.

L'égalité filles-garçons face à l'orientation

Consigne

Votre classe souhaite faire découvrir différents métiers et expliquer pourquoi ces métiers peuvent être exercés par une femme comme par un homme.

Choisissez le métier qui vous plaît, rédigez une fiche métier, puis présentez le métier choisi au reste de la classe en précisant si ce métier est autant exercé par des femmes que par des hommes.

A Vaincre les stéréotypes

1 « Plus tard, je ferai le métier qui me plaît. »

Malik et Éva sont tous deux élèves de cinquième. Ils sont amis et chattent souvent ensemble. Un jour, Éva évoque son désir de devenir maçon. « Une fille maçon ! Mais tu en seras incapable ! lui répond Malik. En plus, le mot *maçon* n'existe pas au féminin ! ». Éva ne comprend pas la réaction de son ami. D'ailleurs ses parents avaient été très contents lorsqu'elle les avait aidés à construire le garage de leur habitation, et cela lui avait beaucoup plu. Le métier de maçon, cela s'apprend, que l'on soit fille ou garçon. Elle décide d'en parler à son père et lui demande de l'aider à rechercher sur internet si *maçon* a un féminin. Et en effet, elle trouve une liste de métiers où figure le terme *maçonne*[1]. Toute fière, elle envoie un SMS à Malik : « Plus tard je serai maçonne ! ».

1. *Femmes, j'écris ton nom, Guide d'aide à la féminisation des noms de métiers*, 1999, disponible sur le site internet de la Documentation française, www.ladocumentationfrancaise.fr.

2 Promouvoir la mixité des métiers

Couverture d'un guide de la délégation régionale de l'ONISEP de Grenoble, 2015.

3 Orientation : stop aux clichés sur les différences filles/garçons !

« On considère que c'est moins "gênant" pour une fille que pour un garçon de ne pas avoir un profil scientifique », affirme Françoise Vouillot, psychologue, maîtresse de conférences à l'Institut national d'étude du travail et d'orientation professionnelle du CNAM. Les filles choisiraient leur orientation, non pas en fonction de leurs réels goûts ou compétences, mais selon l'idée qu'elles se font de la place et du rôle des femmes dans la société : « Les filles et les garçons ont très tôt dans la tête des images de ce que doivent être les hommes et les femmes », souligne la psychologue. Aux filles, le soin, la patience et la douceur, aux garçons, les sciences et le sport […]. « Il faut dire aux jeunes qu'une partie de leurs choix et de leurs goûts relève de la reproduction de stéréotypes et qu'en matière d'orientation et de carrière, il n'existe pas de déterminisme ».

D'après le site internet www.letudiant.fr, mars 2014.

VOCABULAIRE

Stéréotype
Opinion toute faite sur une personne ou un objet, souvent imposée par un groupe de la société.

B Exercer des métiers, par vocation

4 Des hommes, des femmes, des métiers

Julien, sage-femme au CHU de Reims

Maud, grutière à Reims

Sage-femme

- **Niveau d'accès :** bac + 5
- **Intérêt pour le métier :**
  – je veux être utile aux autres ;
  – ma vocation est de soigner.
- **Compétences requises :**
  – compétences médicales, sens du relationnel, endurance physique et nerveuse face aux responsabilités ;
  – métier ouvert aux hommes depuis 1982. 2,4 % des personnes exerçant ce métier en 2014 sont des hommes.

www.onisep.fr et www.ordre-sages-femmes.fr.

Grutier

- **Niveau d'accès :** CAP
- **Intérêt pour le métier :**
  – aimer bouger ;
  – aimer travailler dehors.
- **Compétences requises :**
  – ne pas être sujet au vertige, savoir coordonner ses mouvements et bien apprécier les distances pour piloter la grue (cabine à plus de 20 m d'altitude et contact par radio avec les professionnels du chantier) ;
  – être capable de prendre rapidement des décisions et de gérer son stress.

www.onisep.fr.

Photographies de Feng Hatat exposées à la Biennale de l'égalité « Des femmes, des hommes, des vocations », Reims, 2012.

Découvrir le sujet

1. Doc 1 et 4. Quel est le point commun entre Éva, Julien et Maud ? Quel est mon point de vue sur le métier qu'ils veulent exercer ?

2. Doc 2 et 3. Comment mettre fin aux stéréotypes sexistes dans le choix de son futur métier ?

3. Doc 4. Maud et Julien, en raison de leur genre, sont-ils capables d'exercer le métier qu'ils ont choisi ?

Parcours 1 Faire le bilan

1. En matière d'orientation, les filles et les garçons sont-ils à égalité ?

2. Les filles et les garçons peuvent-ils exercer les mêmes métiers ? Je justifie ma réponse.

Parcours 2 Réaliser des fiches métiers

Je choisis le métier qui me plaît et je le présente au reste de la classe. J'explique à mes camarades pourquoi ce métier peut être exercé par une fille comme par un garçon.

Semaine de la presse et des médias

Chaque année, la Semaine de la presse et des médias réunit les enseignants et leurs élèves, autour de la découverte des médias. Elle vise à développer chez les élèves le jugement critique et le goût pour l'actualité. Elle sensibilise également aux enjeux de la liberté de la presse.

A Le rôle de l'image dans les médias

1 Un exemple de « une »

« Une » du journal *Le Monde*, 12 janvier 2015.

2 Actualités et médias : l'image dit-elle tout ?

Les images sont partout, mais comment s'assurer de leur fiabilité ? L'image TV a-t-elle plus, moins, ou autant de poids que celui des mots ? […]

Au-delà du travail des professionnels qui suivent l'actualité, il y a désormais le compte-rendu en images fait par ceux qui font l'actualité. Directement du producteur au consommateur. […]

Il y a les images qui ont battu les records mondiaux de l'audience télévisuelle : le mariage royal à Londres, William et Kate, le bonheur total, sous les yeux de deux milliards de téléspectateurs. […] Enthousiasme populaire planétaire, la même image pour tous.

Il y a les images qui nous sidèrent, tel le tsunami au Japon. On croirait un film, la réalité dépasse la fiction.

Les images montrent-elles la réalité ?

education-medias.csa.fr/

3 Un exemple de cadrage

Manifestations réprimées à Madagascar, février 2009.

Le Monde QUOTIDIEN INTERNET MOBILES MAGAZINES
MIEUX INFORMER

Campagne publicitaire du *Monde*, 2010.

B Vérifier l'information

4 La charte d'éthique des journalistes (2011)

Un journaliste digne de ce nom tient l'esprit critique, la véracité, l'exactitude, l'intégrité, l'équité, l'impartialité, pour les piliers de l'action journalistique ; tient l'accusation sans preuve, l'intention de nuire, l'altération des documents, la déformation des faits, le détournement d'images, le mensonge, la manipulation, la censure et l'autocensure, la non vérification des faits, pour les plus graves dérives professionnelles. Il exerce la plus grande vigilance avant de diffuser des informations d'où qu'elles viennent.

5 Un article en ligne de *Ouest France*, 21 avril 2015

Méditerranée. Les migrants survivants sont arrivés en Sicile

Italie - 21 Avril

Le titre expose un fait ou exprime une idée forte, un point de vue.

Vingt-sept survivants du naufrage qui pourrait avoir fait 700 morts dimanche en Méditerranée sont arrivés lundi soir dans le port de Catane, en Sicile. | AFP.

Facebook 5 | Twitter 3 | Google+ | Achetez votre journal numérique

Vingt-sept survivants du naufrage qui pourrait avoir fait 700 morts dimanche en Méditerranée sont arrivés lundi soir dans le port de Catane, en Sicile.

Le chapeau introduit et résume l'article.

Accueillis par le ministre italien des Transports Graziano Delrio, considéré comme le bras droit du chef du gouvernement Matteo Renzi, les premiers survivants débarqués ont été conduits dans des tentes pour une première inspection sanitaire.

Ils devaient ensuite être emmenés en bus dans une structure de première urgence dont le lieu reste confidentiel pour les besoins de l'enquête.

Un autre survivant, transporté d'urgence dimanche en raison de son état de santé, était déjà hospitalisé à Catane. Les nombreux journalistes présents sur le port ont été maintenus à distance.

Le journaliste est **témoin**.

Quelques dizaines de militants anti-racistes ont parallèlement manifesté pour réclamer l'abolition d'une loi criminalisant les clandestins: **« émigrer n'est pas un délit, l'histoire de la Sicile nous l'a enseigné »**, ont-ils scandé.

LIRE AUSSI : Quelles solutions face au drame des migrants ?

Selon des survivants, des centaines de personnes, jusqu'à 950, dont une cinquantaine d'enfants et 200 femmes, sont mortes dimanche au large de la Libye après que le chalutier les transportant eut chaviré à l'approche d'un cargo portugais qui venait lui porter secours.

Les sources du journaliste.

Les garde-côtes italiens, qui ont repêché 24 corps et 28 survivants, ne confirment pour l'instant pas ce bilan. L'Union européenne a décidé lundi de tenir jeudi un sommet extraordinaire pour répondre en urgence au drame des migrants en Méditerranée, après une série noire de naufrages qui aurait fait plusieurs centaines de victimes.

• Tags : International - Italie - Méditerranée

INFOS

Traquer les fausses informations

De nombreux sites internet traquent les canulars ou les fausses informations : HoaxBuster, Arrêt sur images... Des journaux poursuivent le même objectif : « **Les Décodeurs** » du *Monde*, « **Démonte rumeur** » de *Rue 89*, « **Désintox** » de *Libération*, « **Détecteur de mensonges** » du *Journal du Dimanche*...

Je comprends

1. **Doc 1.** Pourquoi est-il important que les médias diffusent des images de l'actualité ?
2. **Doc 3.** En fonction des cadrages, que raconte la photographie ?
3. **Doc 1 à 5.** L'image dit-elle tout de l'événement qu'elle relate ? Pour informer, est-elle supérieure aux mots ?
4. **Doc 4 et 5.** Le journaliste qui a rédigé l'article (**doc 5**) respecte-t-il la charte éthique professionnelle des journalistes ? Je justifie ma réponse.

J'agis

1. Avec ma classe, je réalise un journal ou un blog sur le thème de la Semaine de la presse et des médias.
2. Pour la Semaine de la presse et des médias, je participe avec ma classe à la réalisation d'une exposition au CDI sur la nécessité de vérifier et contrôler les sources d'informations.

Semaine d'éducation contre le racisme et l'antisémitisme

Chaque année en France, à l'occasion de la Semaine d'éducation contre le racisme et l'antisémitisme, l'École se mobilise. Les communautés éducatives des collèges et des lycées, les parents d'élèves et des associations sensibilisent les élèves à la prévention du racisme et de l'antisémitisme et au respect de l'égalité entre tous les êtres humains.

A Que signifie cette semaine ?

1 Ce que dit la loi

Art. 1er – Tous les êtres humains naissent libres et égaux en dignité et en droits. Ils sont doués de raison et de conscience et doivent agir les uns envers les autres dans un esprit de fraternité.

Art. 2.1 – Chacun peut se prévaloir de tous les droits et de toutes les libertés proclamés dans la présente Déclaration, sans distinction aucune, notamment de race, de couleur, de sexe, de langue, de religion.

■ Déclaration universelle des droits de l'Homme, 1948.

Art. 1er – Les Hommes naissent et demeurent libres et égaux en droits.

■ Déclaration des droits de l'Homme et du citoyen, 1789.

VOCABULAIRE

- **Antisémitisme** Haine des juifs.
- **Racisme** Attitude de ceux qui méprisent certaines personnes en raison de leur prétendue appartenance à une race.
- **Xénophobie** Hostilité manifestée à l'égard des étrangers.

2 « On ne naît pas raciste, on le devient. »

■ Lilian Thuram, Jean-Christophe Camus, Sam Garcia, *Notre Histoire*, vol.1, éditions Delcourt, 2014.

B Comment agir contre le racisme et l'antisémitisme ?

3 Le racisme et l'antisémitisme aujourd'hui

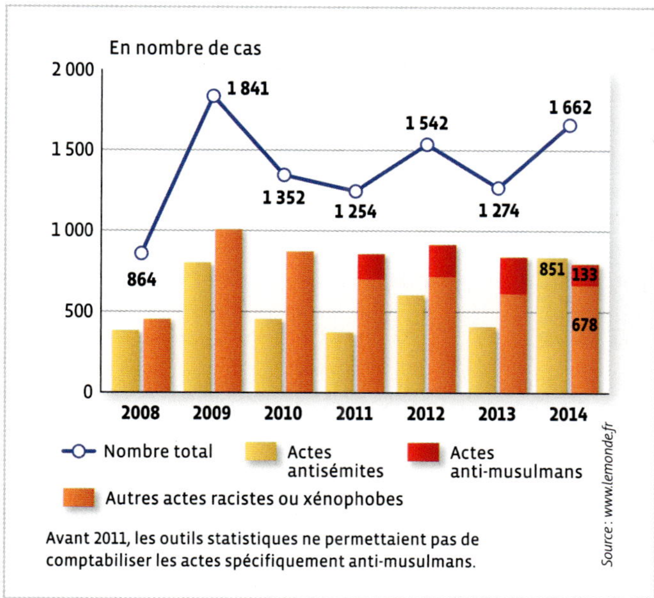

4 Être fraternel

Carte postale éditée par la LICRA, 2015.

5 Mettre fin au racisme banalisé dans l'humour

La plaisanterie raciste est très répandue en milieu scolaire. « J'appelle les Jaunes de mon bahut “nems”, les Rebeu “couscous”, et moi je me fais appeler “mafé” du nom d'un plat africain, parce que je suis noir. Je trouve ça super drôle et ça ne me vexe pas ! » raconte Ibrahim, 15 ans, d'Aubervilliers. Façon de nouer des liens, de se faire remarquer ou d'afficher ses idées, les blagues de ce type sont inévitables. Mais pas toujours saines. « En renvoyant systématiquement chacun à son origine ou à sa religion, elles peuvent empêcher la construction d'une identité collective », prévient le sociologue Manuel Boucher. Un effet pervers de l'humour qui, mal dosé, entretient le racisme.

Phosphore n° 322, avril 2008.

6 S'engager contre le racisme et l'antisémitisme au collège

« Ici Pierre-Norange, on représente le mélange [...] contre le sexisme et toutes les formes de racisme ». Cet extrait de l'hymne du collège Pierre-Norange, écrit par des élèves, symbolise la démarche entreprise par l'établissement aux 16 nationalités différentes.

Durant l'année scolaire, une trentaine de collégiens ont ainsi participé à un atelier, avec pour objectif de « mettre en valeur le vivre ensemble et la diversité culturelle du collège, et pour certains, de témoigner de leurs parcours d'enfants d'immigrés », explique Isabelle Mayol-Bertrand, professeure d'espagnol. Théâtre, chant et danse ont ainsi fait état de cette diversité, appuyée par une exposition sobrement titrée *Portraits*.

D'après *Ouest France*, 28 juin 2010.

Je comprends

1. **Doc 1 et 3.** Comment ont évolué les actes antisémites en France de 2007 à 2014 ? Pourquoi peut-on dire que ces actes ne respectent pas les déclarations des droits de l'Homme de 1789 et 1948 ?
2. **Doc 2.** Selon vous, comment naissent le racisme et l'antisémitisme ?
3. **Doc 4 à 6.** Qui agit pour lutter contre le racisme et l'antisémitisme ? Comment ?

J'agis

1. Quel projet pourriez-vous monter avec votre classe afin d'agir lors de la Semaine d'éducation contre le racisme et l'antisémitisme ?
2. Avec l'aide du CLEMI, nous réalisons une émission de radio sur le refus du racisme et de l'antisémitisme.

The problem we all live with

de Norman Rockwell, 1964

→ ***Comment une œuvre d'art dénonce-t-elle le racisme et la ségrégation raciale ?***

Dans les années 1940-1950, aux États-Unis, les lois séparent les Blancs des Noirs dans les lieux publics : c'est la **ségrégation**. En 1954, **le gouvernement américain interdit cette séparation dans les écoles publiques.**

En novembre 1960, en Louisiane, Ruby Bridges a 6 ans. Elle est la première enfant noire à intégrer une école primaire pour Blancs. Mais la majorité des parents s'y oppose en manifestant violemment devant l'école. Pour s'y rendre, Ruby doit être escortée matin et soir par des policiers.

Progressivement, malgré les résistances, **les écoles deviennent mixtes**.

Biographie

Norman Rockwell
(1894-1978)
Illustrateur et peintre américain né à New York, il travaille pour le journal *The Saturday Evening Post* et réalise de nombreuses couvertures représentant des **scènes de la vie quotidienne**.
Dans les années 1960, au sein de la rédaction de *Look magazine*, un bimensuel lu par des millions d'Américains, il se tourne vers des sujets plus politiques. Rockwell commente, par ses illustrations, des **faits d'actualité**. Lorsqu'est publié ***The problem we all live with*** en 1964, il passe du statut d'illustrateur « léger » à celui d'artiste engagé, **défenseur des droits civiques**.

MÉMO'ART

Style

- Précis et minutieux, Norman Rockwell représente de façon réaliste une scène d'actualité. On dit de ses dessins qu'ils sont **narratifs** (***story-teller***).
- Son style est méticuleux, chaque détail a une importance, au point que l'on pourrait confondre la peinture avec une photographie. *The problem we all livre with* s'inscrit dans le mouvement d'**hyperréalisme**.

Technique

- Rockwell emploie la technique de la **saturation des couleurs** (intensité des couleurs à leur maximum), inspirée de la photographie. La plupart des couleurs de cette œuvre sont pures et vives, pour donner un maximum de relief au personnage (la robe blanche de la petite fille, le rouge de la tomate écrasée).

Sens

- Rockwell dénonce la ségrégation raciale, les préjugés et le racisme.
- Cette œuvre est le symbole de la prise de conscience de l'Amérique de sa difficulté à accepter la fin de la ségrégation.

Objectifs

- S'engager dans le mouvement des droits civiques et faire avancer la cause des Noirs aux États-Unis.
- Mettre fin à la séparation des enfants noirs et blancs à l'école.

KKK : Ku Klux Klan, organisation xénophobe fondée aux États-Unis en 1865, qui a mené jusqu'au milieu du XXᵉ siècle des actions violentes contre les populations noires.

Nigger : ce terme était employé de façon très insultante pour désigner les populations noires.

Huile sur toile de Norman Rockwell (91 x 147 cm), 1964, Norman Rockwell Museum, Stockbridge (États-Unis).

1 *The problem we all live with*

Œuvre parue dans le magazine américain *LOOK* le 14 janvier 1964.

2 Photographies utilisées pour réaliser l'œuvre

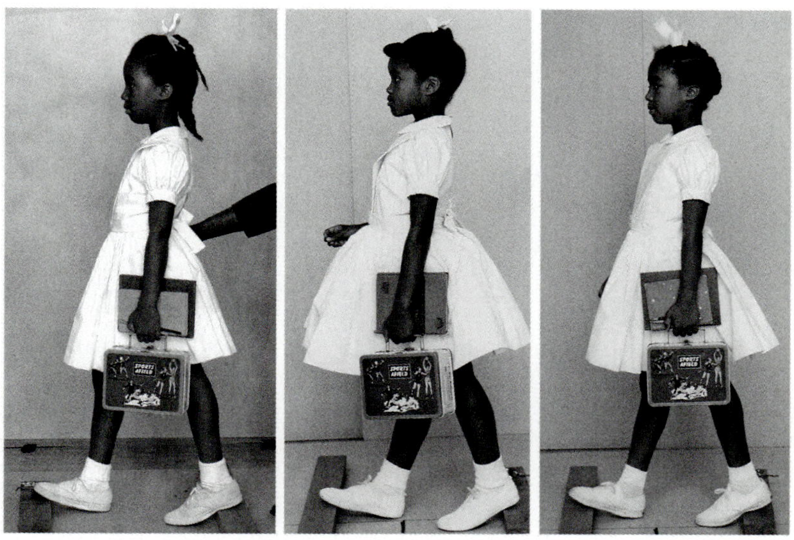

Photographies de Louie Lamone, photomontage réalisé par Ron Schick, Norman Rockwell Museum, Stockbridge (États-Unis).

Questions

Je présente l'œuvre et j'exprime ce que je ressens

1. Je présente l'œuvre (nature, auteur, date, lieu de conservation).

2. Je décris les sentiments que j'éprouve en observant la peinture (la toile dans son ensemble, la petite fille, les inscriptions...).

Je décris l'œuvre

3. Je décris le premier plan (personnages, attitude de la petite fille, couleurs) et le deuxième plan (inscriptions sur le mur...).

4. Selon moi, où Norman Rockwell place-t-il le spectateur dans cette scène ? Quelle émotion veut-il provoquer ?

Je fais le lien entre art et engagement

5. Pourquoi peut-on dire que cette œuvre symbolise le combat pour l'égalité des droits civiques aux États-Unis ?

Pour aller + loin

J'étudie une autre œuvre de Norman Rockwell sur le thème de l'école : *Norman Rockwell visits a country school* (2 novembre 1946).

Vérifier ses connaissances

1 **Je fais correspondre aux mots suivants les définitions ci-dessous.**

a Racisme

c Stéréotype

b Sanctions

d Règlement intérieur

1 Texte officiel voté par le conseil d'administration du collège, qui fixe les règles à respecter par tous.

2 Opinion toute faite sur une personne ou un objet, souvent imposée par un groupe de la société.

3 Mesures prononcées pour des manquements graves et répétés aux obligations des élèves (atteintes aux biens et aux personnes) par le chef d'établissement ou le conseil de discipline.

4 Attitude de ceux qui méprisent certaines personnes en raison de leur prétendue appartenance à une race.

2 **J'indique la (ou les) bonne(s) réponse(s).**

1. Au collège, un élève :

a n'a que des devoirs.

b a des droits et des obligations.

c a tous les droits.

2. L'éducation à l'orientation, c'est :

a affirmer que les filles sont meilleures que les garçons.

b orienter seulement les garçons vers des métiers scientifiques.

c défendre le droit des filles et des garçons d'exercer les mêmes métiers.

3. Le fait de considérer une personne de couleur différente comme inférieure s'appelle :

a le racisme.

b le sexisme.

c la discrimination.

Évaluer ses connaissances et ses compétences

★ 3 Les actions d'un comité d'éducation à la santé et à la citoyenneté

→ J'apprends à assumer mes responsabilités, dans l'intérêt général.

Engagement du collège pour le Téléthon

Les élèves ont su faire preuve d'initiative en impliquant l'ensemble du collège (élèves, professeurs, enseignants, équipe de la vie scolaire) dans les actions prévues : cross, parcours d'initiation en fauteuil roulant pour donner du sens à l'action, match de handball.

Prévention et secours civiques

Le programme a été initié avec les classes de 3e, avec pour objectif de former les élèves au PSC1 (formation de base aux premiers secours). Un partenariat a été établi avec le centre de secours de la commune de Jussey afin de sensibiliser les jeunes à des gestes citoyens, et en motiver certains à devenir jeunes sapeurs-pompiers.

Prévention des conduites addictives

En collaboration avec une association de prévention, des interventions ont eu lieu dans les classes, pour développer la confiance en soi et surmonter les conflits, pour apprendre à résister aux pressions du groupe (tabac, alcool, drogue…), pour favoriser des attitudes responsables face à la santé et à la vie affective (droits des femmes, contraception).

D'après le site internet d'un collège.

Questions

1. Quelles actions éducatives sont mises en place par ce CESC ?
2. Quelles actions de prévention sont mises en place par ce CESC ?
3. Pourquoi peut-on affirmer que le CESC agit pour le respect des personnes ?

★ 4 Des droits et des devoirs pour les collègiens

→ *Je comprends les raisons de l'obéissance aux règles.*

En anglais avec Ms. Bajimon

Questions

1. Je montre que les élèves de la bande dessinée bénéficient de droits.
2. Quel élève n'a pas respecté les règles ? Pourquoi devrait-il être sanctionné ?
3. Quelles punitions ou sanctions est-ce que je choisirais dans ce cas ?
4. Je cherche dans le règlement intérieur de mon collège l'article qui concerne ce cas et la (ou les) punition(s) ou sanction(s) proposée(s).

★★ 5 Les filles et les garçons, différents ou égaux ?

→ *Je pense par moi-même et je valide mes jugements moraux.*

→ *Je m'engage contre les stéréotypes.*

En troisième, 82,3 % des filles maîtrisent les compétences de base en français contre 68 % pour les garçons. Ces derniers sont en revanche légèrement meilleurs en mathématiques – ils sont 87,6 % à en maîtriser les compétences de base contre 86,8 % pour les filles.

Alors, aux garçons la bosse des maths et aux filles la fibre littéraire ? Pas si vite ! D'après les sociologues, si les filles réussissent légèrement moins bien que les garçons en mathématiques, cela n'a rien à voir avec le genre, mais plutôt avec la persistance de stéréotypes. Dans l'esprit de nombreux parents et de professeurs, les maths, l'informatique, la technique et, de façon générale, les sciences sont d'abord l'affaire des garçons. Ces derniers vont donc être stimulés dans ces matières, tandis que les filles, elles, le seront davantage dans les disciplines littéraires. Résultat : très tôt dans leur scolarité, elles creusent l'écart en français, tandis que les garçons progressent plus vite en mathématiques.

www.letudiant.fr, 2015.

Questions

1. Dans quelle matière les filles sont-elles meilleures ? Et les garçons ?
2. Je relève dans le texte les expressions qui montrent que ces différences correspondent à des stéréotypes.
3. Quelles en sont les conséquences ?
4. Que pourrais-je proposer pour mettre fin, au collège, à ces stéréotypes sur les filles et les garçons ?

★★ 6 S'assurer de la crédibilité d'un site internet

➜ Je suis capable d'identifier un site internet.

Article du 20 avril 2015 sur le site d'Amnesty International France.

Questions

Dans un moteur de recherche, je saisis le titre principal de la « une » d'un journal. Je choisis deux sites proposés sur ce sujet, puis je recopie et complète le tableau suivant.

	Adresse du site	Adresse du site
• Qui dirige ce site ? • Quel est le type de site (d'information, personnel, collaboratif, institutionnel...) ?		
• Quel est l'objectif du site ?		
• Date de l'article ? • Date de mise à jour de la page ?		
• Faites-vous confiance à ce site pour vous informer ? • Pourquoi ?		

L'essentiel

Le règlement intérieur, pour vivre ensemble au collège

- Les collégiens disposent de **droits** et de **devoirs** énoncés dans le **règlement intérieur**, qui est la loi du collège. Ils ont le droit à la **liberté d'expression individuelle et collective**, le droit au respect de leur dignité. **Ces droits s'accompagnent de devoirs** : être présent à tous les cours, écouter les autres, respecter la dignité de chacun.
- En cas de non respect du règlement intérieur, des **mesures disciplinaires** (punitions, sanctions et mesure de responsabilisation) sont prises.

Réfléchir et agir pour vivre ensemble au collège

- L'école a pour mission de faire respecter **l'égalité entre les filles et les garçons**. Elle lutte contre les **stéréotypes** et encourage la mixité dans toutes les filières scientifiques.
- Au collège, la communauté éducative et les élèves se mobilisent lors de **la Semaine de la presse et des médias**. Les médias, qui sont de plus en plus nombreux (internet, presse écrite, télévision, réseaux sociaux, radio...) informent la population et la mobilisent. Cependant, il faut être vigilant quant au traitement de l'information. Les élèves sont donc sensibilisés **au jugement critique et au pluralisme des médias**.
- Tous les élèves **sont égaux et ont droit au respect**, peu importe leur couleur de peau, leur origine ou leur croyance. Les élèves peuvent agir pour dénoncer le **racisme** et **l'antisémitisme** et permettre à tous de prendre conscience de la beauté de la diversité humaine.

LES MOTS IMPORTANTS

Antisémitisme
Haine des juifs.

Pluralisme des médias
Existence de médias d'opinions diverses.

Racisme
Attitude de ceux qui méprisent certaines personnes en raison de leur prétendue appartenance à une race.

Règlement intérieur
Texte officiel voté par le conseil d'administration du collège, qui fixe les règles à respecter par tous.

Stéréotype
Opinion toute faite sur une personne ou un objet, souvent imposée par un groupe de la société.

Les valeurs de la République

La dignité

Le respect de la dignité de toute personne humaine est une **valeur fondamentale** inscrite dans la Déclaration universelle des droits de l'Homme (1948). Il se fonde sur le **caractère unique de l'être humain** qui choisit librement l'orientation de sa vie. Toutes les personnes sont égales en dignité et doivent être traitées avec un **respect égal**. Reconnaître la dignité de la personne humaine, c'est **refuser et combattre les discriminations**.

POUR ALLER PLUS LOIN

Livres

Enfants, ados : des droits, des devoirs ?
Sylvie Baussier, Milan Jeunesse, 2011.
Un livre qui rappelle aux enfants et aux adolescents ce qui est permis et ce qui est interdit, à l'école, dans la famille et dans le reste du monde.

Léon
Leon Walter Tillage, L'École des loisirs, 1999.
Léon est né en 1936, dans le sud des États-Unis. Il raconte son histoire et celle de sa famille, la ségrégation raciale et la lutte pour les droits civiques des Noirs.

Comment parler de l'égalité filles-garçons aux enfants
Jessie Magana, Le Baron perché, 2014.
L'auteure répond à des questions d'enfants et d'adolescents de 5 à 15 ans, à travers 15 fiches illustrées.

Sites

www.objectifegalite.onisep.fr
Un site qui bouscule les stéréotypes.

www.clemi.org
Des ressources sur l'éducation aux médias.

Film

Les Héritiers
Marie-Castille Mention-Schaar, 2014.
D'après une histoire vraie. L'histoire de lycéens de Créteil qui, emmenés par leur professeure d'histoire-géographie, participent au Concours national de la Résistance et de la Déportation.

2 S'engager au collège

→ Comment pouvons-nous agir pour bien vivre ensemble au collège ?

1 Faire vivre la laïcité au collège

Affiches lauréates du concours « C'est quoi pour toi la laïcité ? » organisé au collège Le-Plantaurel de Cazères (Haute-Garonne), 2013.

La journée de la laïcité dans un collège de Landes, 9 décembre 2014.

Retrouvez le lien vers cette vidéo sur le site www.nathan.fr/emc-college.

? Que signifie « faire vivre la laïcité » ?

« L'enfant a droit à la liberté d'expression. Ce droit comprend la liberté de rechercher, de recevoir et de répandre des informations et des idées [...] sous une forme orale, écrite, imprimée ou artistique, ou par tout autre moyen du choix de l'enfant. »

Extrait de l'article 13 de la Convention internationale des droits de l'enfant, 1989.

2 S'engager dans une action humanitaire : la course contre la faim

Chaque année, l'association Action contre la faim propose aux collégiens de participer à une course solidaire pour lutter contre la faim dans le monde.

Paris, 2008.

VIDEO

Retrouvez le lien vers cette vidéo sur le site www.nathan.fr/emc-college.

? En quoi la course contre la faim est-elle une course solidaire ?

Exprimez-vous !

1. Pour quelles causes ces collégiens s'engagent-ils ? De quelles manières ?

2. Dans votre collège, dans quelles actions vous engagez-vous, individuellement ou collectivement ?

En équipe !

COMPÉTENCES
- Prendre la parole devant les autres.
- Développer une conscience citoyenne.

Le délégué, un élève engagé

Votre mission

À l'occasion de la semaine d'élection des délégués, votre classe doit organiser des présentations orales sur ce sujet. Répartis en équipe, vous devrez travailler sur le rôle et les qualités du délégué et montrer que ces élections ont un caractère démocratique.

Vous effectuerez le travail demandé à partir des documents proposés et de vos recherches personnelles.

Équipe 1 Le rôle du délégué

Votre équipe va devoir expliquer à la classe quel est le rôle du délégué dans la vie de la classe, à l'occasion du conseil de classe et tout au long de l'année.

1 Le rôle des délégués

2 Une déléguée de classe témoigne

Être délégué, c'est avant tout être responsable et savoir écouter les autres ; en plus de son devoir de collégien, le délégué doit essayer de faire en sorte qu'une bonne ambiance règne dans la classe.
Le délégué est le porte-parole des élèves, notamment pendant le conseil de classe, où il donne son point de vue et peut défendre ses camarades. Les tâches du délégué sont variées : on peut être sollicité pour transmettre une information à la classe, proposer des projets aux adultes de l'établissement…
Le délégué est un élève comme les autres. Il ne bénéficie d'aucun privilège de la part des professeurs. Il doit aussi montrer l'exemple.

Christine, élève de 3e au collège Louis-Issaurat, Créteil (Val-de-Marne), 2015.

Équipe 2 La campagne électorale

Votre équipe est chargée de travailler sur la campagne électorale. Trouvez les informations pour répondre aux questions suivantes : qui peut être élu délégué ? Qu'est-ce qu'un suppléant ? Quelles doivent être les qualités d'un délégué ? Comment fait-on campagne ?

3 Les qualités d'un délégué

Les élèves d'une classe de 5e ont répondu à la question suivante : « Citez les 3 qualités que devrait avoir un bon délégué ». Voici leurs réponses sous forme de nuage de mots. Les termes les plus cités apparaissent en plus gros.

4 Tous les élèves sont éligibles

Équipe 3 L'organisation des élections

Votre équipe est chargée de travailler sur le déroulement des élections et de s'informer sur le vocabulaire lié au vote.

5 Des élections démocratiques

Les élections se déroulent à bulletin secret au scrutin uninominal à 2 tours avant la fin de la 6e semaine de l'année scolaire.

Chaque électeur vote pour un candidat et son suppléant.

Si un candidat obtient la majorité absolue des suffrages au 1er tour, il est déclaré élu et devient délégué. Au second tour, le candidat qui obtient le plus de voix est déclaré élu comme second délégué.

■ D'après service-public.fr

6 Le vote

■ Collège Jacques-Offenbach, Saint-Mandé (Val-de-Marne).

Mise en commun

- Chaque groupe présente son travail au reste de la classe. Pendant la présentation de vos camarades, prenez des notes. Si besoin, préparez des questions que vous leur poserez après la présentation.
- À partir des présentations orales de chaque équipe, rédigez un bilan de quelques lignes sur le délégué de classe. Comment est-il élu ? Quelles sont ses responsabilités et son action ? Pourquoi peut-on dire qu'il est un élève engagé ?

Je découvre

COMPÉTENCES
- S'impliquer dans la vie scolaire.
- Respecter les autres et les règles de la vie collective.

Régler les conflits grâce aux élèves médiateurs

A Un conflit au collège...

1 Un conflit entre Mathilde et Andréa

B ... réglé par les élèves médiateurs

2 Des témoignages d'élèves médiateurs

Les élèves de la 5e à la 3e qui souhaitent devenir médiateurs sont formés dans leur collège à la communication non violente.

En devenant médiateur, j'ai découvert que je pouvais être utile aux autres.
Quentin, 4e

Un élève m'embêtait sans cesse. Je suis allé voir un professeur qui m'a proposé d'aller en médiation avec cet élève.
Sarane, 6e

Il y avait beaucoup de conflits au collège, alors je me suis inscrit pour devenir médiateur.
Rios, 5e

Au début de la médiation, on propose des règles aux élèves médiés : respecter le droit de parole de chacun, ne pas se bagarrer, dire la vérité.
Lucile, 5e

Ensuite on demande aux deux élèves en conflit de dire ce qui s'est passé.
Bruno, 5e

On leur demande leurs sentiments, comment ils ont vécu leur conflit : furieux, content, triste... Il faut que l'élève comprenne comment l'autre a vécu la situation.
Quentin, 4e

Puis on leur demande leurs besoins : je me suis senti énervé car je voulais quelque chose ; je me suis sentie furieuse car on m'avait imposé un choix alors que je voulais être libre de choisir...
Bruno, 5e

Par la médiation, les élèves apprennent à se débarrasser de tous les conflits qui les perturbent, et ils peuvent ensuite apprendre sereinement en classe.
La professeure à l'origine de la médiation entre pairs

La médiation, c'est ce qui mène vers le chemin de la réconciliation.
Yanis, 3e

■ Propos recueillis au collège Victor-Hugo de Sarcelles (Seine-Saint-Denis), 2014.

Retrouvez le lien vers cette vidéo sur le site www.nathan.fr/emc-college.

VOCABULAIRE

Médiation entre élèves
Médiation de certains conflits (petites violences quotidiennes, incivilités), par des élèves extérieurs aux litiges et formés pour trouver une solution.

3 Ce que dit le règlement intérieur

Devoirs
Les élèves respectent l'ensemble des membres de la communauté éducative tant dans leur personne que dans leurs biens.

■ Extrait du règlement intérieur du collège Victor-Hugo de Sarcelles (Seine-Saint-Denis).

Découvrir le sujet

1. **Doc 1.** Quel conflit est à régler ? Qui intervient ?
2. **Doc 1 et 2.** Comment se déroule une médiation effectuée par des élèves ?
3. **Doc 3.** À quel objectif du règlement intérieur doit correspondre la solution du conflit ?

Parcours 1 Faire le bilan

1. Quelles doivent être les qualités du médiateur ? Que lui apporte son engagement ?
2. Quels sont les avantages de la médiation pour les élèves en conflit ? Et pour le collège ?

Parcours 2 Élaborer une charte du médiateur

1. Seul ou en groupe, je rédige la charte du médiateur. Cette charte comporte des articles qui indiquent comment doit se comporter le médiateur au cours des étapes de la médiation.
2. Je peux aussi réaliser un logo qui illustre les missions du médiateur.

Je découvre

COMPÉTENCES
- S'estimer, avoir confiance en soi.
- Savoir se mettre à la place des autres.

Comment s'engager contre le harcèlement ?

A Le harcèlement au collège

1 Blanche, victime de harcèlement en 4e

Blanche raconte son histoire dans un livre, Et il me dit : « Pourquoi tu rigoles jamais, Blanche ? » *paru en janvier 2015. Aujourd'hui âgée de 19 ans, elle sensibilise les collégiens et lycéens au harcèlement au sein de l'association « Plus fort à Marseille ».*

J'étais une cible facile. Tous mes amis avaient déménagé et changé de collège. Une bande de filles a très vite commencé à me critiquer, sans relâche, tout le temps. Elles me disaient que j'étais une « extraterrestre », que j'étais « bizarre ». Tellement bizarre que, plus tard, je deviendrais sans doute « une meurtrière, une folle… ». Elles critiquaient mon apparence. À ces violences verbales, se sont ajoutées des violences physiques. Des coups derrière la tête, des croche-pieds… Je n'ai pas perçu tout de suite l'ampleur de la violence, jusqu'où cela pouvait aller. Je ne me suis pas défendue. Et cela a duré une grande partie de l'année, jusqu'au moment où je n'en pouvais plus. Je souffrais d'insomnies, l'idée d'aller à l'école m'était insupportable, comme si chaque jour au collège était une nouvelle rentrée. J'ai développé une véritable phobie scolaire. J'ai alors refusé de retourner au collège et j'ai fini mon année scolaire, ainsi que la suivante, grâce au CNED[1]. Au lycée, mes horaires étaient aménagés car je n'arrivais pas à me rendre à toutes les heures de cours. Aujourd'hui encore, cela reste compliqué pour moi. Ce que j'ai vécu continue d'avoir d'assez lourdes conséquences.

Interview parue dans *Psychologies magazine*, février 2015.

1. Centre national d'enseignement à distance.

VOCABULAIRE

Harcèlement
Violences répétées (physiques ou verbales), qui sont le fait d'une ou de plusieurs personnes sur une victime isolée, qui ne peut se défendre.

Cyber-harcèlement
Forme de harcèlement qui passe par les nouvelles technologies de la communication (téléphone portable, mails, réseaux sociaux, forums…).

INFOS

Ce numéro vous permet de dialoguer avec des spécialistes de l'association l'« École des parents » et des éducateurs. Ils vous écouteront et vous donneront des conseils.

2 Dénoncer les cas de harcèlement

VIDEO

Les claques, janvier 2012, © www.education.gouv.fr.

Retrouvez cette vidéo sur le site www.agircontreleharcelementalecole.gouv.fr.

3 Le cyber-harcèlement

De plus en plus, les téléphones portables permettent de se connecter et de prolonger le cyber-harcèlement.

L'agresseur peut encore plus facilement faire souffrir sa victime tout en étant loin d'elle. […]

Les harceleurs utilisent les moqueries en ligne, la propagation de rumeurs par téléphone mobile ou sur internet, la création d'une page ou d'un profil factice sur un réseau social, l'envoi de photographies dénudées ou humiliantes, la publication de vidéos de la victime en mauvaise posture ou encore l'envoi de messages injurieux ou menaçants par SMS ou courrier électronique.

Citoyen junior n° 23, septembre 2012.

B Agir contre le harcèlement au collège

4 Briser la loi du silence

Si je suis victime de harcèlement, je ne dois pas avoir peur de me confier à ma famille ou à mes amis. Il ne faut pas rester seul, ils sauront m'aider.

Si je suis témoin d'un cas de harcèlement, je dois en parler à un adulte ou au délégué de ma classe. Il est aussi important de soutenir la victime. Ne rentrons pas dans le jeu des agresseurs !

5 Participer au concours national « Mobilisons-nous contre le harcèlement »

Affiche lauréate du concours 2015, catégorie 6e/5e, collège Albert-Camus à Baraqueville (académie de Toulouse).

www.agircontreleharcelementalecole.gouv.fr

Découvrir le sujet

1. **Doc 1.** Quelles sont les humiliations subies par Blanche ? Quelles en sont les conséquences ?
2. **Doc 3.** Quelle nouvelle forme de harcèlement est née avec les nouvelles technologies ?
3. **Doc 2, 4 et 5.** Face au harcèlement, comment réagir si je suis victime ? Et si je suis témoin ?

Parcours 1 Faire le bilan

Je présente les différentes formes de harcèlement qui existent au collège. J'explique ensuite comment et pourquoi agir contre le harcèlement.

Parcours 2 Agir contre le harcèlement

Dans votre collège, un concours contre le harcèlement est organisé. Avec votre classe, vous y participez en réalisant, au choix, une affiche, une vidéo, un poème, un blog...

À nous d'agir ! TÂCHE COMPLEXE

COMPÉTENCES
- Comprendre les valeurs d'une société humaniste.
- Savoir agir pour la solidarité collective.

S'engager dans une action solidaire

Consigne

Votre classe souhaite mener une action solidaire au profit de l'association Action contre la faim. Pour réaliser ce projet, vous devrez organiser une campagne d'information sur l'association (ses objectifs et son action à travers le monde).

Vous avez la possibilité, par la suite, d'organiser une course contre la faim pour récolter des fonds.

1 Le message d'Action contre la faim

Affiche de la campagne de sensibilisation, 2012.

INFOS

ACTION CONTRE LA FAIM — ACF INTERNATIONAL

L'organisation humanitaire Action contre la faim (ACF) a été créée en 1979 [...] par un groupe d'intellectuels français. Alors que, jusqu'ici, la lutte contre la faim était intégrée dans des combats plus généraux (lutte contre la pauvreté, lutte pour la santé, etc.), ils ont créé une organisation se consacrant exclusivement au **problème de la faim** dans le sens le plus large.

www. actioncontrelafaim.org

2 Un exemple d'action au Burkina Faso : la famille Coulidiati

VIDEO

Retrouvez le lien vers cette vidéo sur le site www.nathan.fr/emc-college.

3 Aujourd'hui encore, souffrir de la faim

805 millions de personnes souffrent de la faim dans le monde : cela signifie que 1 personne sur 9 ne mange pas à sa faim et ne reçoit pas la nourriture dont elle a besoin pour mener une vie saine et active.

55 millions d'enfants souffrent de la forme la plus sévère de la faim. La faim est à l'origine de plus d'un tiers des décès d'enfants âgés de moins de 5 ans.

La faim et la malnutrition constituent **le risque sanitaire mondial le plus important**, plus que le SIDA, le paludisme et la tuberculose réunis.

Chiffres du Programme alimentaire mondial et d'Action contre la faim, 2015.

4 Bilan de la 16e édition (2013) de la course contre la faim

5 Comment mobiliser mon collège contre la faim dans le monde ?

Avant la course
Un intervenant d'Action contre la faim vient sensibiliser les élèves de ton établissement au fléau de la faim dans le monde. Après la séance, vous partez à la recherche de sponsors qui vont vous parrainer pour chaque kilomètre que vous courrez le jour de la course.

Le jour J
Vous prenez le départ de la course contre la faim organisée par ton établissement, dans une ambiance festive et solidaire. Il n'y a pas de compétition, il s'agit d'une course d'endurance où chacun court à son rythme.

Après la course
Chaque élève multiplie chaque promesse de don par le nombre de kilomètres qu'il a parcourus et retourne voir ses parrains pour leur demander leur don.

www.actioncontrelafaim.org

COUP de POUCE

- Pour vous aider à réaliser votre campagne d'information, reproduisez et complétez le tableau suivant.

Thèmes	Origine et objectifs d'AFC	Les actions de l'association
Documents	Doc 1 à 5	Doc 2, 4, 5
Quelles informations tirez-vous de ces documents ?		

- Si vous ne souhaitez ou ne pouvez pas organiser la course, vous pouvez intégrer à votre campagne d'information une présentation de celle-ci. Vous expliquerez comment des collégiens, en y participant, se sont engagés pour lutter contre la faim dans le monde.

Journée de la laïcité à l'école : 9 décembre

La Journée nationale de la laïcité a été instituée par l'État en 2011. Elle est fixée au 9 décembre, et commémore, dans toutes les écoles, la loi de séparation des Églises et de l'État du 9 décembre 1905, qui fait de la République française une république laïque. Elle est un moment fort pour faire vivre la Charte de la laïcité, affichée dans tous les établissements scolaires publics.

A Que signifie cette journée ?

1 La République française est laïque

VIDEO

■ *Les Clés de la République : la laïcité*, LCP, 24 février 2014.

Retrouvez le lien vers cette vidéo sur le site www.nathan.fr/emc-college.

2 La laïcité, c'est la liberté

La France se caractérise aujourd'hui par une diversité culturelle plus grande que par le passé. C'est pourquoi elle n'a jamais eu autant besoin de la laïcité qui garantit à tous les citoyens, quelles que soient leurs convictions philosophiques ou religieuses, de vivre ensemble dans la liberté de conscience, la liberté de pratiquer une religion ou de n'en pratiquer aucune, l'égalité des droits et des devoirs, la fraternité républicaine.

La laïcité n'est pas une opinion parmi d'autres mais la liberté d'en avoir une. [...] Elle n'est ni pro, ni antireligieuse. L'adhésion à une foi ou à une conviction philosophique relève de la seule liberté de conscience de chaque femme et de chaque homme.

■ Observatoire de la laïcité[1], *La Laïcité aujourd'hui*, 2015, www.gouvernement.fr/observatoire-de-la-laicite.

1. Organisme qui assiste le gouvernement dans son action visant au respect du principe de laïcité en France.

3 La charte de la laïcité à l'école (2013, extraits)

LA RÉPUBLIQUE EST LAÏQUE

1 La France est **une République indivisible, laïque, démocratique et sociale**. Elle assure l'égalité devant la loi, sur l'ensemble de son territoire, de tous les citoyens. Elle respecte toutes les croyances.

2 La République laïque organise **la séparation des religions et de l'État**. L'État est neutre à l'égard des convictions religieuses ou spirituelles. Il n'y a pas de religion d'État.

3 La laïcité garantit **la liberté de conscience** à tous. **Chacun est libre de croire ou de ne pas croire**. Elle permet la libre expression de ses convictions, dans le respect de celles d'autrui et dans les limites de l'ordre public.

4 La laïcité permet l'exercice de la citoyenneté, en conciliant **la liberté de chacun** avec **l'égalité et la fraternité de tous** dans le souci de l'intérêt général.

6 La laïcité de l'École offre aux élèves les conditions pour forger leur personnalité, exercer leur libre arbitre et faire l'apprentissage de la citoyenneté. **Elle les protège de tout prosélytisme et de toute pression** qui les empêcheraient de faire leurs propres choix.

8 La laïcité permet l'exercice de **la liberté d'expression** des élèves dans la limite du bon fonctionnement de l'École comme du respect des valeurs républicaines et du pluralisme des convictions.

14 Dans les établissements scolaires publics, les règles de vie des différents espaces, précisées dans le règlement intérieur, sont respectueuses de la laïcité. **Le port de signes ou tenues par lesquels les élèves manifestent ostensiblement une appartenance religieuse est interdit.**

■ Retrouvez l'intégralité de la Charte à la dernière page du manuel.

B Comment agir pour faire vivre la laïcité à l'école ?

4 La laïcité, on en discute !

Le professeur : Vous parlez de Farid et de Zora ? Et de leur religion ?

Des élèves : Pas trop, mais un peu !

Le professeur : Ils sont tous les deux musulmans. Téo, toi tu es catholique. Et je sais que toi, Raf, tu ne crois pas en Dieu. Vous êtes tous très différents !

Zoé : Raf et Téo, ils se disputent parfois pour ça.

Le professeur : En France, chacun peut croire en son Dieu, ou ne pas croire. C'est une liberté reconnue, et notre pays garantit cette liberté de conscience. Mais la religion fait partie de la vie privée, hors des établissements scolaires.

Téo : Vous avez des exemples ? [...]

Raf : Farid, l'autre jour, à la sortie du Moyen Âge, ne voulait pas entrer dans l'église. Mais il veut bien me montrer sa mosquée.

Le professeur : On s'en est expliqué tous les deux : ce n'était pas pour faire comme les chrétiens, puisqu'il était musulman, mais pour étudier la culture du Moyen Âge, une époque où on a construit beaucoup d'églises. Je lui ai dit aussi qu'à la même époque, les Arabes ont inventé le chiffre zéro, ce qui nous a fait faire beaucoup de progrès en mathématiques et dans les techniques... C'est le rôle de l'école d'enseigner que les religions, comme la science, font partie de la culture des hommes.

Zoé : Zora m'a dit qu'on avait demandé à sa sœur d'enlever son foulard en entrant au lycée.

Le professeur : Comme on demanderait à Téo d'enlever une grosse croix s'il venait avec. On ne doit pas manifester sa religion à l'école. C'est la loi française [...] Moi-même je ne dois pas essayer de vous faire croire ceci ou cela. Mais ça n'empêche pas que vous puissiez en discuter entre vous, ou avec moi, du moment que chacun respecte l'autre dans ses différences.

■ D'après Michel Tozzi, *La morale, ça se discute...*, Albin Michel Jeunesse, 2014.

INFOS

Des **autorisations d'absence** sont accordées aux élèves pour de **grandes fêtes religieuses** qui ne coïncident pas avec des jours de congés et sont inscrites au *Bulletin officiel*. Elles concernent les confessions musulmane, israélite, orthodoxe, le culte catholique arménien et les bouddhistes.

5 La laïcité est-elle respectée ?

a.

b.

Je comprends

1. **Doc 1 à 3.** Afin de comprendre le sens de la Journée nationale de la laïcité, je choisis dans ces documents les éléments qui définissent la France comme une « République laïque ».
2. **Doc 3 et 4.** Je confronte le **doc. 4** à la Charte de la laïcité afin de proposer des arguments qui expliquent pourquoi la laïcité, c'est « être différents et égaux ».
3. **Doc 5 et Infos.** Dans chacune des situations du **doc. 5**, la laïcité est-elle respectée ? Pourquoi ?

J'agis

1. Avec ma classe, je participe à un débat à l'occasion de la Journée nationale de la laïcité, afin de montrer que la laïcité, c'est « agir pour vivre ensemble ».
2. À l'issue du débat, je réalise une affiche sur le thème « C'est quoi, pour moi, la laïcité ? ». Je peux m'inspirer des exemples page 34.

À nous d'agir ! TÂCHE COMPLEXE

COMPÉTENCES
- Connaître les dangers des addictions pour soi et les autres.
- Être responsable.

S'engager contre les addictions

Consigne

Avec votre classe, vous décidez de sensibiliser vos camarades de 5e aux dangers des addictions. À l'aide des documents et de recherches que vous pourrez effectuer au CDI ou sur internet, vous leur expliquez pourquoi et comment il faut lutter contre les conduites addictives des jeunes.

1 Alcool : les jeunes en boivent dès le collège

Élèves ayant déjà bu de l'alcool, en %

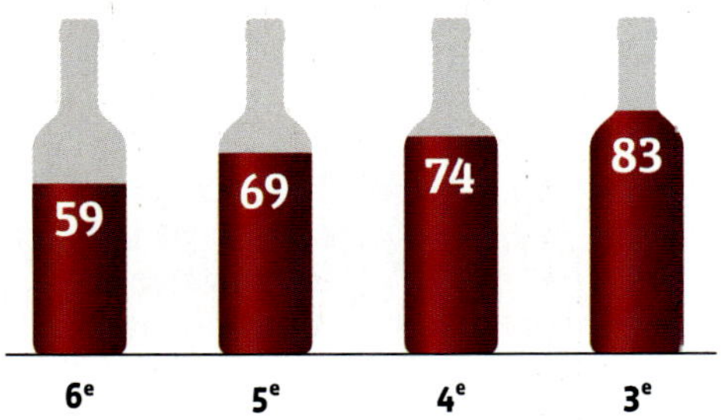

Élèves ayant déjà été ivres, en %

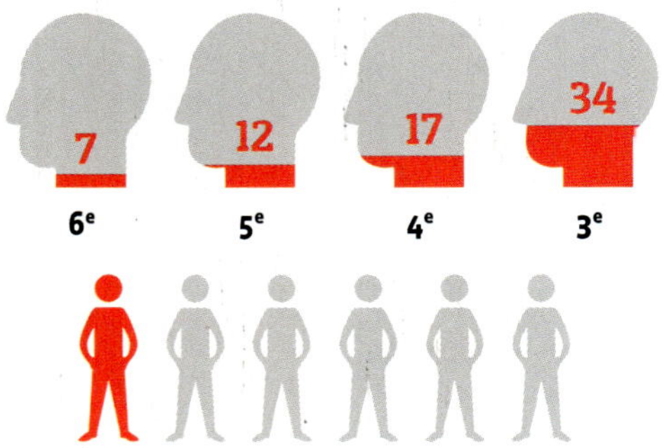

Source : étude du Bulletin épidémiologique hebdomadaire, 2015.

INFOS

Chaque année, la consommation de drogue et d'alcool est responsable, en France, de plus de **100 000 décès évitables**, par accidents et par maladies, dont près de **40 000 par cancers**. Les conduites addictives interviennent dans environ **30 % de la mortalité prématurée**. L'addiction se caractérise par l'impossibilité, répétée, de contrôler un comportement, et la poursuite de ce comportement en dépit de la connaissance des conséquences négatives.

www.sante.gouv.fr/addictions.html, août 2014.

2 Effets passagers et dangers des drogues légales et illégales

Tabac

Effets recherchés
- Stimulation physique et intellectuelle passagère
- Détente

Dangers
- Bronchites chroniques
- Accidents cardio-vasculaires
- Cancers

Alcool

Effets recherchés
- Diminution de l'anxiété
- Détente
- Disparition des complexes

Dangers
- **Immédiats :** risques d'accidents sur la voie publique, coma éthylique en cas de forte absorption
- **À long terme :** complications hépatiques (cirrhose du foie), complications psychiatriques et neurologiques

Cannabis

Effets recherchés
- Euphorie
- Détente
- **Durée :** 2 à 4 h

Dangers
- Baisse de concentration, oublis, anxiété, risques d'accidents de voiture, fringales, crises de panique, maux de tête, états dépressifs, somnolence
- Pour le cannabis fumé, mêmes risques que pour le tabac

D'après www.filsantejeunes.com/drogue.

3 Des témoignages sur l'addiction

a. Ce matin-là, Romane, alors âgée de 14 ans, a cours à 9 heures. C'est l'anniversaire d'une copine. « Pour le fêter, on est allés dans le bois derrière le collège avec quatre bouteilles, on était trois », raconte cette jolie jeune fille, qui vient de fêter ses 16 ans. Vodka, whisky, rhum… elle a beaucoup bu. À jeun. Elle a aussi fumé du cannabis. Appelée par le collège, sa mère l'amène aux urgences: coma éthylique. Romane se réveille 6 heures plus tard.

D'après www.lemonde.fr, 2013.

b. *J'ai 17 ans. En novembre dernier, j'ai connu une rupture amoureuse, ce qui m'a fait complètement sombrer dans le cannabis. Le cannabis me faisait oublier mes problèmes, j'étais dans mon petit monde. J'ai donc continué, continué jusqu'à ce que je me rende compte que je ne fumais plus un joint par semaine comme au départ, mais plus d'un joint quotidiennement. Toute ma vie ne tourne plus qu'autour de ça et cette question qui revient sans arrêt : « Comment je vais pouvoir m'en racheter ? »*

D'après www.drogues-info-service.fr, 2014.

4 Ce que dit la loi

L'usage illicite de l'une des substances ou plantes classées comme stupéfiants est puni d'un an d'emprisonnement et de 3 750 € d'amende.

Art. L. 3421-1 du Code de la santé publique.

Il est interdit de vendre, dans les débits de tabac et tous commerces ou lieux publics, aux mineurs de moins de 18 ans des produits du tabac ou leurs ingrédients, y compris, notamment le papier et le filtre.

Art. L. 3511-2-1 du Code de la santé publique.

La vente des boissons alcooliques à des mineurs est interdite. L'offre de ces boissons à titre gratuit à des mineurs est également interdite dans les débits de boissons et tous commerces ou lieux publics. La personne qui délivre la boisson peut exiger du client qu'il établisse la preuve de sa majorité.

Art. L. 3342-1 du Code de la santé publique.

5 « Chacun peut agir »

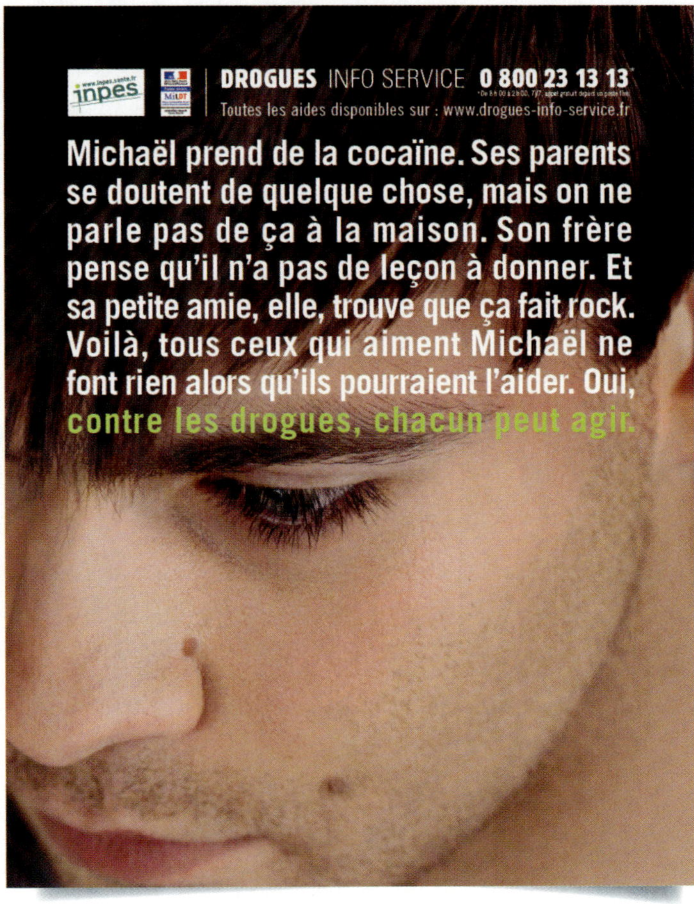

Campagne de l'INPES, 2011.

COUP de POUCE

Pour vous aider à préparer votre intervention orale, reproduisez et complétez le tableau suivant.

	Informations relevées dans les documents et dans mes recherches
Les différents types d'addiction	
Les effets immédiats des addictions	
Les dangers des addictions, pour soi et pour les autres	
Les mesures pénales contre les addictions	
Comment s'engager ?	

Je découvre

COMPÉTENCES
- Se sentir membre d'une collectivité.
- Se sentir responsable au collège.

Responsable de la sécurité au collège

A Apprendre les consignes de sécurité

1 Respecter les consignes de sécurité

À l'audition du signal d'alarme ou sur ordre d'un responsable :

❶ Évacuez rapidement dans le calme et sans précipitation, en rang, délégués en tête, professeur en queue avec le cahier d'appel.

❷ Suivez l'itinéraire d'évacuation. Ne revenez pas en arrière sans y avoir été invité(e). N'utilisez ni les ascenseurs ni les monte-charge.

❸ Aidez les personnes handicapées.

❹ Rangez-vous au point de rassemblement, le professeur fera l'appel. Attendez dans le calme l'ordre de dispersion.

Si les fumées envahissent les chemins d'évacuation :

❶ Baissez-vous, l'air frais est près du sol et la visibilité y est meilleure.

❷ Réfugiez-vous dans un local clos avec une fenêtre donnant sur l'extérieur. Signalez votre présence à la fenêtre.

❸ Calfeutrez les fenêtres avec du scotch et la porte avec des linges et des vêtements humides.

❹ Attendez calmement les secours, restez assis.

2 Un exercice incendie « grandeur nature »

Les collégiens et le personnel du collège Paul-Henri-Cahingt à Londinières (Seine-Maritime) ont vécu, lundi 25 mars, un exercice d'évacuation très proche de la réalité.

Menée à la demande de M. Marc, principal du collège, cette mise en scène a été orchestrée par les soldats du feu de Londinières afin d'améliorer les points qui pouvaient l'être.

Un appareil a craché des fumées froides non nocives dans le couloir du premier étage peu après 14 h 15. Dans le calme, les 270 élèves et les 35 adultes ont quitté leurs classes respectives et les locaux pour rejoindre la cour.

Problème : une personne manquait à l'appel. Rapidement localisée, la victime inconsciente a été évacuée par les pompiers. Heureusement, il ne s'agissait que d'un mannequin. Après l'exercice, le principal du collège et les pompiers ont analysé dans les moindres détails l'exercice, au cas où la fiction deviendrait réalité.

Le réveil de Neufchâtel, 27 mars 2013.

VOCABULAIRE

- **Risque naturel**
Risque dû à des phénomènes naturels (inondation, tremblement de terre, tempête...).
- **Risque technologique**
Risque dû à des activités humaines (explosion d'usine, rupture de barrage, accident nucléaire...).

B Agir face aux risques : l'exemple du collège de Lattes (Hérault)

3 Inondations devant le collège, septembre 2014

4 Assurer la sécurité face aux inondations

C'est un véritable déluge qui s'abat sur une partie de l'Hérault depuis le lundi 29 septembre 2014, midi. Le département est en vigilance rouge jusqu'à ce mardi 17 heures. La région de Montpellier est tout particulièrement touchée. En début d'après-midi, le Lez (principal fleuve de l'Hérault) est sorti de son lit. « Il y a une menace directe et généralisée de la sécurité des personnes et des biens », prévient la préfecture. De 800 à 1 000 collégiens et lycéens vont passer la nuit de lundi à mardi dans des salles de sport et établissements scolaires. Bloqués par les intempéries qui se sont abattues sur le département, ils ont dû être hébergés sur place, n'ayant pu être récupérés par leurs parents.

■ D'après *Midi libre*, 29 septembre 2014.

5 Assurer la sécurité face à un risque chimique

Lundi, l'alerte a sonné au collège Georges-Brassens de Lattes, suite à une émanation toxique de chlore dans la piscine en chantier qui jouxte l'établissement. Aussitôt sur les lieux, une vingtaine de sapeurs-pompiers se sont déployés sur le site. Côté collège, « le principe de précaution a été appliqué, en suivant les consignes des sapeurs-pompiers. Nous avons pris tout de suite des mesures de confinement », explique le principal, Christophe Cauquil. « Les cours ont été interrompus aussitôt et les élèves ont été regroupés par le corps enseignant et par les assistants d'éducation au premier et au second étages du collège, toutes fenêtres bien fermées. »

Pour Christophe Cauquil, l'incident est aussi un moment éducatif important. « Certes, l'on pourrait se passer d'un tel événement, mais l'école assure aussi une éducation à la citoyenneté où les jeunes apprennent à se protéger et à protéger les autres. D'ailleurs, les collégiens ont très bien réagi à cet événement, dans le plus grand calme. »

■ D'après *Midi Libre*, 25 juin 2013.

Découvrir le sujet

1. **Doc 1 et 2.** En cas d'incendie au collège, quelles consignes de sécurité les élèves doivent-ils respecter ?
2. **Doc 1 et 2.** Pourquoi des exercices sont-ils organisés plusieurs fois dans l'année ?
3. **Doc 3 à 5.** Quels événements ont menacé la sécurité des élèves dans ce collège de l'Hérault ? Quelles mesures ont été prises ?

Parcours 1 *Faire le bilan*

1. Qu'est-ce qui me permet de me sentir responsable de la sécurité dans mon collège ?
2. Face à une catastrophe naturelle ou chimique qui touche mon collège, comment réagir ?

Parcours 2 *Réaliser une affiche de sensibilisation*

Afin de sensibiliser tous les élèves aux risques qui peuvent menacer votre collège, et pour expliquer comment agir face à ces risques, vous réalisez une affiche.

Pour effectuer ce travail, vous utiliserez les informations des documents du manuel, ainsi que le site **www.georisques.gouv.fr**.

Vérifier ses connaissances

1 Je fais correspondre aux mots suivants les définitions ci-dessous.

a Charte de la laïcité

b Médiateurs

c Action solidaire

d Délégués

e Cyber-harcèlement

1 Élus par les élèves de leur classe, ils les représentent lors des conseils de classe.

2 Élèves formés à résoudre les conflits entre d'autres élèves.

3 C'est une action menée bénévolement par des collégiens, dont le but est d'aider une association.

4 C'est utiliser tous les moyens modernes de communication (internet, SMS, « chats », forums, réseaux...) pour nuire à quelqu'un de façon intentionnelle et répétée.

5 Elle nous rappelle les principes à appliquer afin de vivre ensemble au collège.

2 J'indique la (ou les) bonne(s) réponse(s).

1. Pour être élu délégué de classe, il faut obtenir :

a au premier tour, la majorité absolue.

b au premier tour, la majorité relative.

c au deuxième tour, la majorité absolue.

d au deuxième tour, la majorité relative.

2. Pour être médiateur dans mon collège, je dois être :

a discret.

b bavard.

c attentif.

d respectueux.

e curieux.

3. La laïcité, c'est :

a l'interdiction des religions.

b la liberté, l'égalité, la fraternité.

c la neutralité de l'État vis-à-vis des religions.

Évaluer ses connaissances et ses compétences

★ 3 Agir pour la sécurité des personnes

→ *Je sais prendre mes responsabilités.*

1 La formation aux premiers secours

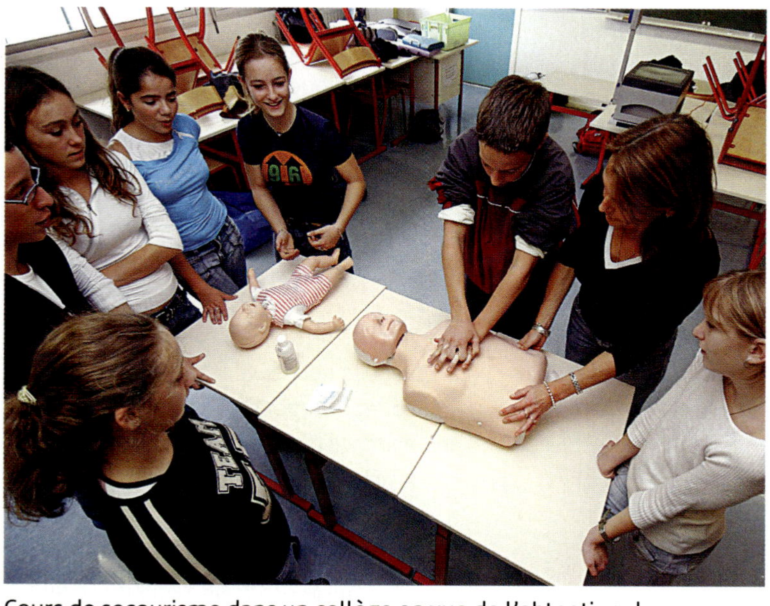

Cours de secourisme dans un collège en vue de l'obtention de l'attestation de formation aux premiers secours (AFPS).

2 Ce que dit la loi

Art. 5 – Tout élève bénéficie, dans le cadre de sa scolarité obligatoire, d'une sensibilisation à la prévention des risques et aux missions des services de secours ainsi que d'un apprentissage des gestes élémentaires de premier secours.

■ Loi du 13 août 2004 relative à la modernisation de la sécurité civile.

Questions

1. Doc 1. Dans quel domaine l'élève peut-il s'engager pour aider les autres ?
2. Doc 2. Où doit-il être formé ?
3. Doc 1 et 2. Quels sont les différents thèmes abordés dans cette formation ?

★ 4 S'engager contre le harcèlement

➜ *Je comprends ce que signifie respecter l'autre.*

➜ *Je sais me mettre à la place des autres.*

Questions

1. Quelle est la fonction de cette affiche ? À qui s'adresse-t-elle ?

2. Quel type de harcèlement l'affiche aborde-t-elle en particulier ?

3. Que doit faire un élève victime de harcèlement ?

4. Que doit faire un élève témoin de harcèlement ? Pourquoi ?

★★ 5 S'engager dans une mission de tutorat au collège

➜ *Je comprends ce que signifie assumer ses responsabilités au collège.*

Au collège Lenain-de-Tillemont à Montreuil (93), les élèves de 3ᵉ sont tuteurs des élèves de 6ᵉ. Ils les accueillent le jour de la rentrée et les accompagnent tout au long de l'année scolaire. Par exemple, le jeune tuteur aide l'élève de 6ᵉ à rattraper ses cours après une absence. Il le protège contre les violences, échange avec ses parents et avec ses professeurs. L'objectif est de responsabiliser les plus grands. Le projet développe leur esprit d'initiative et change leur regard sur les adultes du collège. Pour les plus jeunes, l'accompagnement et la régulation des conflits par de plus âgés qu'eux sont aussi d'un grand secours. Le dispositif développe la solidarité et favorise l'exercice de la citoyenneté.

■ D'après OZP (Observatoire des zones prioritaires), www.ozp.fr, 26 décembre 2014.

Questions

1. Quelle est la mission des élèves tuteurs ?

2. Qu'est-ce que le tutorat a apporté aux élèves de 6ᵉ ? Aux élèves de 3ᵉ ?

3. D'après vous, quel est l'intérêt d'un tel dispositif ?

★★ 6 S'engager pour l'environnement au collège

→ *Je suis responsable face à l'environnement.*

1 Agir au collège pour le développement durable

■ Publication de l'Espace des sciences de Rennes Bretagne, 2014.

2 Qu'est-ce qu'un éco-délégué ?

- L'éco-délégué(e) est un(e) élève volontaire qui est prêt(e) à agir et à s'investir dans des projets de développement durable.
- Il (ou elle) informe sa classe sur les éco-gestes et encourage chaque élève à participer à des actions de développement durable :
  - économie d'énergie et d'eau ;
  - tri sélectif des déchets ;
  - mise en place d'un lieu de jardinage bio...

Questions

1. **Doc 1.** À qui cette affiche s'adresse-t-elle ?
2. **Doc 1.** Qu'encourage-t-elle à faire ? Dans quel domaine ?
3. **Doc 2.** Je veux devenir un éco-délégué. Quelles actions de développement durable pourrais-je envisager pour mon collège ?

★★★ 7 Le conseil de la vie collégienne (CVC)

→ *Je comprends ce qui signifie l'esprit de solidarité.*

1 Qu'est-ce que le CVC ?

- Le CVC est une assemblée consultative composée d'élèves élus et d'adultes volontaires de l'établissement (enseignants, CPE, agents, parents d'élèves, élus locaux, etc.).
- Les élèves sont élus au suffrage universel direct par les autres élèves : 1 collégien (+ son suppléant) pour les 6e, et 3 collégiens (+ 3 suppléants) pour les élèves des autres niveaux.
- Le chef d'établissement préside le CVC. Un vice-président est désigné parmi les élèves.

■ D'après le site internet du collège Vendôme (académie de Lyon), 2015.

2 Des projets portés par le CVC

Le conseil de la vie collégienne a été mis en place le 16 octobre dernier. […] Il ne manque pas d'idées pour améliorer la vie du collège. Dès cette année, plusieurs propositions vont se concrétiser : des actions humanitaires comme la collecte de livres destinés aux enfants des pays défavorisés […], ou encore des actions festives comme un carnaval organisé le 18 mars (sans perturber les cours, ont précisé les élèves). […] Parallèlement à tout ceci, le CVC travaille sur un projet de charte des droits et devoirs des élèves du collège. Les jeunes conseillers ont pris leur rôle très au sérieux.

■ *Le Progrès de Lyon*, 11 décembre 2014.

Questions

1. **Doc 1 et 2.** Qu'est-ce que le CVC, quelles sont ses missions ?
2. **Doc 2.** En quoi le CVC reflète-t-il la démocratie au collège ?
3. J'explique le rôle du CVC et son organisation. En quoi permet-il de préparer les élèves à vivre ensemble et à devenir des citoyens responsables ?

L'essentiel

S'engager individuellement au collège

■ Pour bien vivre ensemble au collège, vous devez agir individuellement de manière **responsable**. Vous devez **obéir au règlement intérieur** qui définit vos droits et vos obligations, **appliquer la Charte de la laïcité** qui vous rend libre et égal aux autres élèves, et **respecter les consignes de sécurité** car elles vous protègent.

■ Vous pouvez faire preuve d'une **conscience citoyenne** en vous faisant élire **délégué des élèves**, ou en devenant **médiateur** pour régler les incivilités entre élèves. Vous pouvez aussi devenir **tuteur d'un élève** qui a besoin d'aide pour réussir.

S'engager collectivement au collège

■ Être responsable pour bien vivre ensemble au collège, c'est aussi s'engager dans des **actions collectives**, au nom de la **solidarité**. Faire vivre **la Charte de la laïcité** vous concerne tous. Vous pouvez organiser des débats le **9 décembre**, lors de la **Journée nationale de la laïcité**, des actions au cours de l'année sur la **liberté de conscience** et **d'opinion, l'égalité des droits et des devoirs, la fraternité**.

■ Vous devez aussi **agir contre le harcèlement** et le **cyber-harcèlement** en le dénonçant, car il porte atteinte à la dignité de la personne. Face à la pauvreté, vous pouvez vous engager dans une **action humanitaire**, par exemple la **course contre la faim** pour l'**association Action contre la faim**.

LES MOTS IMPORTANTS

Cyber-harcèlement
Forme de harcèlement qui passe par les nouvelles technologies de la communication (téléphone portable, mails, réseaux sociaux, forums...).

Harcèlement
Violences répétées (physiques ou verbales), qui sont le fait d'une ou de plusieurs personnes sur une victime isolée qui ne peut se défendre.

Médiateur
Personne qui sert d'intermédiaire entre deux personnes, ou deux groupes, pour régler un désaccord. Sa médiation permet de résoudre les conflits par la discussion.

Médiation entre élèves
Médiation de certains conflits (petites violences quotidiennes, incivilités), par des élèves extérieurs aux litiges et formés pour trouver une solution.

POUR ALLER PLUS LOIN

Livre et revue

« Quand les ados s'engagent ! », *Okapi* n° 970, décembre 2013.
Enquête sur l'engagement de 10 adolescents dans des associations.

Le Livret du délégué au collège, Jean-Marc Cimino, Canopé-CRDP de l'académie de Caen, 2013.
Les missions du délégué et les valeurs qu'il doit défendre. Le rôle des différentes instances du collège.

Vidéo

***Les Risques majeurs et moi* :**
www.iffo-rme.fr/espace-eleves/
Livret prédagogique et site élève de sensibilisation aux risques majeurs.

Site

www.eduscol.education.fr/cid73610/guide-sur-le-climat-scolaire-et-mediation-par-les-pairs-a-l-ecole-primaire.html
Un exemple de médiation entre élèves au collège Croix-Maître-Renault de Beaumont-le-Roger (27).

Jeu

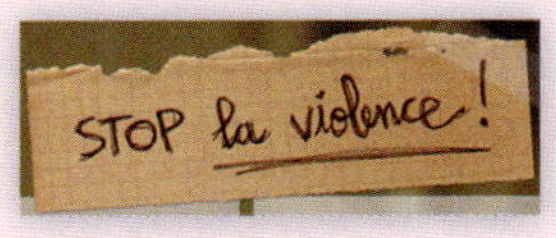

STOP la violence !
www.stoplaviolence.net/
Un jeu de sensibilisation au harcèlement au collège.

Les valeurs de la République

Fraternité

La fraternité est l'une des trois composantes de la **devise de la République**. Elle se manifeste par l'**entraide** et l'**engagement**, conformément à l'article 1er de la Déclaration universelle des droits de l'Homme (1948) (voir p. 35).

Solidarité

La fraternité prend le nom de solidarité lorsqu'elle désigne la **volonté de rétablir l'égalité entre les êtres humains**.

Laïcité

L'État **garantit à chacun**, quelles que soient ses convictions philosophiques ou religieuses, la liberté de conscience, la liberté de pratiquer ou non une religion, l'égalité des droits et des devoirs, le respect, dans la fraternité. Ces valeurs partagées permettent de **vivre ensemble**.

3 La liberté, pour vivre ensemble

→ Pourquoi, pour être libre, faut-il respecter la liberté des autres ?

1 La liberté, un droit de l'Homme

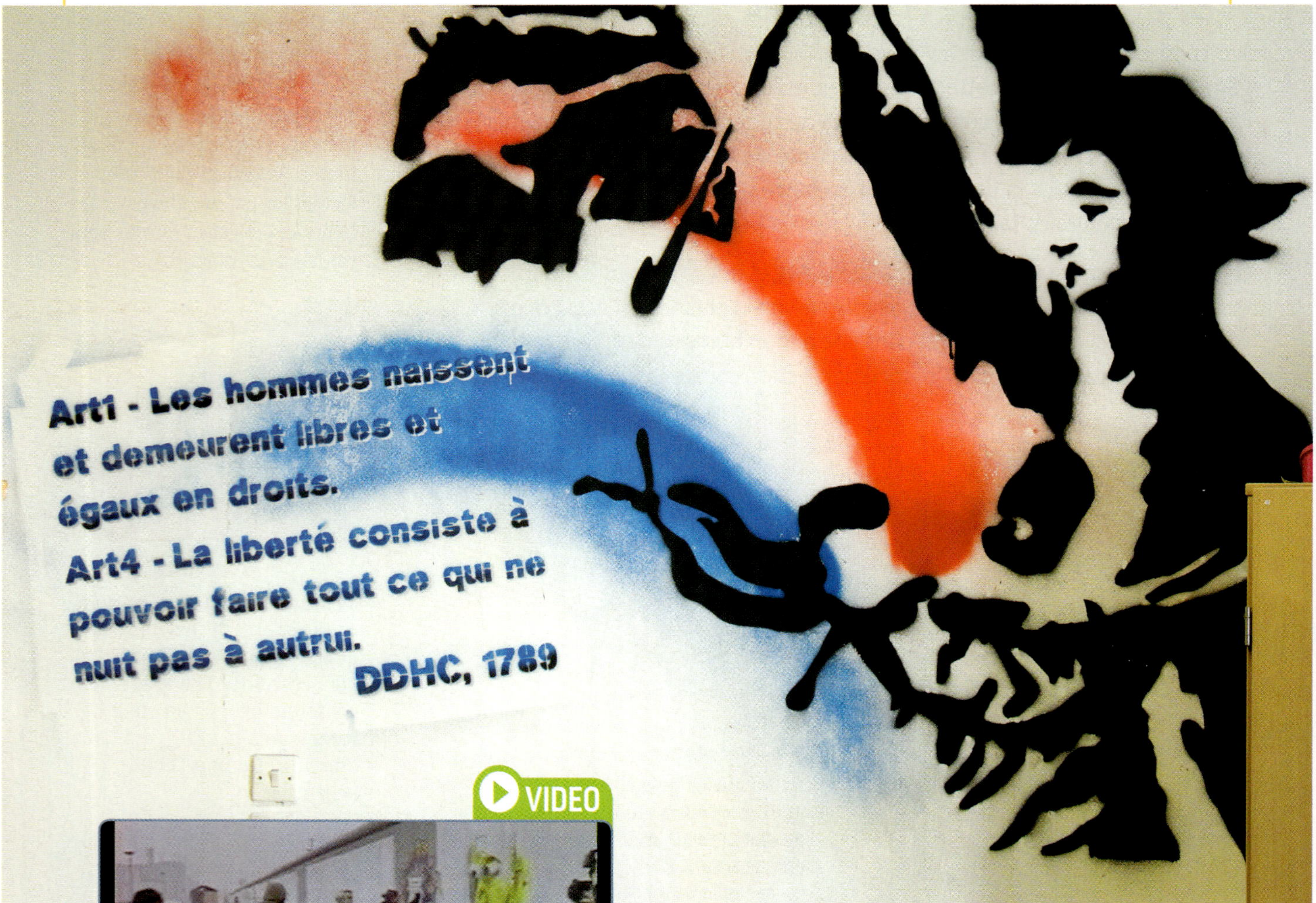

Réalisation de *street art* (technique du pochoir) dans le cadre d'un atelier, sur les murs d'un collège de Belfort.

Des artistes s'expriment sur le mur de Berlin, 22 novembre 1989.

Retrouvez le lien vers cette vidéo sur le site www.nathan.fr/emc-college-eleve.

? Comment l'art peut-il symboliser la liberté ?

> *La libre communication des pensées et des opinions est un des droits les plus précieux de l'Homme : tout citoyen peut donc parler, écrire, imprimer librement, sauf à répondre de cette liberté dans les cas déterminés par la loi.*

Article 11 de la Déclaration des droits de l'Homme et du citoyen, 1789.

2 Défendre les libertés aujourd'hui

11 janvier 2015 : après les attentats contre *Charlie Hebdo* et l'hyper casher de Vincennes, la France se mobilise lors d'une marche républicaine contre le terrorisme. Place de la Nation, à Paris, une partie des manifestants escalade la statue *Le Triomphe de la République* de Jules Dalou.

Le Monde au cœur d'une manifestation historique.

Retrouvez le lien vers cette vidéo sur le site www.nathan.fr/emc-college-eleve.

? Quelle liberté fondamentale est ici défendue ? De quelle manière ?

Exprimez-vous !

1. Comment ces documents montrent-ils que la liberté est une valeur fondamentale de la nation française ?
2. Pourquoi la défense des libertés engage-t-elle l'ensemble des habitants de la France ?

En équipe !

COMPÉTENCES
- Être capable d'exprimer ses émotions et ses sentiments en les contrôlant.
- Savoir se mettre à la place des autres.

Les libertés, pourquoi ?

Votre mission

Vous allez devoir expliquer aux autres élèves du collège et à votre entourage ce que sont « les libertés », quels sont leurs différents aspects et comment leur respect permet l'exercice des droits de l'Homme.

Équipe 1 Définir la liberté

Les définitions ci-dessous sont toutes différentes. Essayez de donner un nom à chaque type de liberté évoqué (ex. : liberté de s'instruire). Expliquez quels sont les obstacles aux libertés et ce qui les protège. Vous pourrez illustrer votre présentation avec des exemples pris en France ou dans le monde, dans l'histoire ou de nos jours.

1 Les réponses de quelques élèves d'un collège

Équipe 2 Les nouvelles technologies : progrès ou menace pour les libertés ?

Vous avez sans doute l'habitude d'aller sur internet et sur les réseaux sociaux.
Quelles libertés ces nouvelles technologies permettent-elles ? Quels sont les risques ?

2 Smartphone et géolocalisation

Julien, 13 ans, a un nouveau mobile équipé d'une application qui transmet à ses amis l'endroit où il se trouve en direct ! Alors quand il rencontre Arthur dans une boutique, ce n'est pas vraiment un hasard… Arthur a en effet reçu la localisation de Julien sur son portable et a voulu lui faire la surprise ! Là, ils se sont pris en photo tous les deux avec le portable de Julien, qui a ensuite mis l'image en ligne sur Facebook. Sonia, la petite copine d'Arthur, connectée sur Facebook, voit l'image. Arthur a été tagué, pas de doute, c'est bien lui. « Il exagère, il m'avait dit qu'on ne pouvait pas se voir car il avait des devoirs à faire… », se dit-elle. Arthur va passer un mauvais quart d'heure…

■ Numéro spécial du journal *Mon quotidien*, 28 janvier 2010.

3 Réseaux sociaux et vie privée

■ Dessin de Yakana paru dans *L'Actu*, n° spécial réalisé avec la CNIL, édition 2011.

Équipe 3 Pourquoi faire vivre la liberté de parole en classe ?

À partir de ce document, votre équipe doit expliquer pourquoi la liberté de parole est fondamentale dans une classe et à quelles conditions elle peut s'exercer pleinement pour garantir le droit de tous à l'éducation.

4 Une scène quotidienne dans une classe de collège

Mise en commun

- Chaque groupe présente son travail au reste de la classe. Pendant les présentations de vos camarades, prenez des notes et préparez les questions que vous souhaitez leur poser.
- En groupe, vous réalisez un diaporama illustré à mettre en ligne sur le site du collège qui aura pour titre : « Quelles libertés ? Pourquoi ? Comment les respecter ? »

Je découvre

COMPÉTENCES
- Connaître les libertés et les droits fondamentaux de la personne et du citoyen.
- Comprendre les valeurs d'une société humaniste et démocratique.

Les libertés, une conquête

A La conquête des libertés en France

1 Les libertés affirmées depuis 1789

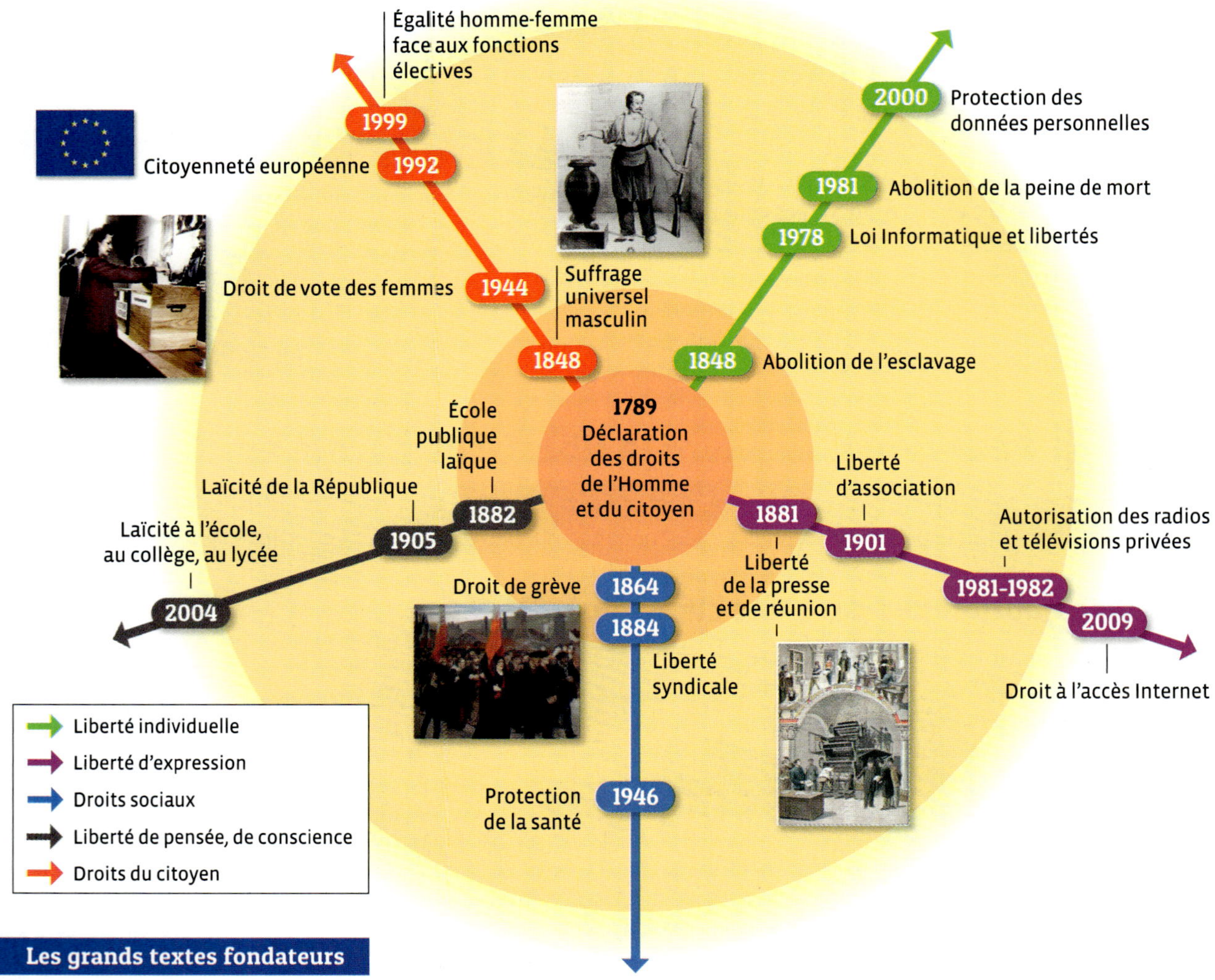

Les grands textes fondateurs

- **1946-1958** IVe République
- **1958 à nos jours** Ve République
- **1946** Constitution de la IVe République
- **1948** Déclaration universelle des droits de l'Homme
- **1950** Convention européenne de sauvegarde des droits de l'Homme et des libertés fondamentales
- **1958** Constitution de la Ve République
- **1959** Déclaration des droits de l'enfant
- **1989** Convention internationale des droits de l'enfant
- **2000** Charte des droits fondamentaux de l'UE

B De grandes déclarations pour les libertés fondamentales

2 Extraits de la Déclaration des droits de l'Homme et du citoyen, 26 août 1789

Préambule – Les représentants du peuple français, constitués en Assemblée nationale [...], ont résolu d'exposer, dans une déclaration solennelle, les droits naturels, inaliénables et sacrés de l'Homme [...].

Art. 1er – Les Hommes naissent et demeurent libres et égaux en droits. [...]

Art. 4 – La liberté consiste à pouvoir faire tout ce qui ne nuit pas à autrui : ainsi, l'exercice des droits naturels de chaque homme n'a de bornes que celles qui assurent aux autres membres de la société la jouissance de ces mêmes droits. Ces bornes ne peuvent être déterminées que par la loi.

Art. 10 – Nul ne doit être inquiété pour ses opinions, même religieuses, pourvu que leur manifestation ne trouble pas l'ordre public établi par la loi.

Art. 11 – La libre communication des pensées et des opinions est un des droits les plus précieux de l'Homme : tout citoyen peut donc parler, écrire, imprimer librement, sauf à répondre de l'abus de cette liberté dans les cas déterminés par la loi. [...]

Peinture sur bois, musée Carnavalet, Paris. (Texte recomposé).

3 Extraits de la Déclaration universelle des droits de l'Homme, 10 décembre 1948

Article 1er – Tous les êtres humains naissent libres et égaux en dignité et en droits. Ils sont doués de raison et de conscience et doivent agir les uns envers les autres dans un esprit de fraternité.

Art. 3 – Tout individu a droit à la vie, à la liberté et à la sûreté de sa personne.

Art. 18 – Toute personne a droit à la liberté de pensée, de conscience et de religion [...].

Art. 19 – Tout individu a droit à la liberté d'opinion et d'expression [...].

Art. 25-1 – Toute personne a droit à un niveau de vie suffisant pour assurer sa santé, son bien-être et ceux de sa famille, notamment pour l'alimentation, l'habillement, le logement, les soins médicaux ainsi que pour les services sociaux nécessaires [...].

Découvrir le sujet

1. **Doc 2.** Quelles libertés sont affirmées dans la Déclaration de 1789 ? Pourquoi peut-on dire qu'elles sont « fondamentales » ?
2. **Doc 1.** Quelles sont les cinq grandes catégories de libertés qui se sont développées depuis 1789 ?
3. **Doc 1 et 3.** Que sont les droits sociaux ? Pourquoi font-ils partie des libertés ?

Parcours 1 Faire le bilan

J'explique en quoi la reconnaissance des libertés depuis 1789 a suivi les évolutions de la société.

Parcours 2 Réaliser un quizz

Sur le sujet : « Connaissez-vous vos libertés ? », j'élabore un quizz sur les grandes dates de la conquête des libertés en France et les grandes déclarations. Je pose ensuite les questions à mes camarades.

Il s'est engagé

Victor Schœlcher : son combat pour la liberté

Victor Schœlcher (1804-1893)
Il s'est battu pour la défense des droits des plus faibles et pour l'abolition de l'esclavage.

→ *Pourquoi Victor Schœlcher s'est-il engagé pour l'abolition de l'esclavage ?*

Victor Schœlcher voyage au Mexique, à Cuba, dans les Caraïbes. Il y découvre le système colonial, l'horreur de l'esclavage et s'engage dans la lutte pour l'abolition. Ce combat correspond à ses idées démocratiques : engagé très jeune dans le mouvement républicain, il milite aussi pour le suffrage universel, l'abolition de la peine de mort, le droit des femmes et l'école gratuite, laïque et obligatoire. En 1848, il préside la commission qui rédige les décrets sur l'abolition de l'esclavage et devient député de Martinique puis de Guadeloupe. En 1949, ses cendres sont transférées au Panthéon en hommage à son engagement pour la liberté de tous les êtres humains.

1 Pourquoi abolir l'esclavage en 1848 ?

■ *Le Châtiment des quatre piquets dans les colonies*, huile sur toile de Marcel Verdier (2,65 x 2 m), 1843, The Menil Foundation, Houston (Texas, États-Unis).

2 Ce que dit la loi

Au nom du peuple français, le gouvernement provisoire, considérant que l'esclavage est un attentat contre la dignité humaine [...] [et qu'il] est une violation flagrante du dogme républicain « Liberté, égalité, fraternité », décrète :

Art. 1er – L'esclavage [est] entièrement aboli dans toutes les colonies et possessions françaises.

■ Décret d'abolition de l'esclavage, 27 avril 1848 (extrait).

3 Pourquoi commémorer l'abolition de l'esclavage ?

Aimé Césaire est un poète et homme politique français (1913-2008), élu de la Martinique entre 1945 et 2001. Il évoque ici la proposition de loi sur la commémoration de l'abolition de l'esclavage qui sera votée en 1983.

L'initiative du gouvernement de permettre pour tous la commémoration, dans des conditions de dignité, [...] de l'abolition de l'esclavage en 1848 est une excellente initiative. Elle permettra de rappeler la figure d'un homme qui fut l'un des premiers combattants de la cause des droits de l'Homme. Elle permettra aux Antillais et aux Réunionnais de prendre une plus claire conscience de leur passé et d'être ainsi mieux à même de préparer leur avenir. Elle permettra à tous de se rappeler que le combat, le séculaire combat pour la liberté, l'égalité et la fraternité, n'est jamais entièrement gagné, et que c'est tous les jours qu'il vaut la peine d'être livré.

■ Discours d'Aimé Césaire à l'Assemblée nationale en décembre 1982 (extrait).

INFOS

La journée nationale des mémoires de la traite, de l'esclavage et de leur abolition

- **En 1983**, une loi, peu appliquée, instaure un jour férié commémorant l'abolition de l'esclavage, à des dates variables dans les DOM (Guadeloupe, Martinique, Guyane, La Réunion, Mayotte) et le 27 avril, en métropole.
- **Le 10 mai 2001** est adoptée une loi reconnaissant la traite et l'esclavage comme un crime contre l'humanité.
- Depuis 2006, le **10 mai** est la **journée officielle**, nationale, de la commémoration des abolitions de la traite et de l'esclavage.

4 La Déclaration universelle des droits de l'Homme, 1948

Art. 3 – Tout individu a droit à la vie, à la liberté et à la sûreté de sa personne.

Art. 4 – Nul ne sera tenu en esclavage ni en servitude ; l'esclavage et la traite des esclaves sont interdits sous toutes leurs formes.

Art. 5 – Nul ne sera soumis à la torture, ni à des peines ou traitements cruels, inhumains ou dégradants.

5 La journée du 10 mai : s'engager au collège

La commémoration du 10 mai au collège de Penne-d'Agenais (47).

Une cérémonie préparée par les élèves et leurs professeurs a eu lieu en présence d'élus et de l'inspectrice d'académie : [...] lecture de poèmes et de textes sur la traite des esclaves, diaporama, chorégraphie, exposition sur le thème de l'esclavage. La cérémonie s'est conclue par la décoration d'un arbre aux souvenirs et un lâcher de ballons.

■ D'après www.sudouest.fr, 12 mai 2014.

Découvrir l'action de Victor Schœlcher

1. Qui est Victor Schœlcher ? Quels sont ses combats ?
2. **Doc 1 et 2.** En quoi l'esclavage est-il contraire à la dignité de l'Homme ? J'analyse le tableau pour justifier mon point de vue.
3. **Infos, doc 3 et 5.** Comment une journée de commémoration peut-elle rapprocher les citoyens descendant des victimes de l'esclavage des autres citoyens français ?
4. **Doc 2 et 4.** Comment ces textes témoignent-ils de la prise de conscience face à l'esclavage ?

Faire un bilan de la lutte contre l'esclavage, d'hier à aujourd'hui

À l'aide des documents et des réponses aux questions, je construis un schéma résumant le combat contre l'esclavage.

Combat contre l'esclavage

- **Des valeurs** Au nom de quelles valeurs ?
- **Le souvenir** Comment se souvenir ?
- **Des actions** Comment Victor Schœlcher a-t-il lutté pour l'abolition de l'esclavage ?
- **Des textes de droit** Quels textes condamnent l'esclavage ?

Pour aller + loin

Le combat contre l'esclavage aujourd'hui encore

Je réalise un exposé sur le Comité contre l'esclavage moderne, ses missions, ses actions, à partir du site **www.esclavagemoderne.org**.

Je découvre

COMPÉTENCES
- Comprendre les principes et les valeurs de la République française.
- Faire preuve de jugement critique dans l'intérêt général.

La laïcité au quotidien

A La laïcité, c'est l'histoire de la République française

1 La République et les religions

Dessin d'Arnaud Tracol, « Laïcité es-tu là ? », *Le Nouvel Observateur* n° 2632, 16-22 avril 2015.

2 Ce que dit la loi

a. Constitution de la Ve République (1958)

Art. 1er – La France est une République indivisible, laïque, démocratique et sociale […].

b. Déclaration des droits de l'Homme et du citoyen (1789)

Art. 10 – Nul ne doit être inquiété pour ses opinions, mêmes religieuses, pourvu que leur manifestation ne trouble pas l'ordre public établi par la loi.

c. Loi de séparation des Églises et de l'État (9 décembre 1905)

Art. 1er – La République assure la liberté de conscience. Elle garantit le libre exercice des cultes sous les seules restrictions édictées ci-après dans l'intérêt de l'ordre public.

Art. 2 – La République ne reconnaît, ne salarie ni ne subventionne aucun culte.

VOCABULAIRE

Laïcité
Du grec ancien *laikos* dérivé du mot *laos*: « peuple uni autour de valeurs partagées ». Principe selon lequel l'État ne favorise aucune religion.

INFOS

Avant la Révolution de 1789, les naissances, les mariages et les décès étaient enregistrés par les prêtres. Seuls les catholiques avaient une identité officielle. Depuis 1789, les municipalités enregistrent l'état civil de tous. La République est laïque.

B Vivre aujourd'hui la laïcité

3 Liberté, égalité, fraternité

Depuis la grande loi républicaine du 9 décembre 1905, le contexte a évolué. Sous l'effet de l'immigration, la France est devenue plurielle sur le plan religieux. Il s'agit, dans le respect de la diversité de notre société, de forger l'unité. Si, au nom du principe de la laïcité, la France doit accepter d'accueillir les nouvelles religions, celles-ci doivent aussi respecter les valeurs républicaines.

La laïcité, c'est la liberté, mais c'est aussi l'égalité entre les citoyens, quelles que soit leurs croyances. C'est donc à l'État de veiller, dans les relations avec les cultes, à ce que tous puissent s'exprimer […]. La laïcité est donc à l'avant-garde du combat contre les discriminations. Mais la laïcité, c'est surtout la fraternité. Parce qu'elle reconnaît et respecte les différences culturelles, spirituelles, religieuses, elle a aussi pour mission de créer les conditions permettant à tous de vivre ensemble dans le respect réciproque et l'attachement commun à un certain nombre de valeurs.

Bernard Stasi, président de la Commission de réflexion sur l'application du principe de laïcité dans la République, *Rapport sur la laïcité en France*, 2003.

4 La reconnaissance de la liberté de culte

Les lieux de culte dans la commune d'Évry (Essonne).

5 La laïcité, un symbole de liberté

Affiche éditée par l'Union des familles laïques dans le cadre de la Semaine de la laïcité en 2012.

Découvrir le sujet

1. **Doc 1.** Je décris ce dessin et j'explique comment je comprends son message.
2. **Doc 2 et Infos.** Comment la loi s'est-elle adaptée depuis 1789 pour permettre l'exercice de la laïcité ?
3. **Doc 3 à 5.** Comment et pourquoi la laïcité permet-elle de combattre les discriminations ? En quoi est-ce une liberté ?

Parcours 1 Faire le bilan

1. Pourquoi la laïcité est-elle l'une des valeurs de la République française ?
2. Pourquoi puis-je affirmer que la laïcité, c'est « vivre libre, ensemble » ?

Parcours 2 Faire vivre la Charte de la laïcité

Avec quelques camarades de la classe, nous nous reportons au texte de la Charte de la laïcité en début d'ouvrage et nous illustrons les articles qui nous intéressent le plus par des photos, des dessins, une vidéo… pour les expliquer aux autres élèves du collège.

À nous d'agir ! **TÂCHE COMPLEXE**

COMPÉTENCES
- Comprendre le sens d'une liberté fondamentale.
- Exprimer ses sentiments sur des supports variés.

Défendre la liberté d'expression

Consigne

Vous souhaitez vous exprimer au sujet de la liberté d'expression à laquelle l'attentat contre l'hebdomadaire *Charlie Hebdo*, le 7 janvier 2015, a porté atteinte. Pour cela, vous devez définir la notion de liberté d'expression, puis, en vous inspirant des dessins réalisés en hommage aux journalistes assassinés, réalisez vos propres dessins en faveur de la liberté d'expression.

1 C'est quoi, la liberté d'expression ?

VIDEO

Des débats citoyens à l'école, *Le 12/13*, France 3, 21 janvier 2015.

Retrouvez le lien vers cette vidéo sur le site www.nathan.fr/emc-college-eleve.

2 Ce que dit la loi

a. Déclaration des droits de l'Homme et du citoyen (1789)

Art. 11 – La libre communication des pensées et des opinions est un des droits les plus précieux de l'Homme : tout citoyen peut donc parler, écrire, imprimer librement, sauf à répondre de l'abus de cette liberté dans les cas déterminés par la loi.

b. Loi sur la liberté de la presse (29 juillet 1881)

Art. 1er – L'imprimerie et la librairie sont libres.

Art. 5 – Tout journal […] peut être publié, sans autorisation préalable […].

INFOS

La liberté d'expression est garantie en France, mais **cela ne signifie pas qu'on peut dire ou écrire n'importe quoi**. Aujourd'hui, **sont punies par la loi** : l'apologie du meurtre, de la haine, de la discrimination ; l'injure et la diffamation ; l'atteinte à la vie privée.

3 L'attentat contre *Charlie Hebdo*

JE SUIS CHARLIE

Le 7 janvier 2015, des terroristes armés pénètrent dans les locaux du journal satirique *Charlie Hebdo* auquel ils reprochent de manquer de respect à l'islam. Ils tuent douze personnes, parmi lesquelles sept journalistes-dessinateurs. Considéré comme une atteinte aux libertés de la presse et d'expression, cet attentat a provoqué des manifestations partout en France et dans le monde. Le mouvement « Je suis Charlie » est né.

4 Un hommage à *Charlie Hebdo*

Dessin de Kichka, réalisé en 2007 et republié sur son blog le 10 janvier 2015, en hommage aux victimes de *Charlie Hebdo*.

5 « La liberté sera toujours la plus forte »

Dessin de Plantu publié sur son blog (9 janvier 2015).

6 Et demain, censure…

« Dessin approuvé par un extrémiste », par Adams (7 janvier 2015).

7 … ou liberté ?

Lucille Clerc (7 janvier 2015).

COUP de POUCE

Pour vous aider à analyser les dessins, vous pouvez vous créer une fiche par document sur le modèle ci-contre.

Dessin n° ……

– Mon ressenti face au dessin :

……………………………………

– Le message du dessinateur en faveur de la liberté d'expression :

……………………………………

– Les valeurs défendues dans le dessin :

……………………………………

Liberté

de Paul Eluard, 1942

→ **Comment une œuvre d'art peut-elle devenir le symbole d'un combat pour la liberté ?**

Paul Eluard publie ce poème clandestinement en 1942, pendant la Seconde Guerre mondiale, alors que la France est en partie occupée par l'Allemagne nazie. Engagé dans la Résistance dès 1940, il lutte pour maintenir l'espoir de la victoire dans le cœur des combattants.

Ce poème en est le symbole : il est repris par les gaullistes réfugiés à Londres, et des milliers d'exemplaires sont parachutés par les avions britanniques au-dessus de la France. Jusqu'à la fin de la guerre, les nazis recherchent son auteur pour l'arrêter.

Fernand Léger, ami proche de Paul Eluard avec lequel il partage les idéaux de liberté et de solidarité, met ce texte en image en 1953.

Biographie

Paul Eluard
(1895-1952)

Poète français, Paul Eluard est une figure majeure du **surréalisme**, mouvement littéraire, culturel et artistique de la première moitié du XXe siècle qui veut révolutionner tous les aspects de la vie en se libérant du règne de la raison et en laissant libre cours aux rêves, aux jeux du hasard et de l'inconscient.

Paul Eluard dénonce **l'horreur de la Première Guerre mondiale** à laquelle il a participé comme infirmier. Pendant la **Seconde Guerre mondiale**, il s'engage pour la liberté et entre dans la Résistance. Il publie les textes des poètes résistants. En 1942, il écrit le **poème *Liberté***.

MÉMO'ART

Forme et technique

- Le poème *Liberté* est une longue énumération de tous les lieux, entre rêve et réalité, sur lesquels le poète écrit le mot « liberté ».
- Il se compose de **21 quatrains**, qui sont comme le cheminement de toute une vie pour la liberté. Les 20 premiers ont une **structure identique** : les trois premiers vers débutent par « Sur... », suivi d'un lieu, et le quatrième vers répète « J'écris ton nom ». **Le dernier quatrain est le dénouement du poème.** On y découvre le nom caché : « Liberté ».
- Le poème a été **mis en image par le peintre surréaliste Fernand Léger (1953)**. Les couleurs primaires et les formes enfantines font penser à l'univers du cirque. Elles rendent l'image joyeuse.

Sens

- Défendre une valeur universelle, la liberté.

Usage

- S'adresser au plus grand nombre, toucher les lecteurs dans leurs émotions, les faire réagir.

1 Le poème de Paul Eluard mis en image par Fernand Léger, 1953

C'est un livre « accordéon » : il est formé de quatre feuilles assemblées, pliées en huit panneaux de 31,8 x 16,4 cm.

2 Le poème

Sur mes cahiers d'écolier
Sur mon pupitre et les arbres
Sur le sable sur la neige
J'écris ton nom

Sur toutes les pages lues
Sur toutes les pages blanches
Pierre sang papier ou cendre
J'écris ton nom

Sur les images dorées
Sur les armes des guerriers
Sur la couronne des rois
J'écris ton nom

Sur la jungle et le désert
Sur les nids sur les genêts
Sur l'écho de mon enfance
J'écris ton nom

Sur les merveilles des nuits
Sur le pain blanc des journées
Sur les saisons fiancées
J'écris ton nom

Sur tous mes chiffons d'azur
Sur l'étang soleil moisi
Sur le lac lune vivante
J'écris ton nom

Sur les champs sur l'horizon
Sur les ailes des oiseaux
Et sur le moulin des ombres
J'écris ton nom

Sur chaque bouffée d'aurore
Sur la mer sur les bateaux
Sur la montagne démente
J'écris ton nom

[…]

Sur la santé revenue
Sur le risque disparu
Sur l'espoir sans souvenir
J'écris ton nom

Et par le pouvoir d'un mot
Je recommence ma vie
Je suis né pour te connaître
Pour te nommer

Liberté.

Questions

Je présente l'œuvre et j'exprime ce que je ressens

1. Pourquoi est-il important que le poème de Paul Eluard soit publié en 1942 ? Que risque son auteur ?

2. Je choisis le quatrain qui me plaît le plus et j'explique pourquoi (ce que je ressens, ce qu'il me fait imaginer).

Je décris l'œuvre

3. J'observe la mise en image du poème : comment reflète-t-elle la liberté du peintre ?

Je fais le lien entre art et engagement

4. Je relève quelques exemples dans le poème pour montrer que la poésie, c'est la liberté de l'écriture.

Pour aller + loin

Je mène une recherche **sur le mur de Berlin et les peintures qui ornent ce qu'il en reste aujourd'hui** : symbole de la suppression des libertés, il est devenu un support pour des œuvres qui défendent la liberté.

À nous d'agir ! TÂCHE COMPLEXE

COMPÉTENCES
- Comprendre que la liberté et l'égalité peuvent entrer en tension.
- Développer une conscience collective.

Pourquoi toute liberté a-t-elle des limites ?

Consigne

Nous organisons en classe un débat : pourquoi n'a-t-on pas le droit de tout faire et de tout dire ? Pourquoi les libertés doivent-elles avoir des limites ? Pour préparer le débat, analysez les documents pour relever quelles sont les libertés énoncées et quelles limites leurs sont fixées.

1 Ce que dit la loi

Art. 4 – La liberté consiste à pouvoir faire tout ce qui ne nuit pas à autrui : ainsi, l'exercice des droits naturels de chaque homme n'a de bornes que celles qui assurent aux autres membres de la société la jouissance de ces mêmes droits. Ces bornes ne peuvent être déterminées que par la loi.

■ Déclaration des droits de l'Homme et du citoyen, 1789.

2 Respecter les autres

Affiche réalisée par le conseil municipal des enfants de Bellerive-sur-Allier.

3 A-t-on le droit de tout dire ?

a. Mme T. a été condamnée […] à verser 3 000 € d'amende pour des propos injurieux contre l'islam. Le parquet de Belfort, estimant que ces mots étaient « de nature à susciter le rejet des musulmans en les désignant comme un danger pour la France », avait requis contre elle trois mois de prison avec sursis et 3 000 € d'amende.

■ D'après www.rtl.fr/actu, août 2014.

b. Un blogueur français a été condamné à une peine […] de 5 000 € d'amende […] pour provocation à la haine en raison de propos antisémites tenus sur son site […]. Cette peine a été prononcée par le tribunal correctionnel de Paris.

■ D'après www.lefigaro.fr, octobre 2014.

4 Pour garantir la liberté, faut-il imposer des limites ?

La liberté, loin d'exclure les limites, les impose au contraire. Pour la sécurité de tous, je dois respecter le Code de la route et le gendarme y veille, mais moi seul décide où je peux aller, quand et avec qui. Selon l'article 4 de la Déclaration de 1789, « la liberté consiste à pouvoir faire tout ce qui ne nuit pas à autrui ». Elle se révèle alors indissociable de l'égalité : c'est parce que les autres ont des droits égaux aux miens que ma liberté est limitée par le respect de la leur et leur liberté par le respect de la mienne.

Guy Carcassonne, *Guide républicain*, SCEREN/CNDP et Delagrave, 2004.

5 Les supporters ont-ils tous les droits ?

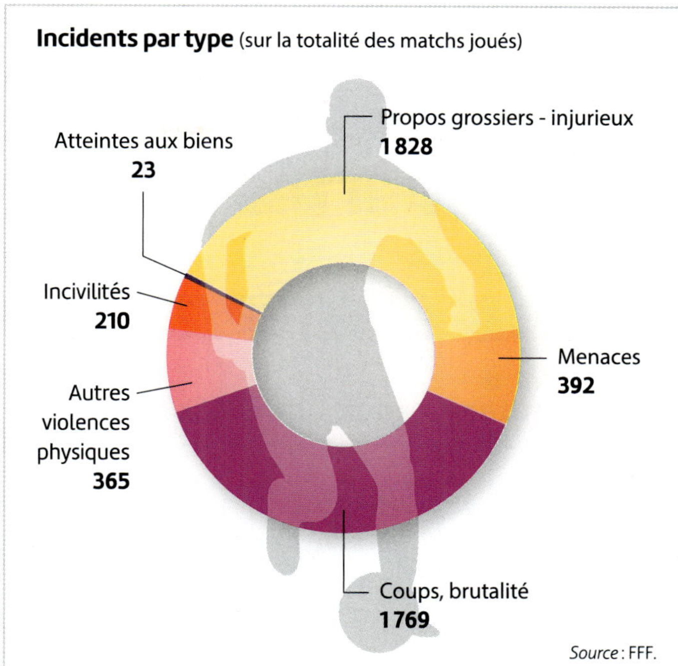

D'après les statistiques de la Fédération française de football, concernant les incidents et violences pendant les matchs joués en France en 2013.

6 La vidéosurveillance

a. Dans les villes, au nom de la sécurité

De nombreuses villes de France, comme ici Valenciennes, mettent en place une vidéosurveillance.

b. La CNIL[1] dénonce l'usage abusif de la vidéosurveillance

La CNIL a ordonné l'interruption d'un dispositif de vidéosurveillance d'une société de transport routier, installé par la direction pour « lutter contre les dégradations matérielles et protéger les salariés ».

À la suite d'une plainte d'un salarié, la CNIL a réalisé un contrôle. Elle a constaté que plusieurs salariés étaient filmés de manière permanente par deux caméras.

Avec cette décision, la CNIL rappelle que, « si elle n'a aucune opposition de principe à l'encontre de dispositifs ayant vocation à protéger les personnes et les biens, la CNIL ne saurait tolérer la surveillance généralisée et permanente des salariés, quelles que soient la nature de leurs tâches et leur fonction. »

www.cnil.fr, 24 mai 2010.

1. CNIL : Commission nationale de l'informatique et des libertés.

COUP de POUCE

- Recopiez puis complétez le tableau ci-contre en indiquant votre point de vue pour chaque document : pourquoi faut-il fixer des limites aux libertés ?
- **Pendant le débat**, notez les arguments des autres élèves.
- **Après le débat :** entourez dans le tableau les arguments qui vous paraissent les plus justes pour répondre à la question du débat.

	Mes arguments	Les arguments des autres élèves
Doc 1		
Doc 2		
Doc 3		
Doc 4		
Doc 5		
Doc 6		

Je découvre

COMPÉTENCES
- Comprendre que les valeurs de la République peuvent entrer en tension.
- Exercer mon esprit critique.

Face à la menace terroriste, limiter les libertés pour assurer la sécurité ?

A La loi sur le renseignement

1 Tous protégés, tous surveillés ? VIDEO

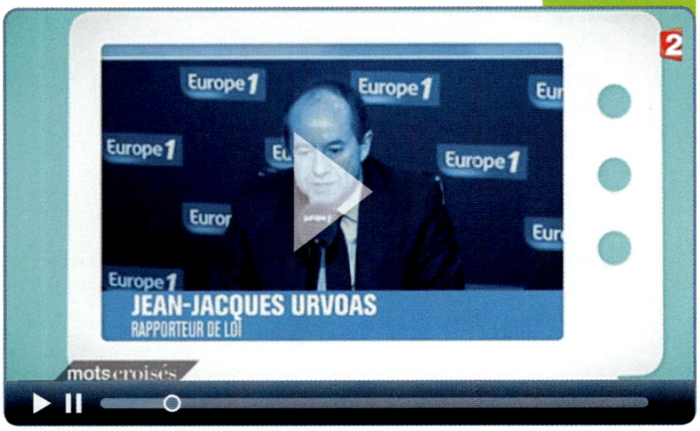

■ Extrait de l'émission *Mots croisés*, France 2, 13 avril 2015.

Retrouvez le lien vers cette vidéo sur le site www.nathan.fr/emc-college-eleve.

2 Les missions des services de renseignement

Les services spécialisés de renseignement peuvent recourir aux techniques [de renseignement] pour le recueil des renseignements relatifs à la défense des intérêts fondamentaux de la nation suivants :
1° l'indépendance nationale, l'intégrité du territoire et la défense nationale ;
2° les intérêts majeurs de la politique étrangère, l'exécution des engagements européens et internationaux de la France et la prévention de toute forme d'ingérence étrangère ;
3° les intérêts économiques, industriels et scientifiques majeurs de la France ;
4° la prévention du terrorisme ;
5° la prévention des atteintes à la forme républicaine des institutions, des violences collectives de nature à porter gravement atteinte à la paix publique ;
6° la prévention de la criminalité et de la délinquance organisées ;
7° la prévention de la prolifération des armes de destruction massive.

■ D'après l'Article 2 du projet de loi adopté par l'Assemblée nationale, 24 juin 2015.

3 Différents points de vue sur la loi sur le renseignement

« Notre pays ne sera bientôt plus la seule démocratie à ne pas disposer d'un texte encadrant les pratiques des services de renseignement. »

■ Le député Jean-Jacques Urvoas, rapporteur du projet de loi.

« Ce projet entérine les pratiques illégales des services de renseignement et [légalise], dans de vastes domaines de la vie sociale, des méthodes de surveillance lourdement intrusives. »

■ Ligue des droits de l'Homme, 4 mai 2015.

« Le renseignement permet de connaître et de prévenir les risques et les menaces pesant sur notre pays et sa population. Par là-même, il participe de la garantie des droits des citoyens, qui dépend notamment de l'ordre public. »

■ Exposé des motifs du projet de loi relatif au renseignement, 19 mars 2015.

« [Cette loi peut être] une arme redoutable si elle est mise entre de mauvaises mains. »

■ Marc Trévidic, juge antiterroriste, 7 avril 2015.

INFOS
- La **loi sur le renseignement** a été votée le 24 juin 2015. Adoptée à une large majorité, elle définit les missions des services de renseignement.
- Cette loi fixe notamment **la durée de conservation des renseignements recueillis** : 30 jours pour les correspondances électroniques interceptées, 120 jours pour la captation d'images ou de données informatiques et 4 ans pour les données de connexion.

B Protéger le territoire et la population

4 Un plan de sécurité permanent, deux niveaux d'alerte

Le plan Vigipirate

Créé en 1978
2003 : création de 4 niveaux de vigilance
2014 : simplification du système avec 2 niveaux de vigilance

VIGIPIRATE
Posture permanente de sécurité

1. Mesures d'inspection et de filtrage
2. Surveillance des lieux publics très fréquentés
3. Surveillance dans les transports
4. Inspections de certains trains
5. Contrôle des accès des sites institutionnels

Durée illimitée

Si hausse des menaces, des mesures plus contraignantes sont mises en place pour une **durée limitée**. On parle alors de **vigilance renforcée**.

VIGIPIRATE ALERTE ATTENTAT
Menace imminente d'attentat

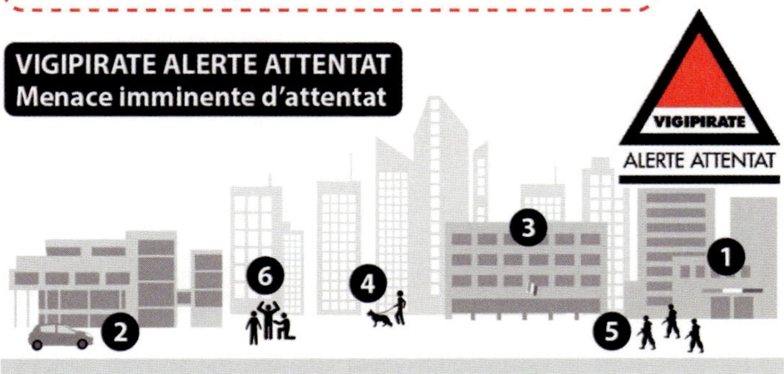

1. Mise en alerte des services de secours et des forces de l'ordre
2. Interdiction de stationnement devant les établissements scolaires
3. Cellules de crise dans les ministères et préfectures
4. Renforcement des contrôles de détection d'explosifs
5. Plus de militaires affectés à la surveillance
6. Renforcement des contrôles de personnes

Durée limitée

Source : ministère de l'Intérieur

6 Des soldats patrouillent devant Notre-Dame de Paris, avril 2015

5 L'opération militaire est prolongée

Après les attentats de janvier 2015, une mobilisation sans précédent de l'armée sur le territoire national est décrétée.

J'ai décidé ce matin que cette opération, qui prendra le nom d'opération Sentinelle, serait pérennisée, ce qui conduira à mettre dans les effectifs prévus 7 000 militaires de façon durable.

La sécurité, la protection, l'indépendance, sont des principes qui ne se négocient pas, car il en va de la force de nos idées et de nos valeurs, et de la capacité de la France à les défendre. Et, également, je suis convaincu que cette mobilisation exceptionnelle que nous engageons avec le gouvernement, sera vécue par les Français comme un moyen de s'engager eux-mêmes pour la cohésion nationale.

■ Déclaration de François Hollande, président de la République française, sur la politique de défense de la France, 29 avril 2015.

Découvrir le sujet

1. Doc 1 à 6. Quelles mesures ont été prises par le gouvernement face à la menace terroriste en France ? Comment assurent-elles la sécurité ?

2. Doc 1, 3, 4 à 6. Comment ces mesures de sécurité permettent-elles l'exercice des libertés ?

3. Infos, doc 2 à 4. Comment ces mesures peuvent-elles porter atteinte aux libertés ?

Parcours 1 Faire le bilan

1. Pourquoi faut-il une loi sur le renseignement ?

2. En quoi le plan Vigipirate est-il un dispositif de protection du territoire national et de la population ?

Parcours 2 Débat : la sécurité, un obstacle aux libertés ?

Avec votre professeur, vous organisez un débat dans votre classe sur la relation entre sécurité et libertés. Proposez des arguments sur les thèmes suivants : les mesures de sécurité protègent-elles les libertés ? Les mesures de sécurité mettent-elles fin aux libertés ?

Vérifier ses connaissances

1 **J'associe à chaque droit ou liberté le mot qui s'y oppose.**

1 Liberté de conscience	a Censure
2 Liberté d'expression	b Esclavage
3 Liberté de l'individu	c Pauvreté
4 Droits sociaux	d Intolérance

2 **J'indique la (ou les) bonne(s) réponse(s).**

1. Qu'est-ce que la liberté ?
- a C'est être au-dessus des lois.
- b C'est faire ce que l'on veut sans se préoccuper des autres.
- c C'est agir en respectant la liberté des autres.
- d C'est pouvoir dire tout ce que l'on veut.

2. La laïcité dans la vie quotidienne, c'est :
- a s'opposer à l'existence de toute religion.
- b respecter toutes les religions.
- c pouvoir parler de sa religion.

3. Quelles libertés ont été reconnues au XXᵉ siècle ?
- a La liberté d'expression.
- b Le droit au respect de la vie privée.
- c La liberté d'association.
- d Le droit d'accès à internet.

Évaluer ses connaissances et ses compétences

★★ 3 L'esclavage existe encore

→ *Je sais me mettre à la place des autres.*
→ *Je comprends les valeurs et les principes d'une société démocratique.*

1 L'histoire de Tina

Jusqu'à l'âge de 13 ans, cette fillette habite Lagos au Nigéria. En 2001, ses voisins, Godwin O. et sa femme, proposent à ses parents de l'adopter et de l'emmener en France, où le mari a trouvé du travail. À son arrivée, elle est logée dans la cave de la maison et jamais inscrite à l'école. Elle doit en revanche s'occuper des 4 enfants et de la maison. Levée à 5 heures, mal nourrie, frappée, épuisée, victime de violences sexuelles, elle s'enfuit en août 2005. Des voisins la recueillent et préviennent la police. C'est la fin de son cauchemar. En mai 2007, lors de leur procès aux assises, les époux O. sont condamnés, elle à 15 ans prison, lui à 13 ans. Cette dernière peine sera réduite à 10 ans en appel. Tous les deux sont en prison aujourd'hui.

■ D'après www.esclavagemoderne.org/0011-les-mineurs-esclaves-en-france/13-page.htm

2 Ce que dit la loi

Art. 3 – Interdiction de la torture
Nul ne peut être soumis à la torture ni à des peines ou traitements inhumains ou dégradants.

Art. 4 – Interdiction de l'esclavage et du travail forcé
1. Nul ne peut être tenu en esclavage ni en servitude.

■ Convention européenne des droits de l'Homme, 1950.

Questions

1. Quels actes ont été commis ? Quelle est votre réaction ?
2. Pourquoi les époux O. ont-ils été condamnés ?
3. Je retrouve, p. 61, les articles de la Déclaration universelle des droits de l'Homme qui se rapportent à cette situation.

★ 4 L'exercice du droit de grève

→ *J'identifie les droits sociaux.*

→ *Je fais preuve d'esprit critique.*

1 Grève de l'Assistance publique – Hôpitaux de Paris, avril 2015

Mobilisation contre le projet de réorganisation du temps de travail des personnels hospitaliers.

2 Ce que dit la loi

Chacun a le devoir de travailler et le droit d'obtenir un emploi. […]

Le droit de grève s'exerce dans le cadre des lois qui le réglementent.

Préambule de la Constitution de la IVe République (1946).

Questions

1. **Doc 1.** Quelle situation est évoquée sur cette photographie ?
2. **Doc 1 et 2.** Quels droits sociaux sont exercés ici ? Par qui ?
3. **Doc 1 et 2.** Le droit de faire grève peut-il porter atteinte à la liberté de chacun ?

★ 5 La liberté de la presse et des médias dans le monde

→ *Je mets en relation la liberté d'expression et la démocratie.*

→ *J'exprime mon jugement critique.*

D'après le Comité pour la protection des journalistes, 220 journalistes sont actuellement sous les verrous « pour l'exercice de leur profession ». La Chine détient le record mondial de journalistes incarcérés. Le verrouillage de la parole critique est toujours un problème d'actualité en Iran. Du haut de ses 17 prisonniers, l'Éthiopie occupe le quatrième rang, suivie, dans l'ordre, par le Vietnam, la Syrie, l'Égypte, la Birmanie… La Turquie est régulièrement pointée du doigt pour ses atteintes à la démocratie. Les motifs des arrestations sont invariablement les mêmes : « subversion », « terrorisme », mais aussi « diffamation » et « offense ». Ce qui n'a pas empêché 20 % des reporters d'être poursuivis sans même qu'un chef d'accusation n'ait été « formulé publiquement ».

Les menaces pèsent aussi bien sur les professionnels que sur les blogueurs et les activistes des réseaux sociaux. Les journalistes en ligne représentent plus de la moitié des journalistes emprisonnés. 83 travaillaient pour des organes de presse écrite, 15 à la radio et 14 à la télévision.

D'après www.lesinrocks.com, 18 décembre 2014.

Questions

1. Que dénonce le Comité pour la protection des journalistes ? Quels pays sont particulièrement concernés ?
2. Qui sont les journalistes emprisonnés ?
3. Pourquoi peut-on affirmer que leur emprisonnement est dû à l'absence de liberté dans les pays dans lesquels ils exercent ?

★★★ 6 Débats au Parlement sur la laïcité

➜ *Je définis la valeur de la laïcité.*

➜ *Je sais respecter l'autre.*

« Dans notre République laïque,
la foi doit être scrupuleusement respectée,
mais la foi ne saurait être supérieure à la loi. »

■ Le député Laurent Fabius, 4 février 2004.

« De laïcité comme atteinte à la liberté de conscience de quiconque, on ne saurait parler [...]. Après tout, quand des athées entrent dans une église, ils enlèvent leur chapeau, ceux qui relèvent d'une autre confession aussi... J'ai vu souvent des catholiques ou des agnostiques se coiffer au contraire d'un chapeau quand ils pénètrent dans une synagogue. Nous tous, nous enlevons nos souliers quand nous pénétrons dans une mosquée. Ce n'est pas un acte d'abjuration de ses propres convictions, c'est simplement une marque de déférence et de respect à l'égard des valeurs qui animent le lieu dans lequel on pénètre. »

■ Le sénateur Robert Badinter, 2 mars 2004.

Questions

1. Je relève dans le premier extrait les deux groupes de mots qui définissent ce qu'est la laïcité dans la République française.

2. Selon R. Badinter, comment une personne se comporte-t-elle de manière laïque quand elle entre dans un édifice religieux d'une autre religion que la sienne ?

3. Cette attitude signifie-t-elle que l'on abandonne sa religion ?

★★★ 7 L'exercice de la liberté de réunion et d'association

➜ *Je comprends que la liberté et l'égalité des droits peuvent entrer en tension.*

1 Les opposants à l'aéroport de Notre-Dame-des-Landes

2 Les partisans de l'aéroport Notre-Dame-des-Landes

[Des] manifestants ont déposé [...] casques et gilets de chantier devant la préfecture de Nantes pour symboliser « la perte possible de leurs emplois ». « L'aéroport de Notre-Dame-des-Landes est bloqué alors qu'il y a 3 000 emplois permanents sur trois ans à créer. Les salariés de ces entreprises risquent de perdre leur emploi dans les prochains mois à cause de 150 délinquants », a déploré François De La Tullaye, de l'association pro-aéroport « Des ailes pour l'Ouest », à l'initiative de ce rassemblement.

■ *Le Parisien*, 14 novembre 2014.

Questions

1. Quelles réactions s'expriment face au projet de construction de cet aéroport ? Pourquoi est-ce possible dans une démocratie ?

2. Quelles libertés entrent en conflit dans cette situation ?

3. Pourquoi les partisans comme les opposants de la construction de l'aéroport peuvent-ils se réclamer de la Déclaration des droits de l'Homme et du citoyen ?

L'essentiel

La conquête des libertés

■ De longs **combats** ont été menés en France pour la reconnaissance des libertés, par exemple, le droit de vote obtenu par les hommes en 1848 et par les femmes en 1944. La Déclaration universelle des droits de l'Homme (1948) proclame les libertés. Des **conventions** comme la **Convention européenne des droits de l'Homme** (1950), les garantissent.

■ On parle de **libertés fondamentales** : **individuelles** (liberté de la personne, de pensée, d'expression) et **collectives** (liberté d'association). Des lois votées depuis 1789 ont permis aux principes énoncés en 1789 de devenir des **réalités** (abolition de l'esclavage, liberté de la presse...). Avec l'évolution de la société de nouvelles libertés ont été reconnues pour mieux les protéger comme le **droit au respect de sa vie privée, le droit d'accès à internet**...

Démocratie et libertés

■ Les **libertés** font vivre la **démocratie**. Elles sont inscrites dans la Constitution (liberté d'expression, droits politiques, droits sociaux...). Ainsi en est-il de la **laïcité**, principe de liberté, d'égalité, et de respect de l'autre. Depuis la loi de séparation des églises et de l'État (1905), la **République est laïque** face aux religions. L'usage des libertés ne doit porter atteinte ni à la liberté d'autrui, ni à l'**ordre public**. Des **limites** ont été fixées par la **loi**, qui prévoit des sanctions en cas d'utilisation abusive des libertés.

■ La **sécurité** est un **droit**. L'État a le devoir de **protéger les personnes et les biens** par la lutte contre la délinquance et le terrorisme. La **force publique**, police nationale et gendarmerie, le **plan Vigipirate**, auquel participent les militaires, la **loi sur le renseignement** (2015) protègent contre les menaces. Mais si la sécurité garantit les libertés, par exemple d'aller et venir, elle peut aussi les **limiter** par l'usage de technologies qui portent atteinte au **respect de la vie privée**, par exemple la vidéosurveillance.

LES MOTS IMPORTANTS

Démocratie
Régime politique dans lequel le peuple exerce le pouvoir. Les opinions peuvent s'y exprimer librement et les gouvernants sont désignés par le peuple lors d'élections libres. La République française est une démocratie.

Laïcité
Principe selon lequel l'État ne favorise aucune religion. Il implique que les signes d'appartenance religieux soient discrets à l'école publique.

Sécurité
Mesures décidées par l'État, pour protéger la société contre les dangers et agressions qui porteraient atteinte à la liberté de chacun, au quotidien.

Les valeurs de la République

Liberté
Après 1789, les libertés fondamentales sont reconnues à tous les êtres humains. Des limites leur sont apportées pour permettre à chacun de les exercer, dans le respect de celles des autres.

Laïcité
L'État, en ne favorisant aucune religion, permet à tous l'exercice de la liberté de conscience, la liberté de pratiquer ou non une religion. La laïcité symbolise les valeurs de liberté, d'égalité et de respect.

POUR ALLER PLUS LOIN

Livres

Bleue
Florence Hinckel, Syros, 2015.
Un monde où la loi oblige à être heureux.

Sommes-nous libres ?
Anissa Castel, Morgan Navarro, « Giboulées », Gallimard Jeunesse, 2006.
Comment se fait-il que, parmi les hommes, certains soient libres et d'autres non ? Comment déterminer si l'un d'entre eux est libre, alors que tant de personnes autour de lui semblent esclaves ?

Sites

Cartooning for Peace
www.cartooningforpeace.org/support-pedagogique
Un dossier pédagogique sur les dessins de presse et la liberté d'expression.

www.jeunes.cnil.fr

Un site pour savoir protéger ses données sur internet.

Films

Le Chemin de la liberté, Phillip Noyce, 2003.
L'histoire de trois petites filles aborigènes enlevées à leurs familles par le gouvernement en 1931. Elles cherchent à rentrer chez elles en suivant l'immense clôture anti-lapins qui coupe le pays en deux.

Caricaturistes, fantassins de la démocratie
S. Valloatto, 2014.
Documentaire sur 12 caricaturistes des quatre coins du monde, défendant la démocratie un crayon à la main.

4 L'égalité, pour vivre ensemble

→ Pourquoi l'égalité, c'est reconnaître à tous et à chacun une égale dignité ?

Affiche de la campagne 2014 de lutte contre les discriminations menée par l'association Animafac.

1 Égalité et préjugés

VIDEO

Vinz et Lou, « On aura tout vu ».

Retrouvez le lien vers cette vidéo sur le site www.nathan.fr/emc-college-eleve.

? Pourquoi les préjugés sont-ils un obstacle à l'égalité et au bien vivre ensemble ?

> *Tous les êtres humains naissent libres et égaux en dignité et en droits. Ils sont doués de raison et de conscience et doivent agir les uns envers les autres dans un esprit de fraternité.*

Article 1er de la Déclaration universelle des droits de l'Homme, 1948.

2 S'engager contre les discriminations

VIDEO

Le sexisme et les jouets, *20h Le Journal*, France 2, 2004, INA.

Retrouvez le lien vers cette vidéo sur le site www.nathan.fr/emc-college-eleve.

? Quels autres exemples de discriminations connaissez-vous ?

Stereotype This, affiche d'Eric Le, Australie, 2012.

Exprimez-vous !

1. **Les différences entre les êtres humains sont-elles des inégalités ?**
2. **Comment agir pour le respect des différences ?**

En équipe !

COMPÉTENCES
- Expliquer les différentes dimensions de l'égalité.
- Savoir s'exprimer à l'oral.

L'égalité, pourquoi ?

Votre mission

Lors d'une journée citoyenne organisée dans votre collège, votre classe doit travailler sur le thème de l'égalité. Répartis en équipes, vous êtes invités à discuter afin de caractériser les différents aspects de l'égalité. Puis vous proposerez des arguments qui expliquent pourquoi l'égalité est importante dans la vie de tous.

Vous effectuez le travail demandé à partir des documents proposés et de vos recherches personnelles.

Équipe 1 L'égalité au collège

Votre équipe est chargée de définir ce qu'est l'égalité au collège. Vous illustrez par des arguments les affirmations suivantes : « les collégiens sont égaux » ; « les collégiens sont différents ». Puis vous expliquez ce qui empêche les différences de devenir des inégalités.

1 Des collégiens parmi d'autres

2 L'histoire de Jade

Jade n'est pas contente. Le professeur de SVT vient de lui rendre son évaluation et elle a une moins bonne note que Mustapha, qui est un élève dyslexique[1]. Pendant l'épreuve, le professeur a aidé Mustapha à plusieurs reprises alors qu'elle a dû se débrouiller toute seule. Après le cours, elle va voir son professeur et lui dit : « J'ai appris en enseignement moral et civique que nous étions tous égaux. Je ne pense donc pas qu'un professeur devrait aider un élève plus qu'un autre. »

1. Dyslexie : trouble de l'apprentissage de la lecture qui se traduit par une difficulté à reconnaître et à reproduire le langage écrit.

3 Que dit le règlement intérieur ?

Tout élève a droit à une scolarité gratuite, à une aide financière si le besoin l'exige. Il a le droit d'être respecté par les autres élèves, les professeurs, les assistants d'éducation. Tous les élèves doivent être traités dans le même esprit d'égalité, sans aucune distinction, qu'elle soit de race, de couleur, de sexe, d'âge ou d'opinion.

D'après le règlement intérieur d'un collège.

Équipe 2 L'égalité dans la République française

Votre équipe est chargée de démontrer qu'en France, l'égalité signifie respect de tous et de chacun. Puis vous expliquez quels obstacles il faut combattre pour préserver l'égalité de tous.

4 Différents et égaux en droit

Évidemment, nous ne sommes pas égaux naturellement : nous avons des tailles inégales, des poids inégaux, des talents inégaux, des forces physiques inégales [...]. La République ne nie pas cette réalité, ni ne veut supprimer les différences entre chaque homme et chaque femme. Mais elle leur reconnaît la même dignité et veut organiser la société pour que chacun ait les mêmes droits, c'est-à-dire des droits égaux [...]. C'est le rôle de la loi qui s'applique de façon égale à toutes les femmes et à tous les hommes de la République. L'égalité est indissociable de la liberté et de la fraternité.

■ Alain Etchegoyen, *Guide républicain*, SCEREN, Delagrave, 2004.

5 Agir pour la diversité

■ Affiche de la Ligue de l'enseignement, 2013.

Équipe 3 Qu'est-ce que l'égalité ?

Votre équipe est chargée d'expliquer à la classe ce qu'est l'égalité, et ce qui est contraire à l'égalité. Vos arguments s'appuient sur les relations entre les animaux de la fable et sur les mots et expressions clés de la Déclaration des droits de l'Homme et du citoyen.

6 « Du lion allant à la chasse avec d'autres bêtes »

Un lion, un âne et un renard étant allés de compagnie à la chasse, prirent un cerf et plusieurs autres bêtes. Le lion ordonna à l'âne de partager le butin ; il fit les parts entièrement égales, et laissa aux autres la liberté de choisir. Le lion indigné de cette égalité, se jeta sur l'âne et le mit en pièces. Ensuite il s'adressa au renard, et lui dit de faire un autre partage ; mais le renard mit tout d'un côté, ne se réservant qu'une très petite portion. « Qui vous a appris, lui demanda le lion, à faire un partage avec tant de sagesse ?

– C'est la funeste aventure de l'âne », lui répondit le renard.

■ Ésope (écrivain grec), *Fables*, VIIe-VIe siècle av. J.-C.

7 Ce que dit la loi

Les représentants du peuple français, considérant que l'ignorance, l'oubli ou le mépris des droits de l'Homme sont les seules causes des malheurs publics [...] ont résolu d'exposer, dans une déclaration solennelle, les droits naturels, inaliénables et sacrés de l'Homme [...] afin que les réclamations des citoyens tournent toujours au bonheur de tous.

Art. 1er – Les Hommes naissent et demeurent libres et égaux en droits.

Art. 6 – [La loi] doit être la même pour tous, soit qu'elle protège, soit qu'elle punisse.

■ Déclaration des droits de l'Homme et du citoyen,1789.

Mise en commun

- Chaque équipe présente son travail au reste de la classe. Au cours de cette présentation, vous prenez des notes. Vous pouvez aussi préparer des questions que vous poserez après son exposé.
- À partir des présentations orales de chaque équipe, rédigez un bilan de quelques lignes sur l'égalité au collège et en France : qu'est-ce que l'égalité ? Pourquoi faut-il agir pour le respect de cette valeur de la République ?

Je découvre

COMPÉTENCES
- Se sentir membre d'une collectivité.
- Comprendre que les différences ne sont pas des inégalités.

Différents et égaux

A Tous différents ?

1 Enfants du monde

Prénom : Chaska
Âge : 10 ans
Lieu de résidence : Pérou, dans un village de la Cordillère des Andes (3 000 m d'altitude)
Langue : quechua et espagnol (langues officielles)
Activités : école 3 semaines par mois, élevage d'alpagas
Croyances : dieux de la nature
Loisirs : football

Prénom : Sergueï
Âge : 12 ans
Lieu de résidence : Russie, dans la ville de Volgograd
Langue : russe
Activités : école obligatoire de 7 à 16 ans (8 h 30 – 14 h 30)
Croyances : christianisme orthodoxe
Loisirs : gorodki (jeu de balle) ; jeux en ligne

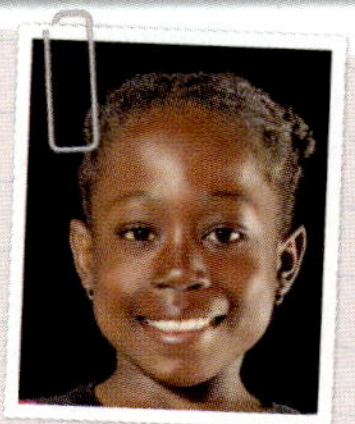

Prénom : Yasmine
Âge : 10 ans
Lieu de résidence : Burkina Faso, dans un village proche de Ouagadougou, la capitale
Langue : mooré (langue maternelle) et français (langue officielle)
Activités : école de 8 h à 13 h (classe de 70 élèves) ; travaux ménagers et pilage du mil
Croyances : islam
Loisirs : séries télévisées

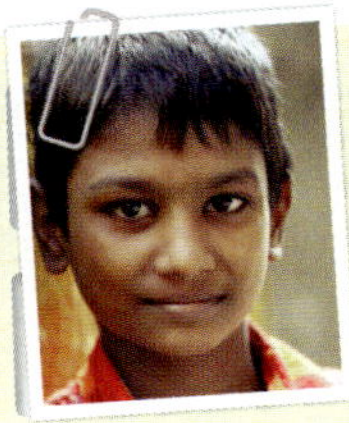

Prénom : Kumar
Âge : 12 ans
Lieu de résidence : Inde, dans la ville de Jaipur
Langue : hindi et anglais (langues officielles)
Activités : école de 7 h à 13 h 30 (classe de 80 élèves).
Croyances : hindouisme
Loisirs : patin à roulettes, peinture de mandalas (au sol, à la craie)

2 Être d'ici ou d'ailleurs

VIDEO

Vinz et Lou, « D'ici et de là ».

Retrouvez le lien vers cette vidéo sur le site www.nathan.fr/emc-college-eleve.

3 Tous uniques

Tu es unique, comme Abdou est unique, comme Céline est unique. Il n'existe pas sur terre deux empreintes digitales rigoureusement identiques. C'est pour cela que, dans les films policiers, on commence par relever les empreintes laissées sur les objets pour identifier les personnes qui se trouvaient sur les lieux du crime. On pourrait ajouter […] que chaque individu a un ADN[1] qui le différencie de tous les autres.

Tahar Ben Jelloun, *Le Racisme expliqué à ma fille*, Seuil, 2009.

1. Constituant spécifique à chaque individu, élément essentiel de l'hérédité.

B Tous pareils ?

4 Une même espèce humaine

a. Le point de vue du biologiste

Pour les scientifiques, deux populations appartiennent à la même espèce si des individus de chacune d'elles, d'âge et de sexe appropriés, sont capables d'avoir des descendants. Chez les humains, il y a très longtemps que les navigateurs, les marchands, les militaires et autres voyageurs ont démontré que des gens de toutes les populations de la Terre pouvaient faire des enfants et avoir une descendance. Il y a soit une race humaine, soit six milliards.

■ André Langanay, biologiste, *Textes et Documents pour la classe* n° 744, nov. 1997.

b. Le point de vue de l'historien

Les découvertes de la génétique[1] depuis une trentaine d'années, permettent d'affirmer qu'on ne peut plus dire aujourd'hui qu'il existe « quatre races d'hommes » ni qu'il y en ait une qui soit « plus parfaite » que les autres. La couleur de la peau est due à la plus ou moins grande abondance dans l'épiderme, d'une substance, la mélanine, dont la quantité varie avec l'importance du rayonnement solaire. […] La génétique des populations a permis de remonter l'histoire des hommes et elle conclut à l'origine commune de l'humanité.

■ Gilles Manceron, historien, *Textes et Documents pour la classe* n° 744, nov. 1997.

1. Science qui étudie l'ensemble des gènes d'une espèce, par exemple l'espèce humaine.

c. Le point de vue de l'écrivain

Tous les hommes et toutes les femmes de la planète ont du sang de la même couleur dans leurs veines, qu'ils aient la peau rose, blanche, noire, marron, jaune ou autre […]. Quand Maman avait besoin de sang, le médecin avait dit que ton groupe était différent. Il existe quatre groupes sanguins, A, B, O et AB. Souviens-toi, c'est Tam, l'amie vietnamienne de ta mère, qui lui a donné du sang, alors que ta maman est marocaine. Elles ont le même groupe sanguin. Et pourtant elles sont de cultures très différentes et n'ont pas la même couleur de peau.

■ Tahar Ben Jelloun, *Le Racisme expliqué à ma fille*, Seuil, 2009.

5 Des humains, une humanité

■ Affiche réalisée par les élèves de l'école élémentaire Bariani de Calvi (Haute-Corse), pour le concours « Agis pour les droits » organisé par les Francas de l'Ain, 2013.

Découvrir le sujet

1. Doc 1. Quelles différences y a-t-il entre ces enfants ? Quels points communs les réunissent ?

2. Doc 4. Pourquoi affirme-t-on aujourd'hui que les êtres humains sont tous pareils ? A-t-on toujours pensé ainsi ?

3. Doc 1 à 5. Être pareils signifie-t-il que nous nous ressemblons tous ? Je justifie ma réponse.

Parcours 1 Faire le bilan

J'explique ce que veut dire pour moi : « tous les êtres humains sont différents mais ils appartiennent à une seule humanité ». Puis j'indique pourquoi, selon moi, ils ont tous droit au respect.

Parcours 2 Agir pour l'égalité

Dans votre collège, un concours sur le thème « Des humains, une seule humanité » est organisé. Avec votre classe, vous y participez en réalisant, au choix, un poème, une affiche, un blog, une vidéo…

Nelson Mandela et son combat pour l'égalité

Nelson Mandela (1918-2013)
Président de l'Afrique du Sud (1994-1999), prix Nobel de la paix (1993).

→ *Pourquoi Nelson Mandela a-t-il consacré sa vie à la lutte pour l'égalité en Afrique du Sud ?*

Né en 1918, Nelson Mandela s'engage très jeune dans le combat contre l'apartheid en Afrique du Sud. Avocat, il devient membre du Congrès national africain (ANC) qui lutte pour l'accès des Noirs au droit de vote, selon le slogan « une personne, une voix ». À la suite d'actions violentes contre le gouvernement blanc, il est condamné en 1964 à la prison à vie. Libéré en 1990, élu président de la République d'Afrique du Sud en 1994, il instaure la démocratie et œuvre pour la réconciliation des Sud-Africains.

1 L'apartheid en Afrique du Sud

1910
Début de l'apartheid en Afrique du Sud. Les Blancs au pouvoir imposent aux Africains noirs de vivre séparés d'eux et les privent du droit de vote.

1948
La minorité blanche au pouvoir (3 millions) officialise par des lois raciales l'infériorité des Noirs (13 millions).

1990-1993
Nelson Mandela négocie avec le gouvernement blanc la fin de l'apartheid et la mise en place d'un gouvernement démocratique.
Les premières élections non raciales sont programmées pour 1994.

2 La libération de Mandela, le 11 février 1990

VIDEO

Après 27 ans de prison, Nelson Mandela est libéré sur décision du gouvernement blanc.

■ Antenne 2, *Le Journal*, 11 février 1990, INA.

Retrouvez le lien vers cette vidéo sur le site www.nathan.fr/emc-college-eleve.

3 Pourquoi lutter contre l'apartheid ?

Un enfant [noir] va dans une école réservée aux Africains, si toutefois il va à l'école. [...] Quand il grandit, il ne peut occuper qu'un emploi réservé aux Africains, louer une maison dans un *township*[1] réservé aux Africains, voyager dans des trains réservés aux Africains, et on peut l'arrêter à n'importe quelle heure du jour ou de la nuit pour lui donner l'ordre de présenter un pass[2], et s'il ne peut pas, on le jette en prison. [...] L'accumulation de milliers d'affronts, de milliers d'humiliations a créé en moi une colère, un esprit de révolte, le désir de combattre le système qui emprisonnait mon peuple.

■ Nelson Mandela, *Un long chemin vers la liberté*, autobiographie, Fayard, 1995.

1. Quartiers pauvres. 2. Passeport intérieur, obligatoire pour les Noirs.

4 La récompense de son combat

Le 10 octobre 1993, Nelson Mandela et Frederik De Klerk, président de la République d'Afrique du Sud, qui ont œuvré ensemble pour mettre officiellement fin à l'apartheid, reçoivent le prix Nobel de la paix.

« *L'humanité qui unit les Blancs et les Noirs en une seule et même race nous permettra de vivre car nous aurons créé une société qui reconnaît que tous les hommes naissent égaux, et que tous ont droit à la vie, à la liberté, à la prospérité, aux droits humains, à la démocratie.* »

■ Discours de N. Mandela lors de la remise du prix Nobel.

5 Une « nation arc-en-ciel » en paix

AFRIQUE DU SUD

- **Africains :** 75 % ; **Blancs :** 11 % ; **Métis :** 9 % ; **Indiens :** 3 %
- **11 langues officielles** dont l'anglais
- **Devise :** « Unité dans la diversité »
- **Hymne :** réunion de l'hymne des Africains et de l'hymne des Blancs au temps de l'apartheid
- **16 décembre :** fête de la Réconciliation

6 Les premières élections

J'ai voté le 27 avril 1994, le premier des quatre jours de scrutin. […]

Les images des Africains se rendant aux bureaux de vote sont restées gravées dans ma mémoire. De longues files de gens patients qui serpentaient sur des routes boueuses ou dans les rues des villes ; de vieilles femmes qui avaient attendu un demi-siècle pour pouvoir voter, disant que pour la première fois de leur vie, elles avaient l'impression d'être des êtres humains ; des Blancs, hommes et femmes, affirmant leur fierté de vivre enfin dans un pays libre.

■ Nelson Mandela, *Un long chemin vers la liberté*, autobiographie, Fayard, 1995.

Découvrir l'action de Nelson Mandela

1. **Doc 1 et 3.** Quelle est la vie de Nelson Mandela avant les années 1990 ? Pourquoi combat-il l'apartheid ?
2. **Doc 2 et 4.** Que lui arrive-t-il en 1990 ? Quel combat mène-t-il alors ? Avec qui ?
3. **Doc 4 et 6.** Je relève les mots et expressions qui montrent qu'il a gagné son combat pour l'égalité.
4. **Doc 5 et 6.** Que signifie, pour lui, construire la « nation arc-en-ciel » ?

Faire un exposé sur Nelson Mandela

À l'aide des réponses aux questions, je construis la biographie de Nelson Mandela en montrant, pour chaque étape de sa vie, le combat mené.

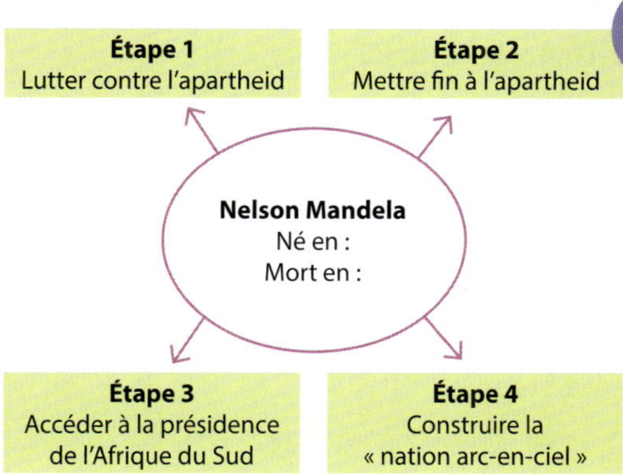

Pour aller + loin

Le combat pour l'égalité, ailleurs dans le monde

Je rédige un article sur Martin Luther King qui a consacré sa vie à la lutte pour l'égalité des Noirs et des Blancs aux États-Unis.

Je découvre

COMPÉTENCES
- Savoir faire la distinction entre l'identité personnelle et l'identité légale.
- Comprendre le rôle de la loi.

Une identité pour tous et pour chacun

A L'identité de Jamel Debbouze

1 Jamel vu par... Jamel

Extrait d'une interview de Jamel Debbouze suite aux attentats commis à Paris en janvier 2015.

Je suis français, musulman, artiste. Je suis né à Paris, dans le quartier de Barbès [en 1975], j'ai grandi à Trappes. Je suis père de deux enfants, marié à une chrétienne, journaliste [...]. Et ça pour moi, c'est la France ! [...] La France de la différence, de la multi-culture, de l'amour, de la tolérance, de la paix, un pays avec des valeurs nobles. [...]

La France a permis à mes parents de travailler, elle les a aidés quand ils en ont eu besoin et pour tout ça je remercie la France, et je suis pleinement citoyen, et je défendrai la France corps et âme pour tout ce qu'elle a apporté à ma famille et à tous les gens qui comme nous arrivaient d'un autre pays.

TF1, *7 à 8*, 18 janvier 2015.

VOCABULAIRE
- **Identité légale**
Identité officielle d'une personne, protégée par l'État.
- **Identité personnelle**
Ensemble de caractéristiques qui distinguent un individu d'un autre (nom, prénom, date de naissance...).
- **Nationalité**
Toute personne a une nationalité à la naissance, qui la rattache officiellement à un État.

2 Des identités multiples

L'enfant	L'adulte
• Réside dans une banlieue où la vie est difficile. • Rencontre avec « Papy » (doc 4). • Handicapé à la suite d'un accident en 1990. Depuis, son bras droit est sans vie (doc 3).	• Humoriste, acteur de cinéma, réalisateur et producteur de films et de spectacles. • Membre de l'association antiraciste « Devoirs de mémoires ».

3 Son parcours d'humoriste

[À Trappes,] Jamel rencontre Alain Degois, dit « Papy », éducateur, organisateur d'ateliers de théâtre d'improvisation dans les collèges et les lycées [...]. Papy repère Jamel au collège Gustave-Flaubert et lui fait alors rejoindre la troupe d'impro de Trappes.

En 1991, la troupe participe au 1er championnat de France juniors d'improvisation [...]. L'équipe de Jamel, dont il est capitaine et se composant de trois filles et de trois garçons, finit vice-championne de France. [...] L'idée de créer un spectacle trotte dans la tête de Jamel... Il présente alors, en avril 1995, son premier spectacle « C'est tout neuf », mis en scène par Papy à Trappes.

www.jameldebbouze.fr/jamel/bio

4 L'engagement de Jamel

En 2009 et 2010, il est ambassadeur de l'Agefiph (agence pour l'emploi des personnes handicapées).

B Une identité légale, dès la naissance

5 Extrait d'acte de naissance figurant dans le livret de famille

PREMIER ENFANT

EXTRAIT DE L'ACTE DE NAISSANCE N° 728

Le 30 juin 2009

à six heures quarante-cinq minutes

est né(e) Meriem, Virginie

CHOUBANE-PIGUETTI

du sexe féminin

à Besançon (Doubs)

Délivré conforme aux registres, le 2 juillet 2009

MENTIONS MARGINALES

L'officier de l'état civil

Sceau de la mairie

INFOS

Le **livret de famille** est un document officiel remis par l'officier de l'état civil, soit lors du mariage, soit à la naissance du premier enfant. Il indique la **filiation**, c'est-à-dire le lien de parenté qui unit un enfant à ses parents.
Des extraits d'actes d'état civil y figurent (mariage, naissance(s), divorce, décès...).

6 Ce que dit la loi

a. Convention internationale des droits de l'enfant (1989)

Art. 7 – L'enfant est enregistré aussitôt sa naissance et a dès celle-ci le droit à un nom, le droit d'acquérir une nationalité.

b. Code civil

Art. 55 – Les déclarations de naissance sont faites, dans les trois jours de l'accouchement, à l'officier de l'état civil du lieu.

Art. 61 – Toute personne qui justifie d'un intérêt légitime peut demander à changer de nom.

Art. 311-21 – [Les parents] choisissent le nom de famille [de l'enfant] : soit le nom du père, soit le nom de la mère, soit leurs deux noms accolés dans l'ordre choisi par eux […]. Le nom [donné au premier enfant] vaut pour les autres enfants communs.

7 Les « enfants fantômes »

Selon l'Unicef, chaque année dans le monde, environ 50 millions de nouveau-nés ne sont pas inscrits à l'état civil.

Les enfants qui ne figurent sur aucun document officiel sont des enfants dits « invisibles » : cela signifie qu'ils n'ont aucune existence légale. Ils ne disposent pas de papiers d'identité. Ils ne bénéficieront pas de la scolarisation, des soins de santé, etc. La violation de leurs droits passera inaperçue, car ils sont des enfants invisibles au regard de la société.

http://www.humanium.org/fr/enfants-sans-identite/

Découvrir le sujet

1. **Doc 1 à 4.** À partir des informations relevées dans les documents, je classe les éléments qui constituent l'identité personnelle de Jamel Debbouze : son identité à la naissance, l'évolution de son identité, son attachement à la France, son engagement.
2. **Doc 5 et 6.** Quels éléments composent l'identité légale de Meriem ? Quand et par qui est-elle établie ?
3. **Doc 6 et 7.** Les « enfants fantômes » ont-ils une identité légale ? Pourquoi est-il essentiel d'avoir une identité légale ?

Parcours 1 Faire le bilan

1. J'explique en quelques phrases ce qu'est l'identité personnelle.
2. J'explique en quelques phrases ce qu'est l'identité légale.

Parcours 2 Réaliser une carte mentale « Le droit à une identité »

À l'aide des réponses aux questions et des documents, je réalise une carte mentale sur le droit à l'identité.

À nous d'agir ! TÂCHE COMPLEXE

COMPÉTENCES
- Connaître les raisons de l'obéissance à la loi.
- S'engager et assumer des responsabilités.

S'engager contre les discriminations

Consigne

Votre classe a pris conscience du nombre important de personnes qui en raison de leur origine, de leur religion, de leur sexe, de leur âge, de leur santé, sont victimes de discriminations. Elle souhaite organiser une campagne sur le thème « Agir contre les discriminations », par la réalisation d'affiches, de poèmes, d'articles…

Inspirez-vous des documents pour mettre en œuvre votre campagne.

1 Des exemples de l'action du Défenseur des droits

a. L'histoire de Titouan

Le 7 mars 2014, un délégué du Défenseur des droits est informé par une journaliste de la situation de Titouan, élève de seconde, empêché de participer à un voyage scolaire en Pologne avec sa classe, du fait de son handicap. En effet, Titouan est sourd. Sa maman souhaite porter plainte pour discrimination en raison du handicap et contacte le délégué. Celui-ci apprend que l'Institut national des jeunes sourds (INJS) assure l'accompagnement de ce voyage. Une rencontre entre l'établissement spécialisé et le lycée est alors organisée pour trouver un accord.

Une solution a finalement été trouvée pour que Titouan puisse profiter de ce voyage avec ses camarades.

b. L'histoire de Fathia

Fathia, infirmière diplômée d'État et titulaire du certificat de formation aux premiers secours en équipe, est déclarée inapte au poste d'infirmière chez les sapeurs-pompiers en raison de sa taille (1,51 m). La taille minimale requise est de 1,60 m avec une tolérance de 3 cm. Fathia avait pourtant réussi brillamment les épreuves d'admission.

Elle contacte alors le Défenseur des droits qui considère que la condition de taille minimale constitue une discrimination à raison du handicap et de l'apparence physique et saisit les services du ministre de l'Intérieur pour faire évoluer la réglementation. Conformément aux recommandations du Défenseur des droits, la condition de taille exigée des sapeurs-pompiers est supprimée par un arrêt du 17 janvier 2013 du ministre de l'Intérieur.

Grâce à cette intervention, Fathia est engagée au poste d'infirmière sapeur-pompier volontaire depuis le 1er avril 2013.

D'après le site www.defenseurdesdroits.fr.

INFOS

République Française – LE DÉFENSEUR DES DROITS

Le **Défenseur des droits** est une autorité indépendante chargée de veiller à la protection des droits et des libertés et de promouvoir l'égalité. Il combat les inégalités et les discriminations. Vous pouvez faire appel au Défenseur des droits dès que vous vous estimez victime d'une discrimination.

2 Des cas de discriminations

3 Ce que dit la loi

1. Constitue une discrimination toute distinction opérée entre les personnes physiques à raison de l'origine, du sexe, de la situation de famille, de l'apparence physique, du patronyme, du lieu de résidence, de l'état de santé, du handicap, des caractéristiques génétiques, des mœurs, de l'orientation ou identité sexuelle, de l'âge, des opinions politiques, des activités syndicales, de l'appartenance ou de la non-appartenance, vraie ou supposée, à une ethnie, une nation, une race ou une religion déterminée.

2. La discrimination [...] est punie de 3 ans d'emprisonnement et de 45 000 € d'amende lorsqu'elle consiste :

1° à refuser la fourniture d'un bien ou d'un service ; [...]

3° à refuser d'embaucher, à sanctionner ou à licencier une personne [...].

Article 225 du Code pénal.

4 Dénoncer l'antisémitisme

« Une » du *Droit de vivre*, le journal de la Licra, juin 2013.

5 Lutter contre le racisme dans le football

a. L'action de la Licra

La Licra (Ligue internationale contre le racisme et l'antisémitisme) s'associe aux semaines d'action FARE (*Football Against Racism in Europe*) aux côtés de milliers de participants – les *Football People* – unis en Europe pour combattre les discriminations au nom des valeurs positives du football.

www.licra.org/fr

b. Le Milan AC, un club de football engagé contre le racisme

Janvier 2013, Milan.

COUP de POUCE

Pour vous aider à réaliser votre campagne, reproduisez et complétez le tableau suivant.

	Quels sont les différents types de discrimination ?	Qui agit contre les discriminations ?	Quelles actions sont menées contre les discriminations ?
Doc. 1			
Doc. 2			
Doc. 3			
Doc. 4			
Doc. 5			

Je découvre

COMPÉTENCES
- Savoir distinguer inégalité et discrimination.
- Comprendre le sens de l'engagement individuel ou collectif.

Pourquoi et comment lutter contre le sexisme ?

A La conquête de l'égalité hommes-femmes

1 Les mêmes droits pour les hommes et pour les femmes

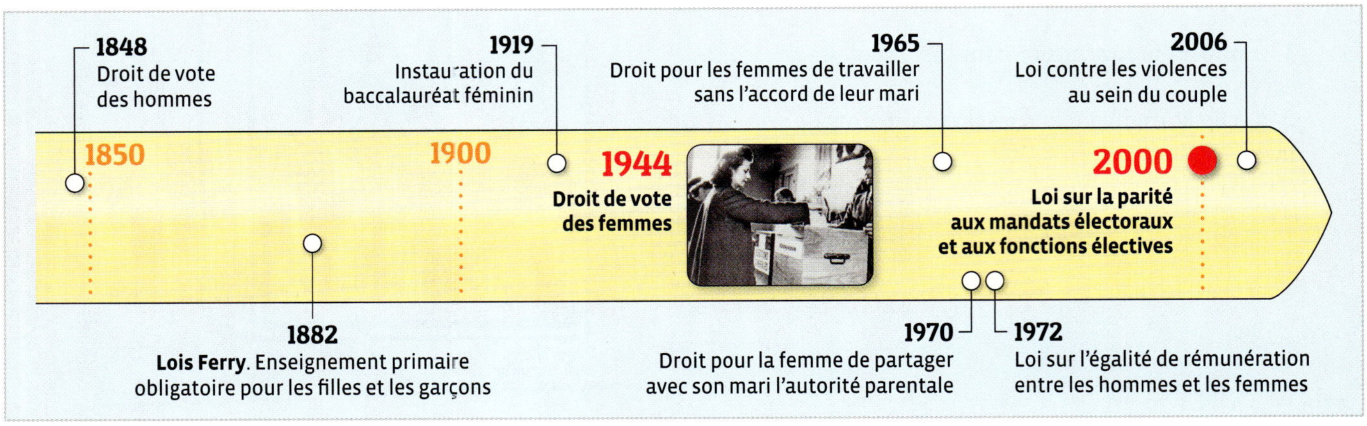

2 Quelques données statistiques

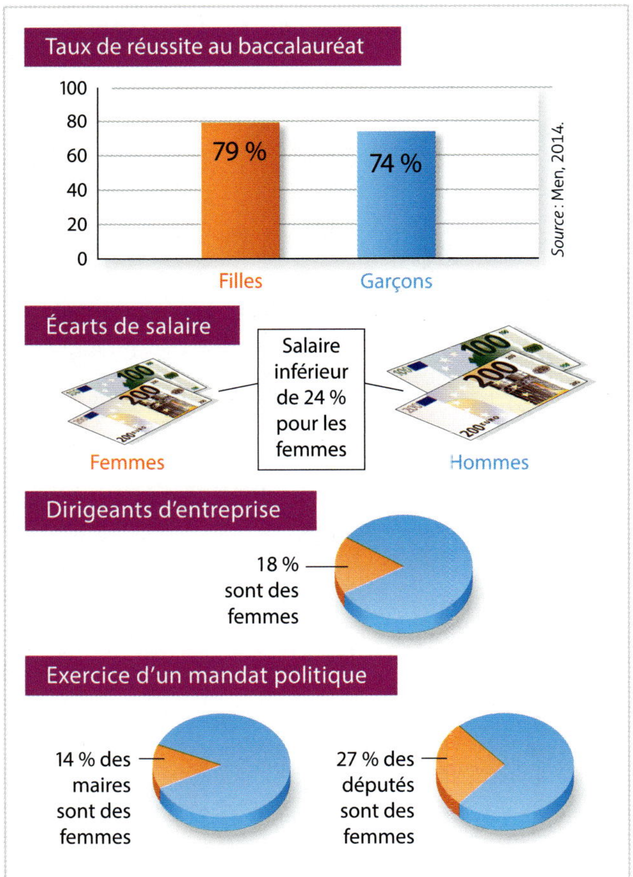

Source : Chiffres clés 2014, www.femmes-gouv.fr (d'après INSEE).

3 Ce que dit la loi

La loi garantit à la femme, dans tous les domaines, des droits égaux à ceux de l'homme.

■ Préambule de la Constitution de 1946.

4 La mixité professionnelle

Les [femmes] investissent de plus en plus [...] de secteurs, comme le droit, la communication, la santé, la banque et l'assurance. Il n'en demeure pas moins que les transformations sont lentes... Pour les personnes peu diplômées (au mieux le brevet des collèges), la ségrégation s'est accrue par rapport au début des années 1980 du fait de la progression de métiers féminins peu qualifiés (femmes de ménage, aides-soignantes, etc.). Pour les métiers plus qualifiés, un grand nombre de familles professionnelles demeurent très peu ouvertes aux femmes, comme les ingénieurs de l'industrie (22,5 % de femmes), les architectes et cadres du BTP (20,7 %), les cadres de la logistique (22,7 %). Enfin, il faudrait pouvoir mesurer les évolutions par niveau hiérarchique : les femmes restent le plus souvent quasiment absentes des sphères de décision.

■ www.inegalites.fr, 2014.

B Aujourd'hui, quels combats contre le sexisme ?

5 Les stéréotypes en question

Lorsqu'un enfant vient au monde, son sexe ne définit pas à l'avance son comportement comme garçon ou comme fille. La preuve, c'est qu'il y a des filles qui sont des garçons manqués et des garçons doux et tranquilles ! C'est la société qui décide si certains comportements sont masculins (vivacité, confiance en soi…) et d'autres féminins (douceur, patience…). […] Un jour, j'ai rencontré le footballeur Lilian Thuram pendant un entraînement où les filles et les garçons étaient mélangés pour apprendre à dribbler. À un moment, une fille a remporté la balle sur un garçon. Lilian Thuram s'attendait à ce que l'entraîneur félicite la fille et analyse ce qui s'était passé. Mais l'entraîneur ne lui a rien dit, comme si elle n'avait rien fait. Au contraire, il s'est tourné vers le garçon et lui a dit : « Tu n'as pas honte de te faire battre par une gonzesse ? » Pour cet homme, c'était naturel que le garçon l'emporte, et c'était une honte de se faire battre par une fille. Il laissait penser à cette fille qu'il n'était pas légitime qu'elle soit la meilleure.

Françoise Héritier, 1jour1actu.com, Milan, 20 mai 2012.

6 Quelle égalité au sein du couple ?

La journée type dans un couple

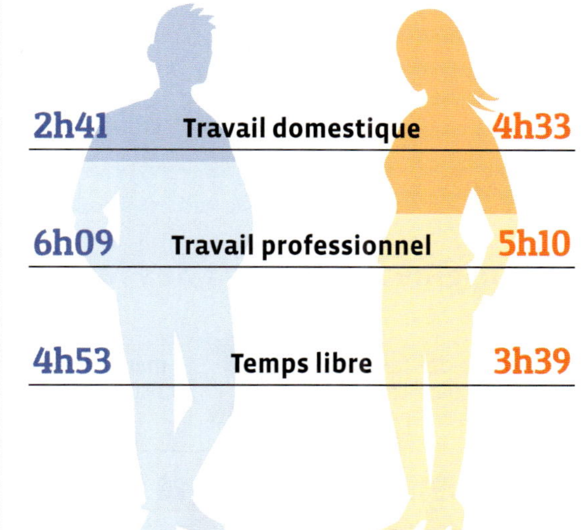

Source : inspection générale des affaires sociales, 2015.

7 « Conjuguez les métiers du bâtiment au féminin »

Concours organisé par la Confédération de l'artisanat et des petites entreprises du bâtiment pour favoriser l'accès des femmes aux métiers du bâtiment. Les collégiens réalisent des photographies originales de femmes travaillant dans le bâtiment.

Découvrir le sujet

1. Doc 1 à 4. En un siècle, comment a évolué l'égalité entre femmes et hommes ?

2. Doc 2, 4, 5 et 6. Je montre que le sexisme demeure aujourd'hui une réalité.

3. Doc 1 à 7. Pourquoi faut-il combattre les stéréotypes filles-garçons ? De quelles manières ?

Parcours 1 Faire le bilan

1. L'égalité entre les hommes et les femmes a-t-elle progressé ?

2. Pourquoi faut-il combattre le sexisme ?

Parcours 2 Participer à un concours

Seul(e), en équipe ou avec votre classe, participez au concours « Buzzons contre le sexisme ». Pour des conseils, consultez le site **teledebout.org/concours/qui-quoi-comment**.

Journée internationale des femmes : 8 mars

Dès la fin du XIXe siècle, en Europe et aux États-Unis, des femmes manifestent pour obtenir l'égalité des droits avec les hommes. En 1977, l'ONU rend officielle une « journée internationale des femmes », et invite tous les pays du monde à la célébrer chaque année, le 8 mars. En France, cette journée a été instituée en 1982.

A Que signifie cette journée ?

1 À l'origine : le combat des femmes pour l'égalité

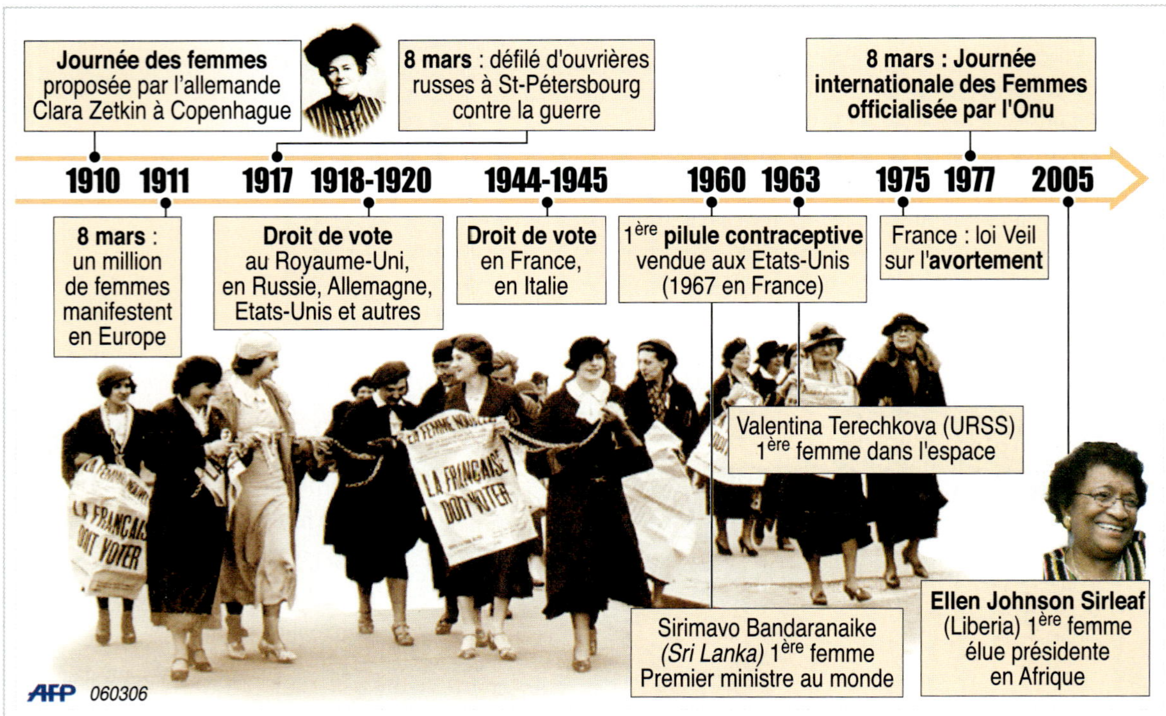

2 Les droits des femmes, aujourd'hui dans le monde

31 millions de filles *en âge d'aller à l'école primaire ne vont pas à l'école.*

Deux tiers des 774 millions d'analphabètes *sont des femmes.*

35 % des femmes *ont déjà subi des violences physiques et/ou sexuelles.*

1 fille sur 9 *se marie avant l'âge de 15 ans.*

Deux tiers des citoyens les plus pauvres *sont des femmes.*

22 % des membres des législatures nationales *sont des femmes.*

Source : OMS et ONU 2013, IPU 2014.

3 1977, la décision de l'ONU

Par la Résolution 32/142, l'Assemblée générale des Nations unies réunie en séance plénière demande à tous les pays de la planète de s'efforcer de créer des conditions favorables à l'élimination de la discrimination à l'égard des femmes et à leur pleine participation, sur un pied d'égalité, au développement social. Elle « invite tous les États à proclamer, comme il conviendra en fonction de leurs traditions et coutumes historiques et nationales, un jour de l'année **Journée des Nations unies pour les droits de la femme et la paix internationale** ».

www.unwomen.org

B Comment agir pour l'égalité des femmes avec les hommes ?

4 Des manifestations partout dans le monde

a. Défilé à Paris, 8 mars 2014.

b. Défilé au Guatemala, 8 mars 2015.

5 Faire évoluer les mentalités

Nous lançons aujourd'hui la campagne « HeForShe ». Nous souhaitons mobiliser autant d'hommes et de garçons que possible pour qu'ils militent pour l'égalité des sexes. […]

Je trouve normal que la société m'accorde le même respect qu'aux hommes. Mais je constate avec regret qu'aucun pays dans le monde ne peut aujourd'hui se prévaloir d'être parvenu à instaurer l'égalité entre les hommes et les femmes. Ces droits sont, à mon sens, des droits fondamentaux de l'humain. Messieurs, l'égalité des sexes est aussi votre problème. Si nous n'agissons pas, il faudra attendre 75 ans, ou peut-être mon 100ᵉ anniversaire, avant que les femmes puissent prétendre au même salaire que les hommes, à travail égal. Au cours des 16 années à venir, 15,5 millions de filles seront mariées alors qu'elles ne seront encore que des enfants. Et au rythme actuel, toutes les filles africaines issues de milieux ruraux ne recevront une éducation secondaire qu'en 2086. Nous luttons pour un monde uni. Ce mouvement s'appelle « HeForShe ». Je vous invite à vous manifester, à faire entendre vos idées, à être le « lui » pour « elle » et à vous demander : « Si je ne le fais pas, qui le fera ? Si je ne le fais pas maintenant, alors quand ? »

Extraits du discours d'Emma Watson, comédienne et ambassadrice d'ONU Femmes lors du lancement de la campagne « HeForShe » aux Nations unies, 20 septembre 2014.

Je comprends

1. Doc 1 et 3. Pourquoi cette journée du 8 mars a-t-elle été instituée ? Qui en est à l'origine ? Où est-elle célébrée ?

2. Doc 2. Pourquoi est-il nécessaire, encore aujourd'hui, de célébrer cette journée ?

3. Doc 4 et 5. Quelles sont les différentes manières d'agir pour faire progresser l'égalité des femmes avec les hommes ? Ce combat doit-il être seulement celui des femmes ?

J'agis

1. J'élabore un dossier de presse qui relate le déroulement, en France et dans le monde, de la Journée internationale des femmes.

2. Quelles seraient mes propositions d'actions pour sensibiliser les élèves du collège à la Journée internationale des femmes ?

Vérifier ses connaissances

1 J'indique la ou les bonne(s) réponse(s).

1. L'égalité, c'est :
- a se ressembler.
- b être différents.
- c avoir les mêmes droits.

2. Le nom de famille :
- a établit la filiation.
- b est le même pour les enfants communs d'un couple.
- c est toujours celui du père.

3. Que risque un employeur qui refuse d'embaucher une personne d'origine étrangère ?
- a Rien, car il est le chef de cette entreprise.
- b Une peine de 3 ans d'emprisonnement et de 45 000 € d'amende.
- c La fermeture de son entreprise.

4. En un siècle, comment les femmes sont-elles devenues égales aux hommes ?
- a À travail égal, elles perçoivent le même salaire que les hommes.
- b Des lois les ont rendues égales aux hommes.
- c Elles ne sont plus victimes des violences des hommes.

2 Je fais correspondre aux mots suivants les définitions ci-dessous.

a Nationalité
d Discrimination
b Identité légale
e Stéréotype
c Racisme
f Sexisme

1 Opinion toute faite sur une personne ou un objet, souvent imposée par un groupe de la société.

2 Identité officielle d'une personne, protégée par l'État.

3 Toute personne en a une dès la naissance. Elle la rattache officiellement à un État.

4 Comportement de ceux qui considèrent que les femmes et les hommes ne sont pas égaux.

5 Fait de refuser des droits à une personne ou à un groupe de personnes, en raison de son origine, de son appartenance religieuse, de son handicap... Cette attitude est punie par la loi.

6 Attitude de ceux qui méprisent certaines personnes en raison de leur prétendue appartenance à une race.

Évaluer ses connaissances et ses compétences

★ 3 Punir les auteurs de discriminations

➜ *J'exprime mes émotions en les contrôlant.*

➜ *Je connais les différentes formes de discrimination.*

Entre janvier et septembre 2010, 90 tombes musulmanes et juives avaient été profanées dans trois cimetières de l'agglomération de Strasbourg. Après un an d'enquête, des suspects étaient interpellés et avouaient les faits. Ils faisaient partie d'un groupe de jeunes qui ne cachait pas ses idées xénophobes.

En juin 2012, Matthias L. et Jonathan H. ont été condamnés à 18 mois de prison ferme pour dégradations à caractère raciste et provocation à la haine raciale ou religieuse. En octobre 2013, Nicolas L., qui avait fait appel du jugement, a été condamné à un an de prison ferme. Les trois autres suspects, âgés de 16 à 17 ans, seront jugés par le tribunal pour enfants.

■ D'après *Libération* et l'AFP, 30 octobre 2013.

Questions

1. Quels actes ont été commis ? Quelle est ma réaction ?

2. Qui sont les auteurs de ces actes ? Pourquoi ont-ils agi ainsi ?

3. Pourquoi ces jeunes sont-ils condamnés par la justice ? Quelles peines sont prononcées ?

4. Quelles valeurs universelles ces jeunes n'ont-ils pas respectées ?

★★ 4 L'égalité au travail entre les femmes et les hommes

→ *Je sais me mettre à la place des autres.*
→ *Je comprends les principes d'une société démocratique.*

Affiche du Laboratoire de l'égalité, 2012.

INFOS

Le **Laboratoire de l'égalité** est un organisme qui rassemble 600 hommes et femmes de toutes origines professionnelles, qui partagent une culture commune de l'égalité et mènent des campagnes pour une réelle égalité entre les hommes et les femmes au travail.

Questions

1. Quel organisme est l'auteur de cette affiche ? À quelles valeurs correspond son combat ?

2. Je décris la scène représentée. Les personnes semblent-elles à égalité ?

3. D'après mes connaissances, quelles règles et quelles valeurs communes ne sont pas appliquées dans cette scène ?

★ 5 Pourquoi une identité légale ?

→ *Je pense par moi-même et je m'exprime.*
→ *Je sais distinguer l'identité légale de l'identité personnelle.*

Élections régionales à Taverny (Val-d'Oise), 2010.

Une candidate lors de l'épreuve de latin du baccalauréat, Amiens (Picardie), 2014.

Questions

1. Quel document officiel, visible sur les deux images, caractérise l'identité légale ?

2. Par ce document, quels droits peuvent être exercés ? Pourquoi ?

★★ 6 Différences et stéréotypes

→ *Je fais preuve d'esprit critique.*
→ *Je me mets à la place de l'autre.*

1 Faut-il se fier aux apparences ?

Affiche de l'ONU, campagne « Je dis non au racisme », 2012.

2 Une victime témoigne

Jeune médecin d'origine africaine à l'hôpital Saint-Louis (Paris), je suis bipé pour réaliser l'examen d'un patient. Parfaitement identifiable au moment de l'arrivée dans la chambre (badge rouge sur lequel sont inscrits mon nom et ma fonction), avant même d'avoir pu émettre un seul mot, l'infirmier s'exclame qu'il n'a pas demandé de brancardier et me tourne le dos.

Témoignage recueilli sur la plateforme de France Télévisions créée pour recueillir la parole d'internautes victimes du racisme, 2014.

Questions

1. **Doc 1.** Quelle a été ma première réaction en voyant ce portrait ?
2. **Doc 1.** Quel est donc l'objectif de cette affiche ? Par qui a-t-elle été émise ? Pour quoi faire ?
3. **Doc 2.** Quelle a été l'attitude de l'infirmier en voyant arriver ce jeune médecin ? À mon avis, pourquoi ?
4. **Doc 1 et 2.** Contre quoi ces documents nous mettent-ils en garde ? Pourquoi ?

★★★ 7 L'égalité s'oppose-t-elle à la liberté ?

→ *Je connais les valeurs de la République.*
→ *Je m'initie au débat philosophique.*

La liberté et l'égalité sont deux principes juridiques, ce qui signifie que la liberté passe par la protection des lois et que l'égalité suppose non seulement que la loi soit la même pour tous mais que l'on tende à une répartition équitable des biens. Mais trop de liberté peut nuire à l'égalité, trop d'égalité peut entraver la liberté. Il faut donc un troisième terme pour faire fonctionner ensemble ces deux sœurs ennemies et c'est la fraternité.

Jacques Ricot, philosophe, *Ouest France*, 19 mars 2015.

Questions

1. Je cherche des exemples, dans la vie quotidienne ou dans des situations historiques, pour illustrer l'expression « trop de liberté peut nuire à l'égalité » et d'autres pour illustrer l'expression « trop d'égalité peut entraver la liberté ».
2. Pourquoi l'auteur appelle-t-il la liberté et l'égalité des « sœurs ennemies » ?
3. D'après l'auteur, quel est le rôle de la fraternité ?

L'essentiel

L'égalité, un principe et une valeur de la République

■ Principe fondateur de la **République française**, l'**égalité** est inscrite dans la **Constitution** et dans la **devise**. Depuis 1948, l'égalité est érigée en valeur universelle par la **Déclaration universelle des droits de l'Homme**. Elle signifie que tous les êtres humains ont droit au **respect**.

■ La **Déclaration des droits de l'Homme et du citoyen** (1789) proclame que les êtres humains naissent et demeurent **libres et égaux en droits**. L'égalité est garantie par la loi, qui est la même pour tous et que chacun doit respecter. Parmi les droits dont chacun dispose figurent le droit à une **identité légale** (nom de famille, filiation, nationalité), le droit de vote…

Égalité, différences et discriminations

■ L'**égalité** signifie aussi reconnaissance de la **diversité**. L'**identité personnelle** rend chacun différent des autres, mais tous les êtres humains appartiennent à une **seule humanité**. Les scientifiques ont prouvé que les « races » n'existaient pas et que les hommes avaient tous la même origine. **Vivre ensemble** dans la diversité des cultures est une **richesse pour tous**. Cette égalité en **dignité** a parfois été le résultat d'un long combat, comme celui des Noirs en Afrique du Sud ou aux États-Unis qui ont été victime de **racisme**.

■ L'égalité en droits n'empêche pas qu'aujourd'hui, en France, de nombreuses personnes sont victimes de **discriminations** liées à l'origine, la religion (**antisémitisme** et islamophobie), la santé, le sexe, ou encore l'âge. Bien qu'elles disposent des mêmes droits que les hommes, les femmes demeurent victimes de **sexisme** (salaires inférieurs, non-respect de la parité en politique, violences subies…). En application de la loi, les juges punissent les auteurs de discriminations. Le **Défenseur des droits** et des associations luttent contre les **stéréotypes** et aident les victimes dans leurs démarches.

LES MOTS IMPORTANTS

Antisémitisme
Haine des juifs.

Discrimination
Fait de refuser des droits à une personne ou à un groupe de personnes, en raison de son origine, de son appartenance religieuse, de son handicap… Cette attitude est punie par la loi.

Identité légale
Identité officielle d'une personne, protégée par l'État.

Identité personnelle
Ensemble de caractéristiques qui distinguent un individu d'un autre (nom, prénom, date de naissance…).

Racisme
Attitude de ceux qui méprisent certaines personnes en raison de leur prétendue appartenance à une race.

Sexisme
Comportement de ceux qui considèrent que les femmes et les hommes ne sont pas égaux.

Stéréotype
Opinion toute faite sur une personne ou un objet, souvent imposée par un groupe de la société.

Les valeurs de la République

Égalité

La République française reconnaît que les êtres humains sont tous différents.
L'égalité est un des trois éléments de la devise républicaine « **Liberté, Égalité, Fraternité** ».
Sans égalité, il n'y a pas de véritable liberté. Sans égalité, il n'y a pas de fraternité possible.

POUR ALLER PLUS LOIN

Livres

***C'est de famille ! Héritage et transmission familiale*, V. Rubio, S. Dieuaide, F. Supiot, Autrement Jeunesse, 2004.**
Un ouvrage très accessible sur l'influence de la famille dans l'identité de chacun.

***Un petit quelque chose de différent*, Éléonore Faucher, « Tempo », Syros, 2014.**
Une petite fille très volontaire décide d'essayer de devenir actrice, malgré son handicap.

***Le Grand Livre des filles et des garçons*, Brigitte Bègue, Anne-Marie Thomazeau, Alain Serres, Rue du monde, 2004.**
Un livre pour se respecter. Il aborde les différences corporelles filles-garçons.

Films

***Enfance clandestine*, Benjamín Avila, 2012.**
1979. Juan, 12 ans, et sa famille reviennent à Buenos Aires (Argentine) sous une fausse identité après des années d'exil. Ses parents luttent contre la dictature.

***Wadjda*, Haifaa Al-Mansour, 2013.**
L'histoire d'une fillette de 10 ans en Arabie Saoudite qui veut acquérir une bicyclette et faire du vélo, comme les garçons.

5 La solidarité, pour vivre ensemble

→ Qu'est-ce que l'esprit de solidarité ?

Affiche, 2015.

1 Aider les enfants à partir en vacances

« Jeunesse au Plein Air » est une association qui a pour but de faciliter l'accès des enfants et des adolescents aux vacances et aux loisirs.

VIDEO

Retrouvez le lien vers cette vidéo sur le site www.nathan.fr/emc-college-eleve.

? Comment et pourquoi aider des enfants à partir en vacances ?

> *La solidarité est une idée universelle. Le propre de la solidarité, c'est de ne point admettre d'exclusion.*

Victor Hugo, *Proses philosophiques, L'Âme*, 1860-1865.

2 Distribuer des repas aux sans-abri

La Croix-Rouge est engagée au quotidien dans la lutte contre toutes les formes de précarité sociale.
La tâche est immense : ses 35 000 bénévoles interviennent auprès de plus d'1 million de personnes.
Au-delà de l'aide matérielle immédiate, elle privilégie un principe de solidarité active fondé sur la responsabilisation des personnes accompagnées.

Des bénévoles de la Croix-Rouge apportent réconfort et boissons chaudes à des SDF, Reims, 2010.

VIDEO

12/13 National, France 3, 2 décembre 2014.

Retrouvez le lien vers cette vidéo sur le site www.nathan.fr/emc-college-eleve.

? Au service de qui ces personnes s'engagent-elles ? Pourquoi, à votre avis ?

Exprimez-vous !

1. **Dans quelles actions solidaires peut-on s'engager ?**
2. **Quel lien y a-t-il entre solidarité et fraternité ?**

À nous d'agir ! TÂCHE COMPLEXE

COMPÉTENCES
- Comprendre la valeur de la solidarité.
- Savoir agir pour la solidarité collective.

Être solidaire : comment, pourquoi ?

Consigne

Dans la société, les appels à la solidarité sont très nombreux : journées de collecte, organisations d'événements... Mais aussi plus simplement des amis qui vous demandent de l'aide.

Vous êtes graphiste ou illustrateur et vous décidez de mettre votre talent au service d'associations engagées dans des actions solidaires. Vous proposez de rédiger des slogans qui invitent la société à être plus solidaire.

1 La solidarité, c'est quoi ?

Numéro spécial d'*1jour1actu*, 4 au 10 avril 2014.

2 Recruter des bénévoles

3 Le témoignage d'une bénévole

Comme la majeure partie des jeunes engagés à l'Afev (Association de la fondation étudiante pour la ville), Kanelle, 22 ans, accompagne 2 heures par semaine un jeune en difficulté dans son parcours scolaire et éducatif. C'est pour elle une façon « d'être utile, simplement près de chez soi ». « Accompagner un jeune, c'est avant tout échanger et se découvrir, c'est créer un lien unique et se rencontrer le temps d'un bout de chemin partagé… L'Afev, c'est vraiment une expérience inoubliable ! » Engagée depuis 2 ans à l'Afev, en tant que bénévole puis volontaire en service civique, Kanelle connaît et se reconnaît parfaitement dans la mission de l'Afev : lutter contre les inégalités dans les quartiers populaires.

■ D'après l'Afev, 30 septembre 2013.

4 Le témoignage d'une personne aidée

Grâce à une mobilisation générale, la famille victime d'un incendie ce week-end a retrouvé un toit et des meubles. Les habitants de Bouquemaison ont répondu au-delà de toutes les espérances à l'appel à la solidarité lancé dimanche par la municipalité.

Émue aux larmes, celle qui a tout perdu dans l'incendie de sa maison tient à lancer des remerciements : « Nous avons une chance immense car le maire nous a apporté son soutien […]. Et merci également à tout le monde, quelle que soit l'aide apportée. C'est important, car nous avions besoin d'être entourés, de soutien et de réconfort. C'était un élan de générosité et [sans] curiosité, qui va nous aider à nous relever, dans le respect et la dignité. »

■ *Le Courrier picard*, 22 octobre 2013.

5 Devenir jeune sapeur-pompier VIDEO

Présentation de l'activité des jeunes sapeurs-pompiers (JSP). Reportage réalisé lors du Rassemblement national technique des JSP à Mende, 5 juillet 2014.

Retrouvez le lien vers cette vidéo sur le site www.nathan.fr/emc-college-eleve.

COUP de POUCE

▸ Pour vous aider à réaliser vos slogans, reproduisez et complétez le tableau suivant.

Thèmes	Quelles informations tirez-vous des documents ?
Qu'est-ce qui pousse à être solidaire ?	
Quel est le comportement d'une personne solidaire ?	

▸ Rédigez ensuite votre slogan. En une phrase brève, vous devez chercher à toucher les gens, à faire passer une émotion. N'hésitez pas à jouer avec le sens des mots, avec les rimes, cela rendra votre slogan plus efficace.

▸ Puis réfléchissez à l'aspect visuel de votre slogan : couleurs, taille et forme des lettres…

Je découvre

COMPÉTENCES
- Comprendre les valeurs d'une société humaniste.
- Savoir agir pour la solidarité collective.

Quel rôle pour les Restos du Cœur ?

A Mobiliser la population…

1 Le témoignage de Caroline

Depuis cinq ans, je participe aux collectes alimentaires des Restos du Cœur en Moselle, je donne un coup de main, bénévolement. Nous préparons la collecte à l'avance […]. Le jour même, les bénévoles sont à l'entrée des grandes surfaces, ils distribuent des petits tracts où sont précisés les aliments qu'il faut collecter. Au fur et à mesure, les aliments sont rangés et emmenés à l'entrepôt afin d'y être distribués.

Je pense qu'il faut toujours avoir en tête que nous pourrions être à la place de ces gens dans le besoin […]. Avec mon mari, nous enseignons cette notion de partage et de dons à nos trois enfants. […] Des personnes donnent en nous disant : « quand j'en avais besoin, vous [les Restos] étiez là, j'ai connu la galère, et maintenant c'est à moi d'aider. »

20 minutes, 28 novembre 2011.

2 Faire appel au don

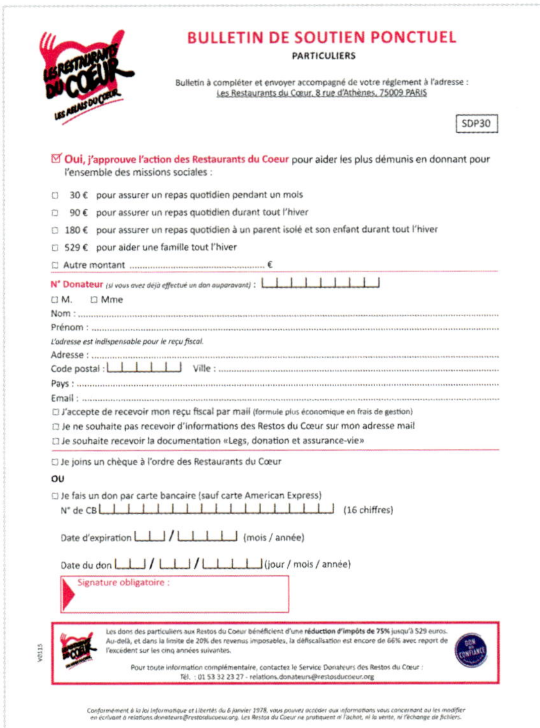

BULLETIN DE SOUTIEN PONCTUEL
PARTICULIERS

Bulletin à compléter et envoyer accompagné de votre règlement à l'adresse :
Les Restaurants du Cœur, 8 rue d'Athènes, 75009 PARIS

SDP30

☑ **Oui, j'approuve l'action des Restaurants du Coeur** pour aider les plus démunis en donnant pour l'ensemble des missions sociales :

- ☐ 30 € pour assurer un repas quotidien pendant un mois
- ☐ 90 € pour assurer un repas quotidien durant tout l'hiver
- ☐ 180 € pour assurer un repas quotidien à un parent isolé et son enfant durant tout l'hiver
- ☐ 529 € pour aider une famille tout l'hiver
- ☐ Autre montant .... €

N° Donateur *(si vous avez déjà effectué un don auparavant)* : |_|_|_|_|_|_|_|_|

☐ M. ☐ Mme
Nom : ....
Prénom : ....
L'adresse est indispensable pour le reçu fiscal.
Adresse : ....
Code postal : |_|_|_|_|_| Ville : ....
Pays : ....
Email : ....

☐ J'accepte de recevoir mon reçu fiscal par mail (formule plus économique en frais de gestion)
☐ Je ne souhaite pas recevoir d'informations des Restos du Cœur sur mon adresse mail
☐ Je souhaite recevoir la documentation «Legs, donation et assurance-vie»

☐ Je joins un chèque à l'ordre des Restaurants du Cœur

OU

☐ Je fais un don par carte bancaire (sauf carte American Express)
N° de CB |_|_|_|_|_|_|_|_|_|_|_|_|_|_|_|_| (16 chiffres)
Date d'expiration |_|_| / |_|_|_|_| (mois / année)
Date du don |_|_| / |_|_| / |_|_|_|_| (jour / mois / année)

Signature obligatoire :

Les dons des particuliers aux Restos du Coeur bénéficient d'une **réduction d'impôts de 75%** jusqu'à 529 euros. Au-delà, et dans la limite de 20% des revenus imposables, la défiscalisation est encore de 66% avec report de l'excédent sur les cinq années suivantes.

Pour toute information complémentaire, contactez le Service Donateurs des Restos du Cœur :
Tél. : 01 53 32 23 27 - relations.donateurs@restosducoeur.org

V0115

Conformément à la loi Informatique et Libertés du 6 janvier 1978, vous pouvez accéder aux informations vous concernant ou les modifier en écrivant à relations.donateurs@restosducoeur.org. Les Restos du Coeur ne pratiquent ni l'achat, ni la vente, ni l'échange de fichiers.

3 Le concert des Enfoirés

Spectacle des Enfoirés, Strasbourg, 2014.

4 Les ressources des Restos (2013)

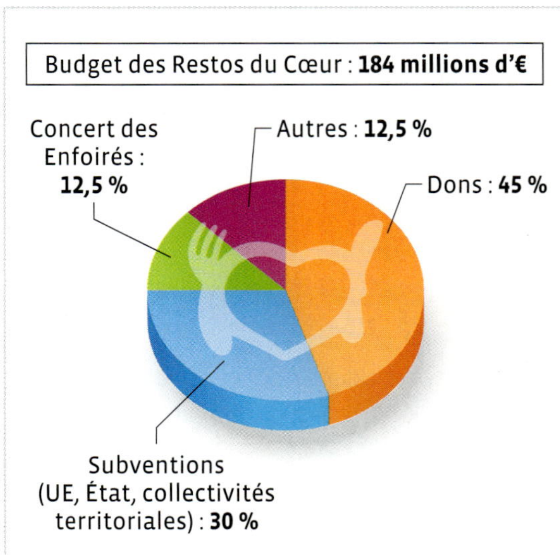

B ... pour lutter contre les inégalités

5 Une aide alimentaire

63,7 % DES DÉPENSES DE L'ASSOCIATION

1,3 million de repas ont été distribués à 1 million de personnes en 2013-2014.

6 De multiples actions d'insertion

22,6 % DES DÉPENSES DE L'ASSOCIATION

a. Accompagnement du retour à l'emploi

Les Restos du Cœur de Vendée ont créé en 2000 aux Essarts un chantier d'insertion par l'informatique où l'on donne une seconde jeunesse à de vieux ordinateurs. Ce chantier accueille 12 personnes en contrat d'insertion sur 6 mois ou 1 an. Il a pour vocation de faciliter le retour à l'emploi en proposant l'acquisition d'un savoir-faire. Cerise sur le gâteau, les ordinateurs reconditionnés sont notamment destinés aux enfants hospitalisés.

RTL, 7 février 2012.

b. Logement et hébergement d'urgence

À Paris, la Péniche du Cœur accueille chaque soir 70 hébergés pour des séjours allant de quelques jours à plusieurs semaines. Une équipe accompagne tous ceux qui veulent s'engager dans un parcours de sortie de leur situation d'exclusion. 170 bénévoles se relaient 7 jours sur 7 pour passer la soirée avec les hébergés en leur offrant un climat de convivialité et d'humanité dont ils ont tant besoin.

Site internet des Restos du Cœur.

c. Un accompagnement culturel

Les bénévoles ont constaté que de nombreux parents n'ont pas le temps d'aider leurs enfants dans leurs devoirs. Ils ont aussi remarqué que de plus en plus de personnes sont dépassées par l'omniprésence de l'informatique dans la vie quotidienne. Pour ces raisons, l'antenne de Château-Gontier a décidé de proposer des services gratuits d'aide à la personne dans ces deux domaines. Plusieurs anciennes institutrices ont à cœur de proposer leur aide en informatique.

Ouest-France, 17 octobre 2014.

Découvrir le sujet

1. Doc 2 à 4. Qui participe aux actions menées par les Restos du Cœur ? Comment ?
2. Doc 5 et 6. À qui viennent en aide les Restos du Cœur ? Comment ?
3. Doc 1. Pourquoi participer aux actions des Restos du Cœur d'après cette bénévole ? Qu'en pensez-vous ?

Parcours 1 Faire le bilan

1. Montrez que les Restos du Cœur sont au service de la solidarité.
2. Créés pour apporter une aide alimentaire, les Restos du Cœur interviennent aujourd'hui dans plusieurs domaines. Pourquoi, à votre avis ?

Parcours 2 Agir et s'engager

Sur le site des Restos du Cœur, www.restosducoeur.org, cherchez les actions menées par les Restos du Cœur dans votre département. Sélectionnez-en une et justifiez votre choix. Expliquez enfin comment vous pourriez y participer.

Geneviève de Gaulle-Anthonioz et son combat contre la misère

Geneviève de Gaulle-Anthonioz (1920-2002)
Militante des droits de l'Homme et de la lutte contre la pauvreté.

→ **Pourquoi Geneviève de Gaulle-Anthonioz a-t-elle consacré sa vie à la lutte contre la misère et la pauvreté ?**

Née en 1920, Geneviève de Gaulle s'engage dans la Résistance pendant la Seconde Guerre mondiale. Dénoncée, elle est déportée en 1944 au camp de concentration de Ravensbrück (Allemagne).
Dans les années 1960, elle s'engage contre la misère en « refusant l'inacceptable » et devient présidente de l'association ATD Quart Monde. Nommée en 1988 au Conseil économique et social, elle se bat pour obtenir de l'État une loi contre les exclusions.
Elle décède en 2002. Ses cendres sont transférées au Panthéon le 27 mai 2015.

1 Le camp des sans-logis de Noisy-le-Grand

Dans les années 1960, Geneviève de Gaulle-Anthonioz rencontre le père Joseph Wresinski, aumônier du « camp des sans-logis » de Noisy-le-Grand où 260 familles en attente de logement vivent sur une ancienne décharge, marécageuse et insalubre.

2 L'engagement auprès des pauvres

Hiver 1960.

Le feu a pris dans les papiers qui calfeutrent les parois disjointes des abris. Deux enfants sont morts. Se dégage une puanteur insurmontable puisqu'il est impossible de se laver, de se sécher. Ici, les familles n'ont que trois points d'eau pour ce grand bidonville, pas de toilettes, pas d'électricité. Je ne peux pas en prendre mon parti. […]

Le père Joseph Wresinski était attentif à ce que disaient les parents : il faudrait trouver un travail pour trouver un logement ; on ne serait pas si souvent malades ; les petits iraient à l'école si on habitait moins loin et que la maman puisse les laver, laver leurs habits et surtout les faire sécher. […] Quand j'avais quitté le chemin boueux pour attendre l'autobus dans une vraie rue, j'avais senti, au fond de moi, que je reviendrais. […] Je viens de comprendre que je serai solidaire de ces familles, jusqu'à ce que l'injustice s'arrête, tant que leur pauvreté les privera de leurs droits.

Geneviève de Gaulle-Anthonioz, *Le Secret de l'espérance*, Fayard, éditions Quart-Monde, 2001.

3 Une vie d'engagement VIDEO

■ Hommage et retour sur la vie de Geneviève de Gaulle-Anthonioz, Journal de 20 heures, France 2, 2002.

Retrouvez le lien vers cette vidéo sur le site www.nathan.fr/emc-college

4 1998 : la loi contre les exclusions

Art. 1er – La lutte contre les exclusions est un impératif national fondé sur le respect de l'égale dignité de tous les êtres humains. […] La présente loi tend à garantir l'accès effectif de tous aux droits fondamentaux dans les domaines de l'emploi, du logement, de la protection de la santé, de la justice, de l'éducation, de la formation, de la protection de la famille et de l'enfance.

5 Aujourd'hui encore, combattre la misère

■ Affiche pour la Journée mondiale du refus de la misère, 2012.

Découvrir l'action de Geneviève de Gaulle-Anthonioz

1. Doc 1 à 3. Qui est G. de Gaulle-Anthonioz ? Auprès de qui s'engage-t-elle ?
2. Doc 1 et 2. Que signifie « refuser l'inacceptable » pour Geneviève de Gaulle-Anthonioz ?
3. Doc 3 à 5. Quels sont les résultats de son combat contre la misère ?
4. Doc 1 à 5. Pourquoi le combat contre la misère est-il un combat contre l'injustice ?

Faire le lien avec la Déclaration universelle des droits de l'Homme (1948)

À partir des informations relevées dans les documents, je montre que le combat mené par Geneviève de Gaulle-Anthonioz contre la misère s'inscrit dans les principes de l'article 1er de la Déclaration universelle des droits de l'Homme (1948).

« Tous les êtres humains naissent libres et égaux en dignité et en droits. […] »	« […] Ils doivent agir les uns envers les autres dans un esprit de fraternité. »
• La situation à Noisy-le-Grand (doc 1 et 2) correspond-elle à l'énoncé ci-dessus ? Pourquoi ?	• Qu'est-ce que la fraternité ? • Qui agit dans un esprit de fraternité ? De quelle manière ? ....

Pour aller + loin

Le combat contre la pauvreté, ailleurs dans le monde

Je réalise la biographie de Muhammad Yunus, « le banquier des pauvres », prix Nobel de la paix en 2006.

Journée mondiale du refus de la misère : 17 octobre

La Journée mondiale du refus de la misère est née de l'initiative du père Joseph Wresinski qui a réussi à réunir, le 17 octobre 1987, 100 000 personnes sur les lieux où a été signée la Déclaration universelle des droits de l'Homme. Cette journée est officiellement reconnue par les Nations unies depuis 1992.

A Que signifie cette journée ?

1 L'origine de cette journée

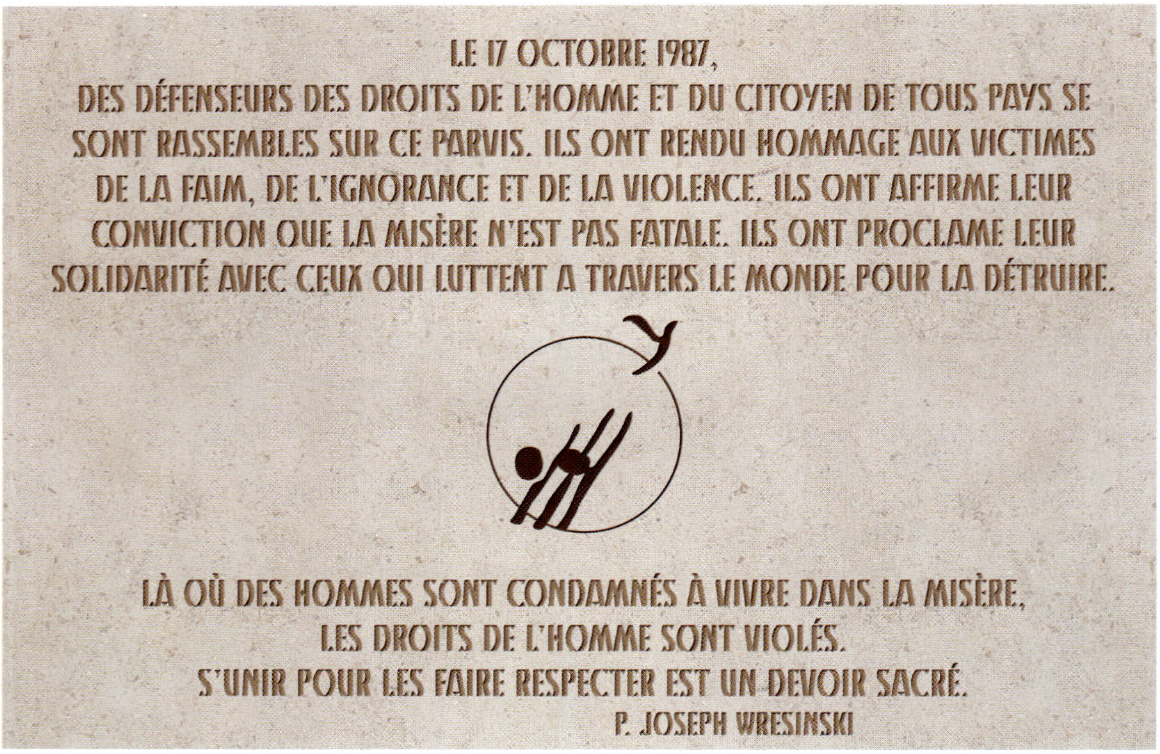

Dalle scellée le 17 octobre 1987 sur le Parvis des Libertés et des Droits de l'Homme, Trocadéro, Paris.

2 Faire entendre la voix des pauvres

Des personnes de toutes origines et de toutes croyances se rassemblent chaque année le 17 octobre pour réaffirmer leur engagement et manifester leur solidarité avec les pauvres. Des répliques de la stèle commémorative ont été dévoilées partout dans le monde et servent de lieu de rassemblement pour célébrer cette journée.

Le 17 octobre n'est pas seulement l'occasion d'honorer les efforts et la lutte des populations vivant dans la pauvreté, mais offre une chance à ces populations de faire entendre leur voix et de faire reconnaître que les pauvres sont les premiers à lutter contre la pauvreté. La participation des pauvres eux-mêmes est au centre de la célébration de cette journée depuis qu'elle a été instituée.

■ Site des Nations unies, www.un.org/fr.

3 Qu'est-ce que la misère ?

a. La misère dans le monde

1 personne sur 7 souffre de la faim.
1 personne sur 3 n'a pas accès aux médicaments essentiels.
1 personne sur 7 vit dans un bidonville.
100 millions d'enfants ne sont pas scolarisés dans le primaire.

■ Nations unies, chiffres de 2011.

b. Une violation des droits de l'Homme

La misère est la violation la plus flagrante et la plus totale des droits humains, car elle atteint l'homme non pas dans un droit particulier mais dans la totalité de ses droits. Pour celui qui demeure analphabète, privé d'instruction mais aussi d'information, de moyens de communication et d'organisation communautaire et collective, la liberté politique dans le monde moderne demeure lettre morte.

■ Joseph Wresinski (1917-1988), « La plus flagrante des violations des droits de l'homme », *Revue Quart Monde*, n° 186, 2003.

B Comment agir lors de cette journée ?

4 L'organisation de cette journée

17 OCTOBRE : JOURNÉE MONDIALE DU REFUS DE LA MISÈRE

La Journée mondiale du refus de la misère poursuit trois objectifs :

– donner la parole aux plus démunis sur les conditions indignes qu'ils vivent, leurs résistances quotidiennes et leurs aspirations ;

– mobiliser citoyens et responsables publics : en France en particulier, elle invite à comprendre comment chacun peut agir ;

– constituer un point d'appui pour une lutte de fond contre la misère toute l'année : ATD Quart Monde souhaite que les initiatives se multiplient de toutes parts à l'initiative d'associations, d'élus, de citoyens.

■ Site du ministère de l'Éducation nationale, octobre 2014.

5 Le 17 octobre 2014 à Manille (Philippines)

Des participants à cette journée organisée par ATD Quart Monde ont écrit des messages de soutien à ceux qui endurent la pauvreté à travers le monde.

6 La création d'un lieu d'accueil

Groupe de parole à l'Espace culturel de la Fondation Abbé-Pierre de Metz. Cet espace a été inauguré le 17 octobre 2012.

Je comprends

1. Doc 1 et 2. Où cette journée du 17 octobre est-elle née ? Qui en est à l'origine ? Où est-elle célébrée ?
2. Doc 1 et 2. Quelles valeurs inscrites sur la dalle illustrent l'engagement contre la misère ?
3. Doc 2, 4, 5 et 6. Que se passe-t-il lors de cette journée ? Dans quel but ?
4. Doc 3. Pourquoi cette journée est-elle nécessaire ?

J'agis

5. Dans quel lieu proche de votre collège est célébrée cette journée ? Quel est le programme de cette journée ? Qui y participe ?
6. Que pouvez-vous faire pour participer à cette journée ?
7. Quelles propositions d'actions feriez-vous pour sensibiliser les élèves de votre collège à la nécessité de combattre la pauvreté en France ?

Je découvre

COMPÉTENCES
- Comprendre ce qu'est la valeur de solidarité.
- Penser par soi-même et avec les autres.

Qui finance mon éducation au collège ?

A Au collège, qui finance quoi ?

1 Pour que le collège fonctionne

a. Construction d'un nouveau collège à Ivry-sur-Seine (Val-de-Marne), 2015.

b. Collège de Saint-Martin-en-Haut (Rhône), 2013.

c. Restauration dans un collège à Brest (Finistère), 2014.

2 Le financement des collèges

Le département 21 %

- Il a la **charge des collèges**. Il en finance la construction, les réparations, l'équipement et le fonctionnement (électricité, eau, matériel informatique…).
- Il peut **accorder des aides aux familles** pour le paiement de la demi-pension.
- Il est aussi l'**employeur des agents de service** (par exemple, le personnel du restaurant scolaire).

L'État 73 %

- Il **verse les salaires** des professeurs, du personnel d'administration et d'intendance, du personnel d'éducation et de surveillance.
- Il **finance les manuels scolaires** et les actions du projet d'établissement.
- Il **accorde des bourses aux familles**, en fonction de leurs revenus.

Les parents d'élèves

- Ils paient les **fournitures scolaires** et **une partie des repas** de leurs enfants.

D'après le ministère de l'Éducation nationale.

3 Les dépenses de l'État

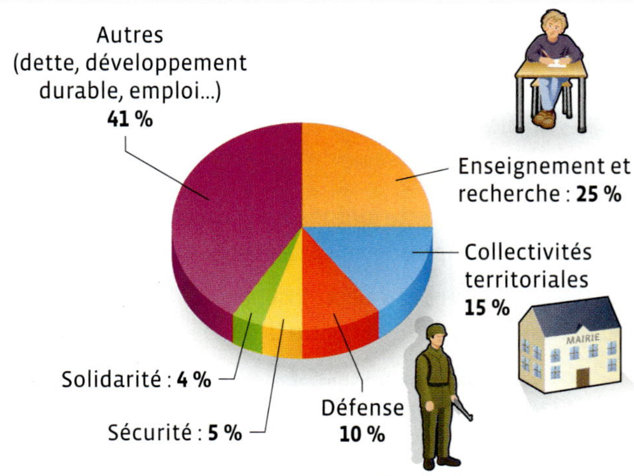

www.finances.gouv.fr, 2015.

B Pour financer l'éducation : la contribution de tous

4 Ce que dit la loi

Art. 13 – Pour l'entretien de la force publique, et pour les dépenses d'administration, une contribution commune[1] est indispensable : elle doit être répartie entre tous les citoyens, en raison de leurs facultés[2].

Déclaration des droits de l'Homme et du citoyen, 1789.

1. Impôt.
2. Moyens financiers.

5 L'impôt sur le revenu, un impôt équitable

Revenus annuels 30 000 €	**Revenus annuels** 30 000 €	**Revenus annuels** 30 000 €
Impôt sur le revenu 3 361 €	**Impôt sur le revenu** 0 €	**Impôt sur le revenu** 1 437 €

6 Payer l'impôt pour financer les dépenses communes

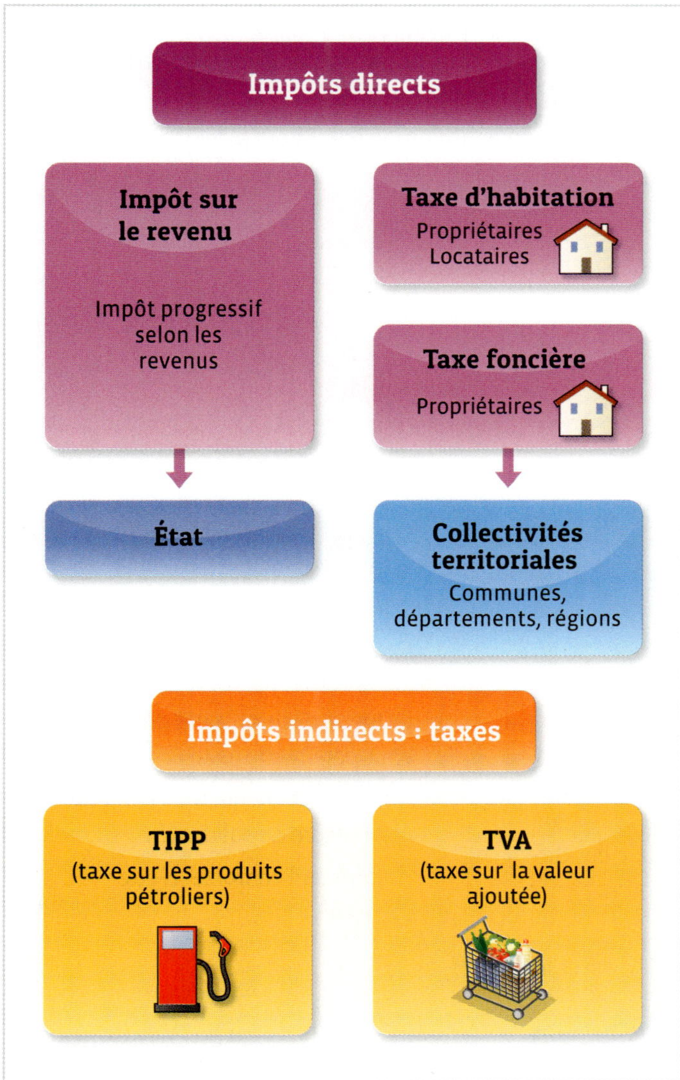

Découvrir le sujet

1. **Doc 1 et 2.** Retrouvez qui finance chacun des éléments présents sur les photographies.
2. **Doc 1 à 3.** Qui paie la plus grande partie des dépenses d'éducation ? Comment ? Trouvez-vous cela juste ?
3. **Doc 2 à 6.** Quelles informations permettent d'affirmer que le financement de l'éducation est un acte de solidarité ?

Parcours 1 Faire le bilan

J'explique comment la solidarité dans le financement du collège renforce l'égalité entre les collégiens.

Parcours 2 Enquêter et agir

1. À partir des documents du manuel et des informations en ligne sur le site internet du conseil départemental de mon département :
   a. je recherche quelle part du budget est dépensée pour les collèges du département ;
   b. je relève quelques actions menées par mon département en faveur des collégiens.
2. Laquelle de ces actions pourrions-nous mettre en place dans notre collège ?

Vérifier ses connaissances

1 J'associe chacun de ces mots à la phrase qui lui correspond.

- a Département
- b Solidarité
- c Fraternité
- d Impôts
- e Association humanitaire
- f Bénévole

- 1 Agir au service des autres, sans rémunération.
- 2 Contribution obligatoire pour financer les dépenses communes.
- 3 Principal responsable de l'action sociale.
- 4 Action d'entraide pour réduire les inégalités.
- 5 Sentiment d'être unis par des valeurs partagées.
- 6 Regroupement de personnes pour aider les autres, ensemble.

2 J'indique la ou les bonne(s) réponse(s).

1. La solidarité, c'est :
- a manquer de respect.
- b aider ses camarades à faire leurs devoirs.
- c refuser l'exclusion.

2. Le rôle du département est de :
- a voter des lois.
- b financer l'action sociale.
- c accorder des aides pour les collégiens des familles démunies.

3. La fraternité, c'est :
- a s'amuser en famille.
- b partager avec les autres les valeurs de la République.
- c penser d'abord à soi.

4. Une association humanitaire regroupe :
- a des personnes de même origine.
- b des personnes qui partagent un idéal d'égalité et de justice.
- c des personnes qui agissent pour aider les démunis.

Évaluer ses connaissances et ses compétences

★ 3 Donner à tous l'accès à l'eau

→ *J'explique les différentes dimensions de l'égalité.*

Le tarif de l'eau va connaître une forte augmentation dans certaines communes dont une partie de la population est fragilisée par la crise économique actuelle.

Saint-Brieuc agglomération définira donc annuellement un budget d'environ 30 000 € pour financer des chèques eau. Ces chèques seront ensuite répartis entre les centres communaux d'action sociale des différentes communes, afin qu'ils puissent permettre de régler une partie de la facture des abonnés en difficulté.

■ D'après une délibération du conseil d'agglomération de Saint-Brieuc (Côtes-d'Armor), 18 décembre 2014.

Questions

1. Quelle décision a été prise ? Vous paraît-elle juste ?
2. En quoi cette décision est-elle une mesure de solidarité ?
3. Comment renforce-t-elle l'égalité ?

★★ 4 Une histoire de solidarité

➜ *Je fais preuve de jugement moral.*

Il faut s'entr'aider, c'est la loi de Nature. […]
[L'Âne] allait par pays, accompagné du Chien […]
Tous deux suivis d'un commun maître.
Ce maître s'endormit : l'Âne se mit à paître. […]
Le Chien, mourant de faim,
Lui dit : « Cher compagnon, baisse-toi je te prie
Je prendrai mon dîner dans le panier au pain. »
[L'Âne] […] répondit : « Ami, je te conseille
D'attendre que ton maître ait fini son sommeil ;
Il te donnera sans faute, à son réveil,
Ta portion accoutumée. » […]
Sur ces entrefaites, un Loup
Sort du bois et s'en vient : autre bête affamée.
L'Âne appelle aussitôt le Chien à son secours.
Le Chien ne bouge pas et dit : « Je te conseille
De fuir, en attendant que ton maître s'éveille ;
Que si ce Loup t'atteint, casse-lui la mâchoire,
On t'a ferré de neuf ; et si tu veux me croire,
Tu l'étendras tout plat. » Pendant ce beau discours,
Seigneur Loup étrangla le Baudet sans remède.
J'en conclus qu'il faut qu'on s'entr'aide.

■ Jean de La Fontaine, *Fables* (extrait), 1678.

■ Lithographie, vers 1900.

Questions

1. Cette fable raconte-t-elle une histoire de solidarité ?

2. Quelle est l'attitude du chien ? Quelle est l'attitude du loup ? Quelles en sont les conséquences ?

3. Mettez-vous à la place de l'âne et à la place du chien. Transformez la fable en proposant pour chacun d'eux une attitude de solidarité. Quelles en seraient alors les conséquences ?

4. Justifiez le point de vue de La Fontaine « il faut qu'on s'entr'aide » avec vos arguments personnels.

★ 5 La Sécurité sociale, une organisation solidaire

➜ *Je fais le lien entre la solidarité et l'intérêt général.*

1 Que finance la Sécurité sociale ?

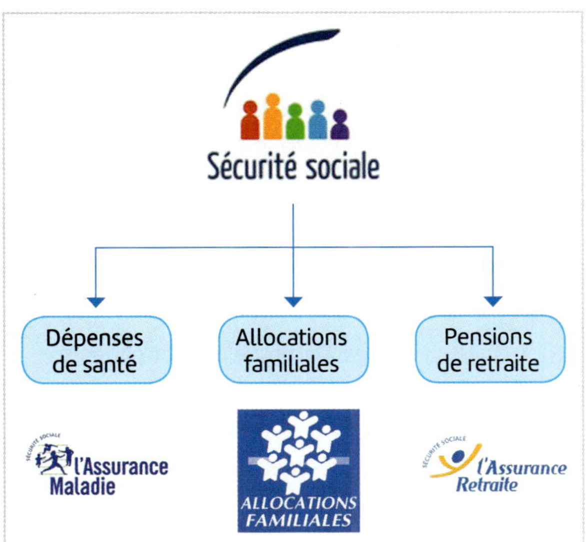

2 Ce que dit la loi

La Nation assure à l'individu et à la famille les conditions nécessaires à leur développement. Elle garantit à tous, notamment à l'enfant, à la mère et aux vieux travailleurs, la protection de la santé, la sécurité matérielle […].

■ Préambule de la Constitution de 1946.

Questions

1. Doc 1. Quelles sont les trois fonctions de la Sécurité sociale ? Qui est concerné par chacune d'elles ?

2. Doc 2. Qui garantit le fonctionnement de la Sécurité sociale ? Pourquoi ?

3. Doc 1 et 2. Donnez des arguments qui expliquent en quoi la Sécurité sociale est une organisation solidaire.

★★★ 6 Comment lutter contre la pauvreté ?

➜ *Je sais me mettre à la place des autres.*
➜ *Je fais preuve de jugement moral.*

Campagne d'ATD Quart Monde contre la pauvreté, 2014.

VOCABULAIRE

RSA
Revenu de solidarité active qui garantit un revenu minimum aux personnes sans ressources ou un soutien financier à des travailleurs pauvres.
Le RSA s'appelle désormais « prime d'activité ».

SMIC
Salaire minimum.

Questions

1. Quelle association humanitaire est à l'origine de ce document ? Quel est le but de sa campagne ?

2. D'après ce document, à quelles aides peuvent prétendre les personnes en difficulté ?

3. Est-ce « qu'avec le RSA, on s'en sort mieux qu'au SMIC » ?

4. Pourquoi est-il important de lutter autant contre la pauvreté que contre les préjugés sur les pauvres ?

5. Au nom de quelles valeurs les préjugés contre les personnes pauvres doivent-ils être combattus ?

★★ 7 Le don de jour de repos

➜ *Je comprends le sens de l'engagement solidaire.*

1 L'histoire de Mathys

En 2008, Christophe et Lydie Germain apprennent que leur fils Mathys est atteint d'un cancer du foie. Christophe Germain se met aussitôt en arrêt de travail pour accompagner Mathys dans son traitement particulièrement lourd. Mais trois mois plus tard, il est convoqué par la Sécurité sociale qui le somme de reprendre le travail sous peine de perdre ses droits à l'indemnisation.

Lorsque ses collègues de l'entreprise Badoit de Saint-Galmier (Loire) le voient revenir désemparé, ils se cotisent tous pour lui offrir 170 jours de repos et lui permettre d'entourer son fils dans les derniers mois de sa vie. Face à cet élan de solidarité, la direction de l'entreprise valide ce transfert de jours de repos entre collègues. Mais aucune loi n'encadre cette pratique. [Après le décès de leur fils], le couple Germain contacte alors le député de la Loire, Paul Salen, qui dépose en 2011 une proposition de loi pour légaliser ce type de dons.

D'après *Le Figaro*, 30 avril 2014.

2 Ce que dit la loi

La loi Mathys du 9 mai 2014 autorise un salarié à « renoncer anonymement et sans contrepartie à […] ses jours de repos non pris, […] au bénéfice d'un autre salarié de l'entreprise ayant la charge d'un enfant âgé de moins de 20 ans atteint d'une maladie, d'un handicap ou victime d'un accident. »

Art. L1225-65-1 du Code du travail.

Questions

1. Doc 1. Quelle est l'attitude des collègues du père de Mathys ? Qu'en pensez-vous ?

2. Doc 1 et 2. Comment l'État a-t-il reconnu et encouragé cette attitude solidaire ?

3. Selon vous, pourquoi l'engagement solidaire permet-il de bien vivre ensemble ?

L'essentiel

La solidarité, contre les inégalités

- Agir pour réduire les inégalités sociales, c'est faire preuve de **solidarité**. C'est appliquer l'un des principes inscrits dans la devise de la République, la **fraternité**. Être solidaire, c'est refuser de laisser les autres dans la difficulté, car nous sommes tous égaux, et chacun doit être reconnu dans sa **dignité**.

- La solidarité est donc nécessaire. Elle signifie **respecter les autres**. Elle peut se manifester par des gestes quotidiens, au collège, dans la famille, dans la rue... Elle est une **attitude responsable**.

La solidarité, affaire de tous

- **L'État** garantit à tous des **droits sociaux** (droit à l'éducation, à la santé, aides aux personnes sans ressources...), qu'il finance en partie par **l'impôt** sur le revenu, auquel chacun contribue selon ses moyens. Pour la protection de tous, il a créé la **Sécurité sociale**, dont les ressources proviennent essentiellement des **cotisations** versées par les personnes exerçant un emploi et leurs employeurs. Le **département** est le principal responsable de l'**action sociale** (aides aux handicapés, aux personnes âgées, pour le retour à l'emploi...).

- La **solidarité** peut prendre la forme d'une action durable dans des **associations humanitaires** (ATD Quart Monde, les Restos du Cœur...) qui se mobilisent contre l'**exclusion**. Elles agissent dans de nombreux domaines (distribution de repas, actions contre l'illettrisme, accès au logement...). Chacun peut soutenir une association en faisant un **don** ou en s'investissant comme **bénévole**.

LES MOTS IMPORTANTS

- **Association humanitaire**
Regroupement de personnes voulant agir ensemble pour aider les autres.
- **Bénévole**
Personne qui exerce volontairement une activité sans être rémunérée.
- **Exclusion**
Rejet de personnes hors de la société.
- **Solidarité**
Entraide entre les personnes, ayant pour objectifs le respect de l'autre et la réduction des inégalités entre les êtres humains.

Les valeurs de la République

Fraternité

Elle est un idéal, une valeur de l'humanité tout entière, comme en témoigne l'**article 1er de la Déclaration universelle des droits de l'Homme** (1948) : « Tous les êtres humains naissent libres et égaux en dignité et en droits. Ils sont doués de raison et de conscience et doivent agir les uns envers les autres dans un esprit de fraternité. »
La fraternité peut conduire à des actes de solidarité, mais elle se distingue de la solidarité par sa **dimension affective, universelle**.

POUR ALLER PLUS LOIN

Revue et livres

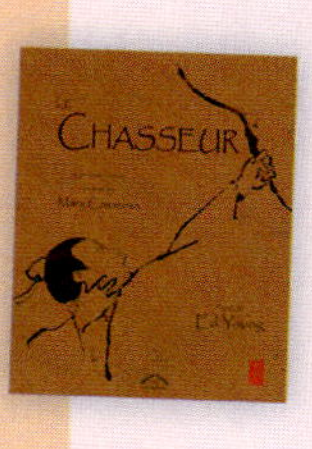

***Le Chasseur*, Mary Casanova, Ed Young, Circonflexe, 2000.**
Adaptation d'un conte traditionnel chinois dans lequel le héros Hai Li Bu doit faire face à un terrible dilemme : sauver son village de la famine ou trahir sa promesse et être changé en pierre.

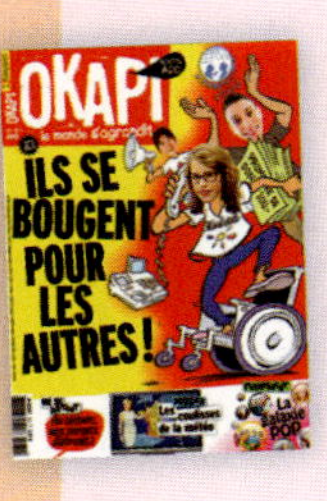

« Quand les ados s'engagent ! », *Okapi*, n° 970, décembre 2013.
Enquête sur l'engagement de 10 adolescents dans des associations.

***Aider les autres : quoi faire*, Anne-Marie Thomazeau, La Martinière Jeunesse, 2008.**
Un guide pour s'y retrouver dans les multiples possibilités d'action.

Site

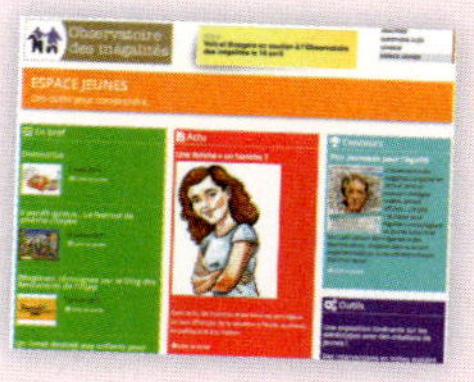

http://www.inegalites.fr/
Visitez l'Espace Jeunes de l'Observatoire des inégalités, vous y trouverez un ensemble d'informations sur les inégalités, les discriminations et les politiques contre les inégalités, ainsi que des propositions d'initiatives pour agir.

Film

***Deux jours, une nuit*, Jean-Pierre et Luc Dardenne, 2014.**
Sandra n'a qu'un week-end pour aller voir ses collègues et les convaincre de renoncer à leur prime pour qu'elle puisse garder son travail.

6 Le droit et la justice, au service de tous

→ *Quel est le rôle du droit et de la justice dans le règlement des conflits ?*

■ Brochure de la maison de la justice et du droit de Noyon (Oise), 2010.

1 La maison de la justice et du droit

Ses missions : informations juridiques par des professionnels du droit (avocats, juristes) ; aide aux victimes ; solutions à l'amiable pour de petits litiges ; protection judiciaire de la jeunesse.

VIDEO

Retrouvez le lien vers cette vidéo sur le site www.nathan.fr/emc-college-eleve.

? À qui s'adresse la maison de la justice et du droit ?

La loi est l'expression de la volonté générale. [...] Elle doit être la même pour tous, soit qu'elle protège, soit qu'elle punisse.

Art. 6 de la Déclaration des droits de l'Homme et du citoyen, 1789.

2 Un procès en cours d'assises

La cour d'assises juge les crimes. Des jurés siègent avec les magistrats.

Dessin de Noëlle Herrenschmidt.

? À l'aide de la vidéo, essayez de repérer sur le dessin l'accusé, le juge, le jury, l'avocat de la défense et l'avocat général.

VIDEO

Retrouvez le lien vers cette vidéo sur le site www.nathan.fr/emc-college-eleve.

Exprimez-vous !

1. Qu'est-ce que le droit ? Pourquoi est-il nécessaire dans notre vie ?
2. Qu'est-ce que la justice ? Pourquoi est-elle une nécessité ?

Je découvre

COMPÉTENCES
- Comprendre les raisons de l'obéissance aux règles et à la loi.
- Être capable de réfléchir afin d'exprimer ses jugements.

Le droit, pourquoi ?

A Un monde sans droit

1 Le Loup et l'Agneau

La raison du plus fort est toujours la meilleure :
Nous l'allons montrer tout à l'heure.

Un Agneau se désaltérait
Dans le courant d'une onde pure.
Un Loup survient à jeun qui cherchait aventure,
Et que la faim en ces lieux attirait.
« Qui te rend si hardi de troubler mon breuvage ?
Dit cet animal plein de rage :
Tu seras châtié de ta témérité.
– Sire, répond l'Agneau, que votre Majesté
Ne se mette pas en colère ;
Mais plutôt qu'elle considère
Que je me vas désaltérant
Dans le courant,
Plus de vingt pas au-dessous d'Elle ;
Et que par conséquent, en aucune façon,
Je ne puis troubler sa boisson.
– Tu la troubles, reprit cette bête cruelle,
Et je sais que de moi tu médis l'an passé.
– Comment l'aurais-je fait si je n'étais pas né ?
Reprit l'Agneau, je tette encor ma mère.
– Si ce n'est toi, c'est donc ton frère.
– Je n'en ai point. – C'est donc quelqu'un des tiens ;
Car vous ne m'épargnez guère,
Vous, vos bergers et vos chiens.
On me l'a dit : il faut que je me venge. »
Là-dessus, au fond des forêts
Le loup l'emporte et puis le mange,
Sans autre forme de procès.

Jean de La Fontaine, *Fables*, Livre 1, fable 10, 1668.

Illustration de Marc Chagall, 1926-1927.

2 Aujourd'hui, que serait un monde sans droit ?

Si les droits de chacun par rapport aux autres ne sont pas déterminés, c'est le chaos, le chacun pour soi, la guerre entre nous… donc, la mort de toute communauté. Par exemple, si la circulation des automobiles n'était pas imposée à droite de la chaussée, si une priorité aux croisements n'était pas fixée, si les conditions de stationnement n'étaient pas déterminées, la circulation ne serait pas possible. Si le football pouvait se jouer sans règles et sans arbitre, marquer un but n'aurait aucun sens. Si la loi ne précisait pas que ta maison ou que ce qui t'appartient t'est réservé, tout le monde pourrait venir y habiter ou prendre tes affaires sans te demander ton avis.

http://www.initiadroit.com/le-droit.php

B Le droit pour vivre ensemble

3 Le droit au quotidien

Art. R. 412-28 du Code de la route
Le fait, pour tout conducteur, de circuler en sens interdit est puni de l'amende prévue pour les contraventions de la quatrième classe (750 €).

Art. 312.2 du Code pénal
L'extorsion est punie de 10 ans d'emprisonnement et de 150 000 € d'amende.

Art. 11 de la Déclaration des droits de l'Homme et du citoyen (1789)
Tout citoyen peut parler, écrire, imprimer librement, sauf à répondre de l'abus de cette liberté dans les cas déterminés par la loi.

Art. 213 du Code civil
Les époux assurent ensemble la direction morale et matérielle de la famille. Ils pourvoient à l'éducation des enfants et préparent leur avenir.

4 Paroles de jeunes

Le droit, on en a besoin pour que la vie ait des limites.

Le droit nous apprend à nous respecter les uns les autres.

On ne savait pas que le droit est applicable à la vie de tous les jours.

www.initiadroit.com/le-droit.php

5 J'ai le droit !

Cette expression signifie : « j'applique la loi qui crée les droits de chacun ». La loi pose aussi une limite aux droits de chacun, celle de respecter les droits des autres. Sans cette obligation commune, les droits des uns et des autres n'existeraient plus. Notre liberté a pour limite le respect des droits des autres. La loi prévoit des sanctions contre ceux qui ne respectent pas cette loi fondamentale.

www.initiadroit.com/le-droit.php

Découvrir le sujet

1. Doc 1. Je relève les traits de caractère et le comportement des deux personnages de la fable. De quelle manière le conflit est-il résolu ?

2. Doc 1 et 2. J'explique la morale de la fable. Que signifierait aujourd'hui une société où régnerait la loi du plus fort ?

3. Et pour moi, c'est quoi le droit ?

4. Doc 3 et 4. « Avoir le droit », est-ce avoir tous les droits ?

Parcours 1 Faire le bilan

1. Pourquoi la loi du plus fort n'est-elle pas acceptable ?

2. Pourquoi peut-on affirmer que le droit est présent à tout moment dans notre société et qu'il permet de vivre ensemble ?

Parcours 2 Organiser un débat sur la nécessité du droit

Avec l'aide de votre professeur, vous organisez un débat dans votre classe sur la nécessité du règlement intérieur du collège. Partez d'une scène que vous aurez imaginée et lancez le débat : « Pourquoi un règlement intérieur au collège ? »

En équipe !

COMPÉTENCES
- Comprendre les grands principes de la justice en France.
- Exprimer des sentiments moraux.

La justice, pourquoi ?

Votre mission

À partir des documents proposés, vous allez devoir vous interroger sur différentes façons de rendre la justice pour comprendre de quelle manière et selon quels principes la justice est rendue aujourd'hui en France.

Équipe 1 Le duel : rendre sa propre justice

Vous allez présenter à vos camarades la situation qui a provoqué le duel, le dilemme devant lequel se retrouve Don Rodrigue et les conséquences du duel. Vous présenterez les différents points de vue de votre équipe sur cette forme de justice.

1 La cause du duel

Rodrigue, fils de Don Diègue, et Chimène, fille de Don Gomès, sont amoureux. Mais Don Gomès et Don Diègue sont rivaux, car le roi vient de charger Don Diègue de l'éducation de son fils.

Acte I, scène 3

LE COMTE *[DON GOMÈS]*
Enfin vous l'emportez, et la faveur du Roi
Vous élève en un rang qui n'était dû qu'à moi :
[…]
Ce que je méritais, vous l'avez emporté[1].
[…]
DON DIÈGUE
Qui n'a pu l'obtenir ne le méritait pas.
LE COMTE *[DON GOMÈS]*
Ne le méritait pas ! moi ?
DON DIÈGUE
Vous.
LE COMTE *[DON GOMÈS]*
Ton impudence,
Téméraire vieillard, aura sa récompense.
(Il lui donne un soufflet[2].)
DON DIÈGUE, *mettant l'épée à la main.*
Achève, et prends ma vie après un tel affront,
Le premier dont ma race ait vu rougir son front.

Corneille, *Le Cid*, 1637.

1. Don Diègue a obtenu la charge de l'éducation du prince.
2. Gifle.
3. J'ai des devoirs envers ma bien-aimée.

2 Le duel

Don Diègue a demandé à son fils Rodrigue de le remplacer dans le duel avec Don Gomès, le père de Chimène.

Acte I, scène 5

DON DIÈGUE
Enfin tu sais l'affront, et tu tiens la vengeance :
Je ne te dis plus rien. Venge-moi, venge-toi ;
[…]

Acte I, scène 6

DON RODRIGUE
[…]
Il vaut mieux courir au trépas.
Je dois à ma maîtresse[3] aussi bien qu'à mon père :
J'attire en me vengeant sa haine et sa colère ;
J'attire ses mépris en ne me vengeant pas.
[…]
Allons, mon bras, sauvons du moins l'honneur,
Puisqu'après tout il faut perdre Chimène. […]
Courons à la vengeance ;
Et tout honteux d'avoir tant balancé,
Ne soyons plus en peine,
Puisqu'aujourd'hui mon père est l'offensé,
Si l'offenseur est père de Chimène.

Lors du duel, Rodrigue tue Don Gomès.

Corneille, *Le Cid*, 1637.

Équipe 2 Un juge tout-puissant

Présentez à vos camarades la scène de justice décrite ici et expliquez comment Azdak procède pour juger l'affaire ainsi que la décision qu'il prend. Vous présenterez les différents points de vue de votre équipe sur cette forme de justice.

Mise en scène de Fabian Chappuis au Théâtre 13 Seine, Paris, 17 janvier-3 mars 2013.

3 L'épreuve du cercle de craie

Groucha, jeune paysanne, se sacrifie pour sauver l'enfant d'un gouverneur assassiné dont la mère s'est enfuie. Elle s'attache à lui. Quand tout danger est écarté, la mère revient et demande à la justice de lui rendre son enfant.

AZDAK : […] En tant que juge, j'ai le devoir de choisir une mère pour l'enfant. Je vais organiser une épreuve. Chauva, prends un morceau de craie. Trace un cercle sur le sol. Place l'enfant à l'intérieur. Plaignante et accusée, placez-vous à côté du cercle toutes les deux ! Prenez l'enfant par la main, la vraie mère aura la force d'attirer l'enfant hors du cercle. […] Tirez ! […]

(La femme du gouverneur tire l'enfant jusqu'à elle, hors du cercle. Groucha l'a lâché et reste pétrifiée.)

AZDAK, *à Groucha* : Qu'est-ce qui te prend ? Tu n'as pas tiré.

GROUCHA : Je ne le tenais pas bien. (*Elle court vers Azdak*). Votre Grâce, si seulement je pouvais le garder jusqu'à ce qu'il connaisse tous ses mots. Il n'en connaît que quelques-uns.

AZDAK : N'influence pas la cour ! Je parie que toi-même tu n'en connais que vingt. Bon, j'organise l'épreuve encore une fois, pour trancher définitivement.

(*Les deux femmes se mettent en place encore une fois*). Tirez !

GROUCHA, *désespérée* : Je l'ai élevé ! Est-ce que je dois le déchirer ? Je ne le peux pas.

AZDAK *se lève* : Et ainsi la cour a constaté qui était la vraie mère. (*À Groucha*). Prends ton enfant et emmène-le loin d'ici.

Extrait de la pièce de théâtre de Bertolt Brecht, *Le Cercle de craie caucasien*, 1945, trad. Georges Proser, L'Arche, 1978.

Équipe 3 Au tribunal correctionnel, aujourd'hui

Présentez à vos camarades les raisons du conflit évoqué ici. Expliquez par qui et comment ce conflit a été réglé. Vous présenterez les différents points de vue de votre équipe sur cette forme de justice.

4 Un procès au tribunal correctionnel de Rennes

Ce jour-là, peu avant 18 heures, [un] supporter veut aller aux toilettes. Le stadier refuse : « À la 85e minute, on est en plein dispositif de fin de match, il va falloir attendre cinq minutes. » Le supporter s'emporte de ce refus et gifle violemment le stadier. […]

L'homme de 23 ans s'expliquait, jeudi à Rennes, en audience correctionnelle : « Je regrette. Je connais cet agent, je suis les matchs au stade depuis sept ans. J'avais bu de la vodka ». […]

Le prévenu a été condamné à deux mois de prison avec sursis. Il doit 150 € au stadier.

Ouest-France, 7 mars 2015.

Un tribunal correctionnel (Montpellier, 2015).

Mise en commun

- Chaque groupe présente son travail au reste de la classe. Pendant la présentation de vos camarades, prenez des notes. Si besoin, préparez des questions que vous leur poserez après la présentation.
- À partir des présentations orales de chaque équipe, rédigez un bilan qui mette en évidence les avantages et les moyens d'une justice équitable et impartiale face à une justice privée ou dépendant de la volonté d'un seul individu.

Les symboles de la justice

→ ***Comment les grands principes de la justice apparaissent-ils dans les statues et les bâtiments qui la représentent ?***

Depuis 1789, l'État a instauré une seule justice. Elle repose sur les principes d'équité et d'impartialité. Au service de tous, elle doit donner à voir, au cœur de la ville et dans les lieux où elle est rendue, l'image de ces grands principes pour que tous les reconnaissent. Statues et palais de justice reflètent à travers le temps ses principes et la mission de la justice.

1 Thémis, déesse grecque de la justice et de l'équité

Statue en bronze, fin du XIXe siècle.

2 Les symboles de la justice

VIDEO

Justirama, ministère de la Justice.

Retrouvez le lien vers cette vidéo sur le site www.nathan.fr/emc-college.

MÉMO'ART

Valeurs

- Statues imposantes par leurs dimensions ou figurines, différentes par leur style artistique, ces représentations de la justice sont porteuses des mêmes symboles depuis la Révolution française.

Sens

- **Le regard :** porté au loin, il est signe de neutralité et d'impartialité. Certaines statues portent un bandeau sur les yeux pour symboliser ces principes.
- **La balance :** jugement équitable.
- **Le glaive :** pour trancher les conflits.
- **Le genou dénudé :** signe de bienveillance.

Usage

- Cette représentation de la justice, visible sur les places publiques, dans les tribunaux... montre aux justiciables selon quels principes la justice est rendue dans la République française.

3 L'architecture au service d'une idée de la justice

a. Le palais de justice de Marseille, fin du XIXe siècle.

b. La salle des pas perdus du palais de justice de Toulouse, rénové entre 1992 et 2008.

VIDEO

c. Le palais de justice de Toulouse : à la croisée du neuf et de l'ancien.

Retrouvez le lien vers cette vidéo sur le site www.nathan.fr/emc-college.

MÉMO'ART

Forme et sens

- Les palais de justice sont construits pour refléter l'exercice de la justice.
- Le **modèle des temples antiques** a longtemps été choisi pour refléter l'image d'un pouvoir inébranlable et solennel.
- Aujourd'hui, les palais de justice nouveaux ou rénovés, privilégient, par des matériaux comme le verre, la transparence et l'image d'une justice accessible.

Questions

Je présente les œuvres et j'exprime ce que je ressens

1. Doc 1 et 2. Dans quels lieux trouve-t-on ces représentations de la justice ? Pourquoi, selon vous ?

2. Doc 3. Je décris les deux palais et je montre comment l'image de la justice évolue avec son temps.

Je décris les œuvres

3. Doc 1 à 3. Quels principes de la justice illustrent ces différents symboles ?

Je fais le lien entre art et engagement

4. À partir de la vidéo 3c sur le palais de justice de Toulouse, je relève les choix de l'architecte et je les explique.

Pour @ller + loin

Découvrez le travail mené par les élèves du lycée d'excellence de Douai, www.ihej.org/a-travers-lart-la-justice-vue-par-des-lyceens-du-xxie-siecle, et réalisez à votre tour une allégorie de la justice selon votre imagination.

COMPÉTENCES
- Comprendre le fonctionnement de la justice.
- Comprendre les principes de la justice.

L'organisation de la justice en France

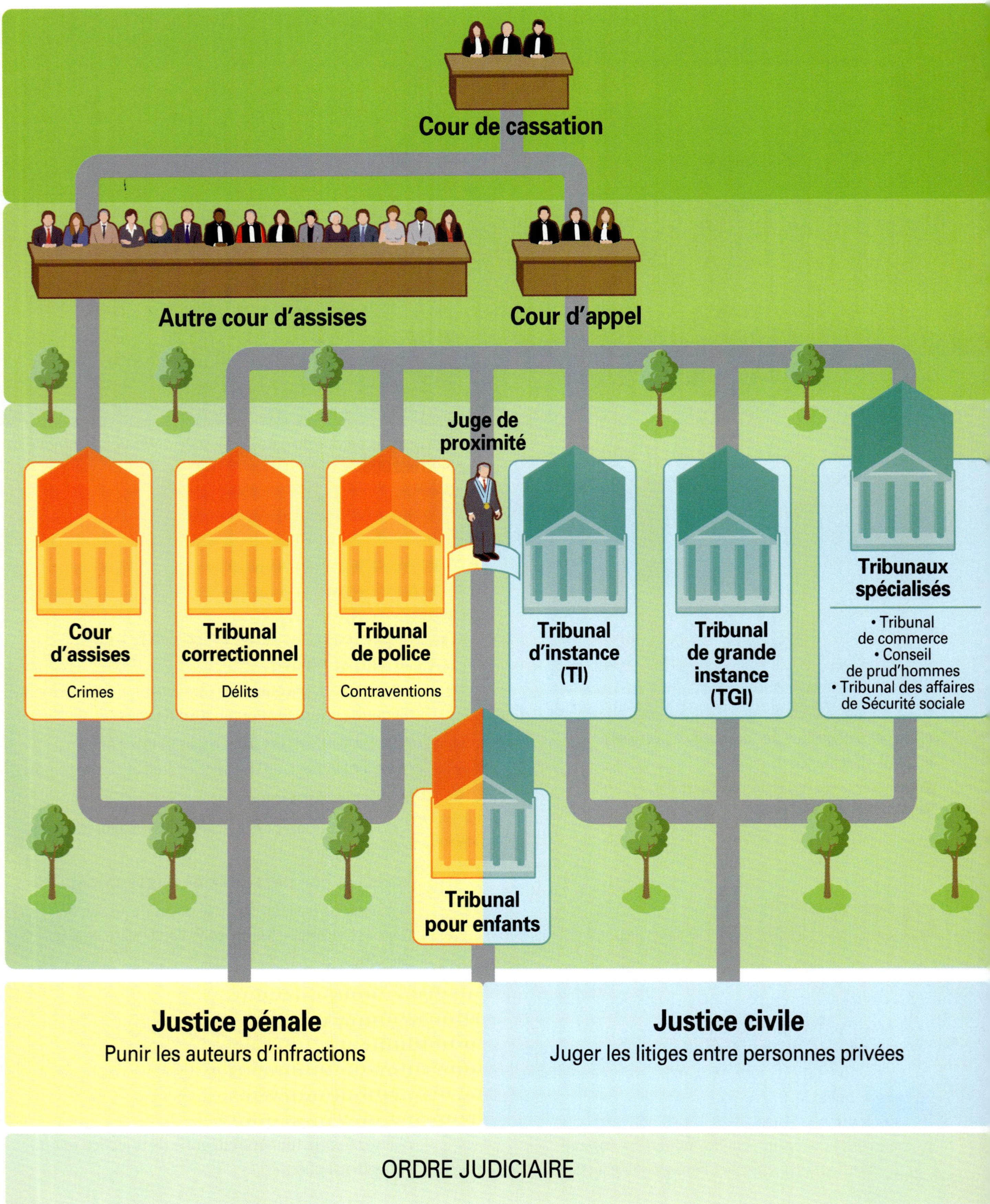

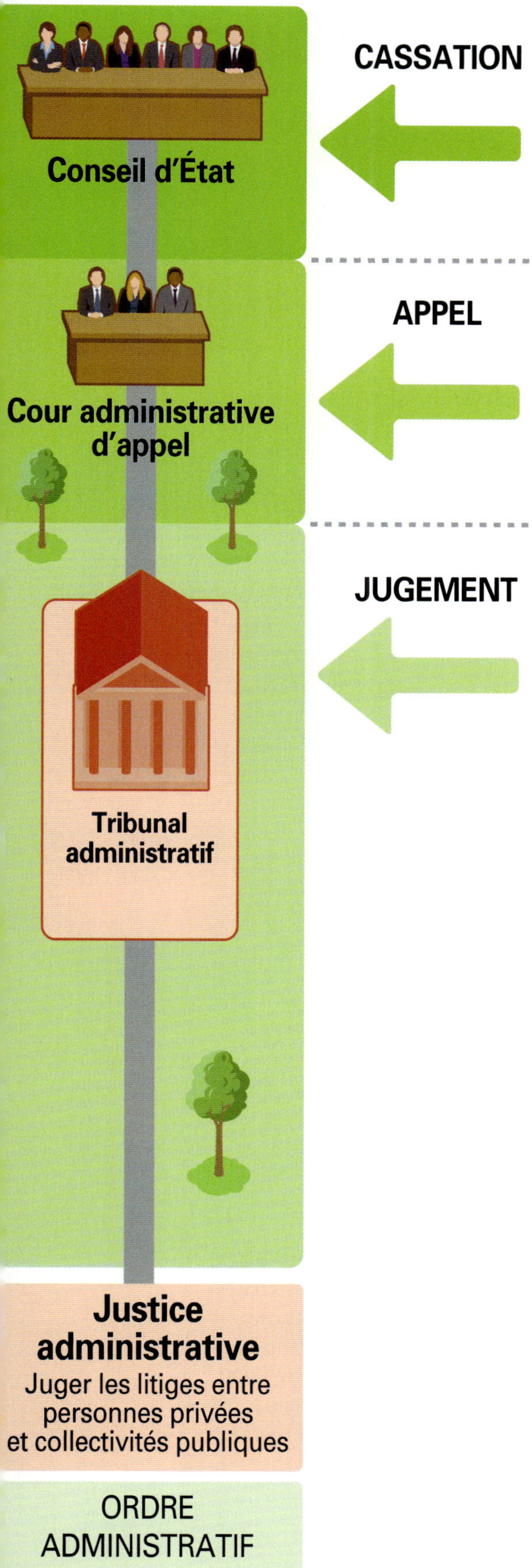

VOCABULAIRE

Conseil de prud'hommes
Juridiction civile qui règle les différends entre salariés et employeurs.

Infraction
Acte, parole, comportement puni par la loi. Elle peut être une contravention, un délit, un crime.

Juge de proximité
Magistrat non professionnel, en activité ou retraité (avocat, enseignant, chef d'entreprise...). Il est compétent pour juger des litiges civils de la vie courante n'excédant pas 4 000 € (le juge de proximité ne juge pas au pénal).

Tribunal correctionnel
Juridiction pénale qui juge les délits (vols, violences, infractions de la circulation routière...). Ils sont passibles d'amende et, pour la plupart, de peines d'emprisonnement.

Tribunal d'instance
Il règle les petits litiges de la vie quotidienne (loyers impayés, contestation de limites de propriétés, crédits à la consommation...) pour lesquels la demande porte sur des sommes comprises entre 4 000 et 10 000 €. Les affaires sont jugées par un juge unique, assisté d'un greffier (chargé de retranscrire les débats).

Tribunal de grande instance
Il statue sur ce qui concerne l'identité des personnes, le droit des familles (adoption, divorce, héritage,etc) et a la charge des affaires dont les montants sont supérieurs à 10 000€.

À nous d'agir ! TÂCHE COMPLEXE

COMPÉTENCES
- Exprimer ses sentiments et être capable d'écoute.
- Comprendre un principe de la justice : le droit à un procès équitable.

La justice civile : un procès au tribunal d'instance

Consigne

Lors d'une audience au tribunal d'instance au sujet d'un litige entre particuliers, les professionnels du droit s'expriment : le juge d'instance, les avocats des parties en conflit. Avec votre classe, participez à un jeu de rôles en reconstituant le débat qui a pu avoir lieu lors de cette audience en vous mettant à la place du juge et des deux avocats.

1 Le litige

Mme P., divorcée et mère de deux enfants, ne peut plus payer son loyer depuis plusieurs mois. Le propriétaire de son appartement, M. B. a besoin de cet argent pour vivre : son avocat a donc assigné la locataire en justice. Cette dernière, en difficulté financière, demande un délai de paiement. Elle risque l'expulsion. Le tribunal d'instance doit trancher.

2 Le début et la fin de l'audience

Le président du tribunal

Maître, vous représentez M. B. en vue d'obtenir une clause résolutoire[1] concernant Mme P.

À vous de jouer !
Reconstituez le débat contradictoire qui a pu avoir lieu lors de l'audience.

Le président du tribunal

Madame, le tribunal n'a pas encore rendu son jugement mais vous êtes bien consciente que s'il vous accorde des délais de paiement, il faudra les respecter sinon le propriétaire sera en droit de vous faire expulser sans repasser devant le tribunal.

Le jugement sera rendu le 21 juin (2 mois après).

1. Annulation d'un bail de location qui peut entraîner l'expulsion du locataire.

VOCABULAIRE
- **Débat contradictoire** Lors d'une audience, chaque partie peut s'exprimer pour donner ses arguments.
- **Litige** Désaccord sur l'application du droit, donnant lieu à un arbitrage ou à un procès.

3 Qu'est-ce qu'un tribunal d'instance ?

VIDEO

Justirama, ministère de la Justice.

Retrouvez le lien vers cette vidéo sur le site www.nathan.fr/emc-college.

INFOS

Le **tribunal d'instance** règle les **petits litiges de la vie quotidienne** (loyers impayés, contestation de limites de propriétés, crédits à la consommation...), pour lesquels la demande porte sur des sommes comprises entre 4 000 et 10 000 €. Les affaires sont jugées par un **juge unique**, assisté d'un **greffier** chargé de retranscrire les débats.

4 La salle d'audience

5 Les acteurs de l'audience

Le président du tribunal

C'est le juge. Il présente le dossier, pose des questions aux deux parties pour avoir des éléments qui pourront fonder sa décision et écoute leurs arguments.
Il prononce son jugement à la fin de l'audience ou annonce la date à laquelle il sera rendu.

L'avocate de Mme P.

Elle défend sa cliente, la locataire.
Elle la conseille et effectue pour elle des démarches pour récupérer la pension alimentaire non payée, demander un logement social auprès de la mairie.
Elle met en avant que l'on ne peut pas moralement expulser une mère de deux enfants et demande des délais de paiement pour la dette de la locataire.

La locataire

Elle vit seule avec ses deux enfants de 6 et 9 ans depuis son divorce, il y a 2 ans. Son loyer s'élève à 1 200 € et son salaire est de 1 600 €. Elle compte sur la pension alimentaire, mais son ex-mari ne lui a pas versée depuis des mois, et sur les allocations familiales. Elle a demandé une aide financière au logement.

L'avocat de M. B.

Il représente son client, le propriétaire. Celui-ci a besoin du loyer pour vivre. C'est son seul revenu.
Il met en avant, avec un peu d'emportement, que ce n'est pas à son client de subir les conséquences de la situation familiale et financière de sa locataire. Il réclame le paiement de la dette et le respect du paiement du loyer à bonne date.

COUP de POUCE

Pour effectuer ce jeu de rôles, vous devez respecter plusieurs étapes.

Étape 1
Doc 1 à 5. Prenez connaissance du déroulement de l'audience et des différents personnages qui prennent la parole.

Étape 2
Doc 2. Entre les deux interventions du président du tribunal, que s'est-il passé ? Appuyez-vous sur la présentation des différents personnages (doc 5) et sur le dessin de l'audience (doc 4) pour reconstituer le débat. Les autres élèves de la classe constituent le public, silencieux et attentif.

Étape 3
À la fin de l'audience, chaque élève du public fait part de ses impressions :
- sur les arguments des avocats ;
- sur le jugement final ;
- sur le jeu des acteurs...

Étape 4
Rédigez quelques lignes sur les dilemmes auxquels doivent faire face les juges et sur l'importance du débat contradictoire et du droit à la défense pour un procès équitable.

COMPÉTENCES
- Comprendre les raisons de l'obéissance à la loi.
- Expliquer les grands principes de la justice : procès équitable, droit de la défense.

La justice pénale : une audience au tribunal correctionnel

Consigne

Vous avez pour tâche de réaliser un exposé qui présente le rôle et le fonctionnement d'un tribunal correctionnel. Grâce aux documents proposés et au schéma sur la justice p. 120-121, vous présenterez ses missions, son fonctionnement, les acteurs en présence et le respect des principes de la justice.

1 Une affaire de conduite sans permis

Le président du tribunal. – M. B., le 16 septembre dernier, vous avez été contrôlé conduisant un scooter sans assurance avec un taux d'alcoolémie de 0,61 mg/l. Vous avez outragé par parole les deux fonctionnaires de police qui vous ont contrôlé. Vous avez déjà été condamné à de nombreuses peines, pour vol, conduite en état d'ivresse…

Le prévenu. – Cela fait 15 mois que je suis sorti de prison. Depuis, je n'ai pas commis une seule infraction. Mais j'ai perdu mon travail, je dois m'occuper de mon petit frère et de ma mère. Et je crois que j'ai un problème avec l'alcool.

Le président. – Je comprends que la situation soit difficile pour vous en ce moment. Mais justement, pourquoi avoir pris le risque de conduire en état d'ivresse ? […]

Le prévenu. – Si je dois être incarcéré, je préférerais que ce soit en psychiatrie, qu'on puisse m'aider à me soigner.

Le procureur. – M. B. a besoin d'avoir peur de la justice. Je demande pour M. B. 12 mois de prison avec sursis et mise à l'épreuve. C'est une peine utile pour la société, et aussi pour M. B.

L'avocat de la défense. – C'est le pousser dans le gouffre ! Il a reconnu les faits et il faut prendre en compte sa situation. Je demande une peine d'injonction de soin et un suivi en cure de désintoxication.

Le tribunal se retire pour délibérer.

Le président. – M. B., Le tribunal vous a reconnu coupable des faits qui vous sont reprochés. Il vous condamne à 9 mois de réclusion avec sursis et mise à l'épreuve et 18 mois d'obligation de soin et de suivi professionnel. Il vous condamne à payer à chacun des deux fonctionnaires de police la somme de 150 €. Il faut maintenant renoncer à ce genre de comportement.

■ Extraits de l'affaire « Conduite sans permis », une audience devant le tribunal correctionnel de Marseille. justimemo.justice.gouv.fr/

2 La vidéo de l'audience

VIDEO

« Comparution immédiate : conduite sans permis ».

Retrouvez le lien vers cette vidéo sur le site www.nathan.fr/emc-college-eleve.

3 Qu'est-ce que le tribunal correctionnel ?

VIDEO

Justirama, ministère de la Justice.

Retrouvez le lien vers cette vidéo sur le site www.nathan.fr/emc-college-eleve.

INFOS

Le tribunal correctionnel est une juridiction pénale qui juge les délits (vols, violences, infractions de la circulation routière…). Ils sont passibles d'amende et, pour la plupart, de peines d'emprisonnement.

4 La salle d'audience du tribunal correctionnel

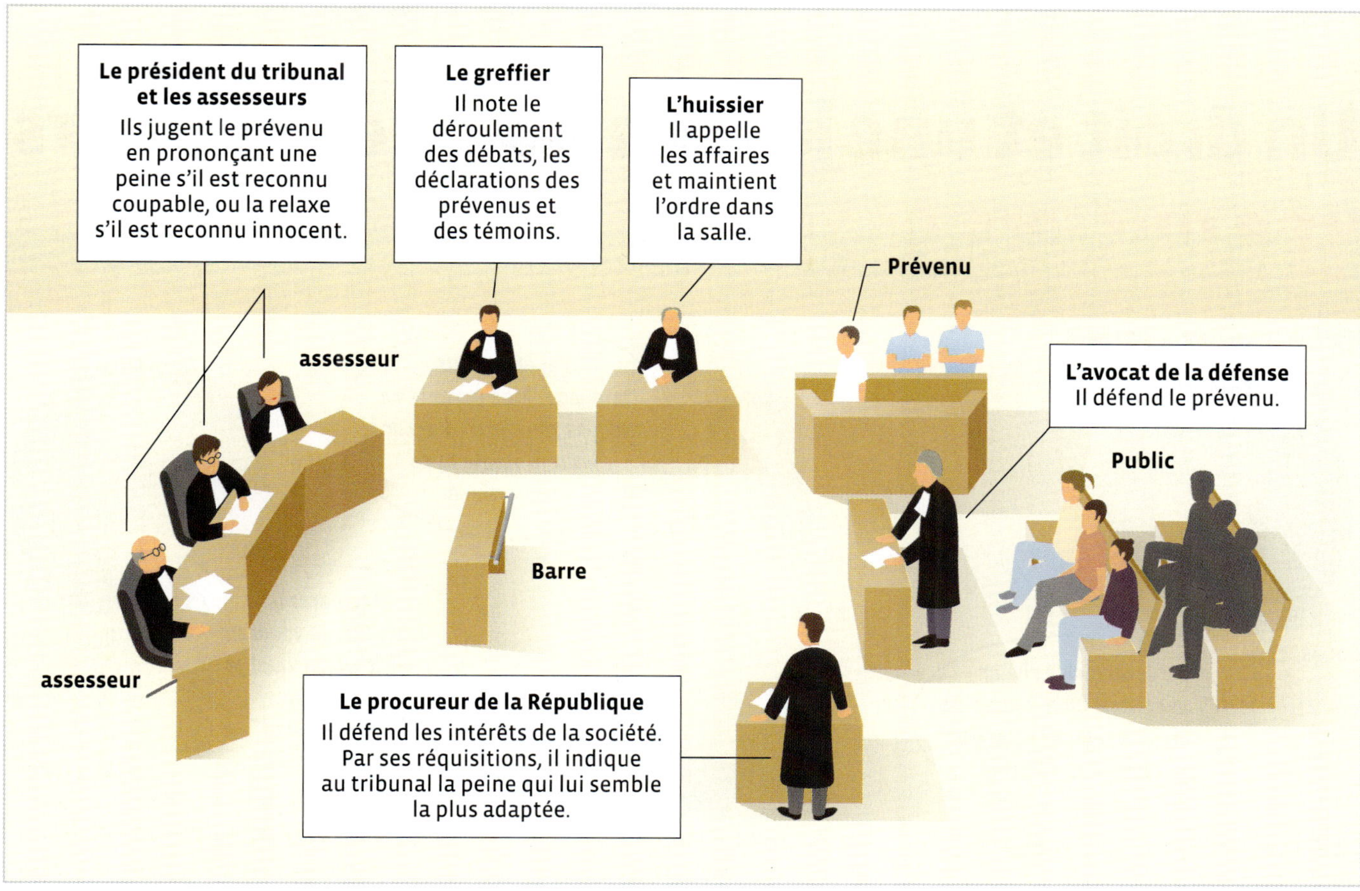

VOCABULAIRE

Comparution immédiate
Jugement d'une personne le jour même où elle a commis un délit passible d'une peine d'emprisonnement.

Peine avec sursis
Sanction que le condamné est dispensé d'exécuter à condition qu'il se soumette à certaines obligations (ne pas récidiver, travail d'intérêt général...).

Prévenu
Personne poursuivie pour un délit, qui n'a pas encore été jugée.

5 Ce que dit la loi

a. Déclaration des droits de l'Homme et du citoyen (1789)

Art. 7 – Nul ne peut être accusé, arrêté ou détenu que dans les cas déterminés par la loi [...].

Art. 8 – La loi ne doit établir que des peines strictement et évidemment nécessaires, et nul ne peut être puni qu'en vertu d'une loi [...] légalement appliquée.

Art. 9 – Tout homme [est] présumé innocent jusqu'à ce qu'il ait été déclaré coupable.

b. Convention européenne des droits de l'Homme et des libertés fondamentales (1950)

Art. 6 – Toute personne a droit à ce que sa cause soit entendue équitablement, publiquement et dans un délai raisonnable, par un tribunal indépendant et impartial.

COUP de POUCE

Pour vous aider à réaliser votre exposé, reproduisez et complétez le tableau suivant.

Principes de la justice	Application de ces principes au cours de l'audience
Un tribunal impartial	
Les droits de la défense	
La présomption d'innocence	Elle n'est prise en compte que lorsque le prévenu n'a pas été pris en flagrant délit, ce qui le rendrait coupable.
Un jugement équitable, en application de la loi	
Le respect des victimes	

Votre professeur a peut-être pris rendez-vous auprès du tribunal de grande instance de votre département afin que votre classe assiste à une audience au tribunal correctionnel. Dans ce cas, illustrez votre exposé par votre propre témoignage sur les affaires auxquelles vous aurez assisté.

COMPÉTENCES
- Connaître le statut juridique de l'enfant.
- Savoir que le mineur est un jeune à protéger.

Un droit et une justice pour les mineurs

A Le statut juridique des mineurs

1 Le saviez-vous ?

Le Code civil dispose qu'un mineur ne peut pas signer de contrat.

Les tatouages et les piercings sont interdits sur les mineurs sans l'autorisation écrite des parents ou du représentant légal.

Le jeune peut donner son avis, mais c'est aux parents de décider ce qui est le mieux pour l'enfant. S'ils ne sont pas d'accord, le juge aux affaires familiales prendra la décision.

2 Des droits qui s'acquièrent avec l'âge

- **18 ans** : Majorité
- **17 ans**
- **16 ans** : Droit de demander la nationalité française pour les enfants étrangers nés en France
- **15 ans** : Droit à la conduite accompagnée
- **14 ans** : Droit de conduire un cyclomoteur à condition d'avoir l'Attestation scolaire de sécurité routière (ASSR) de 1er niveau
- **13 ans**
- **12 ans** : Droit de prendre le train ou l'avion seul ; Droit d'ouvrir un livret jeune (compte épargne)
- **11 ans**
- **10 ans**
- **9 ans** : Éligibilité au conseil municipal des jeunes

Se coucher tard est source de fatigue. Or, la loi oblige les parents à assurer la protection de leur enfant, son éducation et son développement. C'est « l'autorité parentale ».

Le mineur peut être interpellé par les services de police. S'il a plus de 13 ans, il peut être placé en garde à vue. Il a droit à un avocat et à un médecin. Ses parents sont prévenus. Si son infraction est reconnue par le procureur de la République, il sera jugé par un tribunal pour enfants.

B Une justice pour protéger et éduquer les mineurs

3 Protéger les mineurs en danger

Rechercher

Le signalement

En danger | Aide sociale | **Signalement** | Protection judiciaire

Avant que la justice n'intervienne, de nombreuses personnes sont là pour protéger les enfants des mauvais traitements. C'est la mission de l'**aide sociale à l'enfance**. Mais la situation peut être plus grave.

Face aux situations plus graves, ou quand la prévention n'est pas possible, la justice intervient. Cette protection judiciaire s'appelle l'**assistance éducative**. Il faut prévenir le procureur qui va saisir le **juge des enfants** ; généralement, le procureur est contacté par les services de l'aide sociale à l'enfance (qui a mis en œuvre la protection administrative), les forces de l'ordre, les médecins ou des particuliers.

Le **Code civil** explique qu'il faut qu'un aspect de la vie du mineur soit en danger :
- sa santé (maladie non soignée) ;
- sa sécurité ;
- sa moralité.

Pour d'autres critères, il faut que sa situation soit gravement compromise :
- éducation ;
- son développement physique, affectif, intellectuel et social.

Le **procureur** va examiner le dossier et l'orienter. Certains dossiers ne nécessitent pas vraiment l'intervention de la justice. Tous les autres sont transmis au juge des enfants, parfois en demandant une mesure spéciale (enquête sociale, placement, etc.).

www.ado.justice.gouv.fr/index.php?page=enfance_en_danger

4 Le juge des enfants : au service des mineurs

VIDEO

Retrouvez le lien vers cette vidéo sur le site www.nathan.fr/emc-college-eleve.

INFOS

Les mineurs peuvent avoir affaire à la justice sans être directement concernés, et sans que la justice des mineurs ne soit compétente ! C'est le cas quand les parents d'un enfant divorcent : la procédure a lieu devant le **juge aux affaires familiales** et le juge des enfants n'est pas concerné.

Découvrir le sujet

1. **Doc 1 et 2.** Montrez qu'il y a un droit spécifique pour les mineurs en relevant les exemples qui vous concernent et expliquez vos choix.
2. **Doc 3 et 4.** Pour quelles raisons un mineur peut-il croiser le chemin de la justice ?
3. **Doc 4.** Quelles sont les missions du juge des enfants ? Avec l'aide de qui peut-il les mener à bien ?

Parcours 1 Faire le bilan

1. Pourquoi existe-il des droits concernant spécifiquement les mineurs ?
2. Pourquoi peut-on dire que le juge des enfants a une mission de protection et d'éducation, qu'il se trouve face à des mineurs maltraités ou face à des mineurs délinquants ?

Parcours 2 Réaliser une campagne d'information sur le droit des enfants

Dans votre collège, dans votre commune, interrogez les personnes qui pourront vous donner des informations sur le droit des mineurs et réalisez, à l'aide de leurs réponses, des affiches pour informer au collège des droits des mineurs, du rôle de la justice, des lieux d'information sur le droit des jeunes.

Vérifier ses connaissances

1 Je fais correspondre aux expressions suivantes les éléments ci-dessous.

a Débat contradictoire
d Équité
b Missions de la justice
c Impartialité
e Sources du droit

1 Codes, règlements, Constitution...
2 Protéger, sanctionner, arbitrer.
3 Devant le juge, les parties qui s'opposent ont le droit de s'exprimer.
4 Elle est symbolisée par la balance.
5 La justice est la même pour tous.

2 J'indique la (ou les) bonne(s) réponse(s).

1. Le but du droit est de :
a définir par des lois les droits et les obligations de chacun.
b punir.
c permettre de vivre tous ensemble.
d permettre de faire ce que l'on veut.

2. Le droit dans la vie quotidienne :
a concerne uniquement la vie privée.
b est visible dans la rue.
c se traduit dans des actes de la vie de tous les jours.
d concerne uniquement les adultes.

3. Selon la justice en France aujourd'hui :
a le plus fort gagne.
b le juge applique les lois.
c le juge adapte la peine à la personnalité du prévenu.
d le mineur doit être protégé.

Évaluer ses connaissances et ses compétences

★ 3 Le droit et la lutte contre le dopage

→ Je comprends les raisons de l'obéissance aux règles.

a. Yann D. a été condamné à 6 mois de prison avec sursis et 24 000 € d'amende, ce matin, par le tribunal correctionnel de Gap (Hautes-Alpes). Entre le 1er mai 2010 et le 15 avril 2013, il a notamment importé plusieurs substances de Chine parmi lesquelles figuraient de l'EPO[1], de l'hormone de croissance[2] et des anabolisants[3].

D'après www.directvelo.com, 10 avril 2014.

1. Substance qui augmente l'endurance. 2. Substance qui augmente la force musculaire. 3. Substance qui augmente la masse musculaire.

b. Steeve G., champion olympique de lutte, a écopé d'une suspension pour toute compétition pendant un an. Une sanction décidée par l'AFLD (Agence française de lutte contre le dopage) suite à une négligence dans le remplissage de son emploi du temps sur le logiciel ADAMS[1] et à deux absences lors de contrôles surprise à son domicile entre février et juillet 2014. Steeve G. sera donc absent aux premiers Jeux européens qui se dérouleront au mois de juin.

www.sport365.fr, 18 décembre 2014.

1. Les sportifs de haut niveau doivent fournir leur emploi du temps pour subir des contrôles de l'AFLD.

VOCABULAIRE

Dopage
Fait de prendre des substances pour augmenter ses performances physiques. Il est interdit par la loi.

Questions

1. D'après moi, au nom de quelles valeurs le dopage est-il interdit ?
2. Qu'est-ce qui est reproché à chacun de ces sportifs ?
3. Qui est en charge de la lutte contre le dopage ?
4. Quelles condamnations sont prononcées ? Me semblent-elles justes ?

★★★ 4 Le droit peut-il régler toutes les situations ? L'exemple de la fessée

→ *Je confronte mes jugements à ceux d'autrui.*

→ *Je sais exprimer mes arguments.*

1 Une affiche du Conseil de l'Europe contre la fessée

Le Conseil de l'Europe lutte contre les châtiments corporels et mène une campagne pour leur suppression totale.

2 La France est condamnée

Le Conseil de l'Europe – l'organisme européen de défense des droits de l'Homme – estime, dans une décision rendue publique mercredi 4 mars, que le droit français « ne prévoit pas d'interdiction suffisamment claire, contraignante et précise des châtiments corporels ». De ce fait, [la France] viole l'article 17 de la Charte européenne des droits sociaux dont elle est signataire, qui précise que les États parties doivent « protéger les enfants et les adolescents contre la négligence, la violence ou l'exploitation ».

D'après *Le Monde*, 2 mars 2015.

3 L'avis de la secrétaire d'État chargée de la famille

« Les évolutions de la société, ses prises de conscience ne se règlent pas à coups de Code pénal », a estimé [la secrétaire d'État à la Famille]. « Ça ne passera pas par la loi. Je n'ai pas envie de couper le pays en deux camps […] », ajoute Laurence Rossignol. […]

Reste que la secrétaire d'État se dit « favorable à la promotion d'une éducation sans violence », dans laquelle il est important de « faire prendre conscience aux parents qu'une punition corporelle n'est pas anodine ». […]

Mais pour Laurence Rossignol, « pour les parents maltraitants, on a un Code pénal qui est là [tandis que] pour ceux qui se sont à un moment laissés aller à une punition corporelle, il faut les aider à faire autrement, et non les disqualifier en leur disant : "le juge va venir s'occuper de ça" ».

L'Express, 2 mars 2015.

4 L'opinion publique et la fessée

23 des 28 pays de l'UE interdisent la fessée.

67 % des parents français ont déjà donné une fessée à leur enfant.

81 % des Français sont contre une loi sur les fessées.

90 % des Suédois sont pour l'interdiction de la fessée (inscrite dans une loi de 1979)

5 Ce qui dit la loi

Art. 19.1 – Les États parties prennent toutes les mesures […] pour protéger l'enfant contre toute forme de violence, d'atteinte ou de brutalités physiques ou mentales.

Convention internationale sur les droits de l'enfant (1989).

Questions

1. Doc 1. Je décris cette affiche : quel est son message au sujet de la relation entre l'enfant et l'adulte ?

2. Doc 2 et 5. Quelles sont les sources du droit qui s'opposent à la fessée ? Selon quel principe ?

3. Doc 3. Quelles réponses propose la secrétaire d'État face à la fessée ?

4. Doc 1 à 5. Je donne mon avis : est-ce que le vote d'une loi peut permettre de mettre fin aux fessées ?

★★ 5 Violence réciproque où légitime défense ?

→ *J'exprime mes sentiments face à cette affaire.*
→ *Je développe mon aptitude à la réflexion critique.*

Les faits jugés se déroulent dans la nuit du 28 au 29 décembre 2014. Deux hommes, une jeune femme, de la jalousie et des propos qui tournent mal… Un duel d'armes blanches et de bouteilles cassées s'engage. Le plus âgé est grièvement blessé au thorax, l'autre s'en sort avec des « plaies de défense ».

Chacun porte plainte devant la justice et prend un avocat pour être défendu. Les deux avocates plaident la légitime défense de leur client.

Le tribunal retient la réciprocité des violences et condamne les deux hommes : le plus âgé, récidiviste, à 6 mois d'emprisonnement ; le plus jeune, inconnu de la justice jusqu'alors, à 3 mois de prison avec sursis.

D'après « Valenciennes : prison ferme après un duel nocturne », *La Voix du Nord*, 16 avril 2015.

Questions

1. Quels actes ont été commis ?

2. Qui est l'accusé ? Qui est la victime ?

3. Pourquoi les peines prononcées ne sont-elles pas semblables ?

★★★ 6 La justice et les mineurs

→ *J'identifie le statut juridique du mineur.*
→ *J'argumente au sujet de la situation du mineur délinquant.*

Fabrice a 17 ans. Depuis 3 ans, il est suivi par la justice d'abord pour vols de téléphones portables puis pour usage de cannabis et trafic de stupéfiants. Il est actuellement placé dans un centre éducatif fermé (CEF)[1]. Aujourd'hui, le tribunal pour enfants de Lille l'a convoqué pour fixer la peine qu'il encourra à sa sortie du CEF, mais aussi pour évaluer le chemin parcouru depuis son placement.

Comme il est mineur, son affaire est jugée à huis clos[2].

Interrogé par la juge des enfants, Fabrice explique qu'il prépare un diplôme, et qu'il s'entraîne régulièrement au football.

Les éducateurs du CEF évoquent son projet de devenir plombier.

La procureure met en garde le tribunal sur le risque pour Fabrice de replonger dans la drogue à la sortie du CEF et souligne le mal causé à la santé des autres par son trafic. Elle demande cinq mois de prison avec sursis, obligation de soins et un TIG[3].

L'avocate de Fabrice met en avant ses progrès et demande un TIG.

Le jugement est rendu : 4 mois de prison avec sursis et un TIG de 115 heures.

La juge des enfants : « Le TIG, c'est une alternative à la prison. Mais la priorité des priorités, c'est d'abord d'obtenir votre diplôme ».

Cette première marche sur l'échelle de la vraie vie, il ne tient plus qu'à lui de la monter.

D'après un article de Laurence Neuer, *Le Point*, 6 juillet 2012.

1. Ces centres accueillent les mineurs délinquants récidivistes. C'est une alternative à la prison.
2. Pour protéger le mineur, la séance n'est pas publique.
3. Travail d'intérêt général. C'est une alternative à la prison. Non rémunéré, il est effectué pour une collectivité publique (mairie) ou une association.

INFOS

L'ordonnance du 2 février 1945 crée une justice particulière pour les mineurs, considérant que la justice des adultes ne leur est pas adaptée. **Son rôle : éduquer et prévenir.** Elle crée le **juge des enfants** assisté des éducateurs de la protection judiciaire de la jeunesse (PJJ) qui, en application des décisions du juge, suivent les mineurs délinquants afin de les **réinsérer dans la société**.

Questions

1. Que pensez-vous des décisions de justice prises à l'encontre de Fabrice ? Peuvent-elles s'appliquer à une personne majeure ayant commis les mêmes délits ?

2. Qui suit l'évolution personnelle de Fabrice ? Dans quel but ?

3. Pourquoi peut-on affirmer que la justice des mineurs délinquants privilégie l'éducation et non la répression ?

L'essentiel

Le droit, une nécessité pour vivre ensemble

- Le **droit** est l'**ensemble des règles écrites qui s'imposent à tous dans les relations entre les personnes**. Par le droit, les membres de la société renoncent à la force pour résoudre leurs conflits. S'il garantit des droits et des libertés, il crée aussi des **obligations** : respecter le Code de la route, réparer les dommages causés à autrui...

- Depuis la Révolution française, **la loi est la principale source du droit**. Issue du débat public, elle est l'expression de la volonté générale et tous doivent la respecter. Elle est votée par le Parlement et doit être conforme à la Constitution de la Ve République et à ses valeurs.

La justice au service de tous, pour mieux vivre ensemble

- En 1789, l'État a institué une **même justice pour tous**. La justice protège, punit et arbitre les conflits. **Le procès doit être équitable** : débat contradictoire, respect des droits de la défense, peine proportionnelle à l'**infraction** commise. Si le justiciable est mécontent de la décision de justice, il a le droit de faire appel.

- À chaque conflit, sa justice : la **justice civile** traite des **litiges** entre particuliers, la **justice pénale** punit les **infractions** à la loi, la **justice administrative** juge les litiges entre les personnes privées et les collectivités publiques. Chacun, sans distinction de nationalité, d'âge, de sexe, de revenus, peut recourir à la justice. **La justice est gratuite**, mais l'État a créé **l'aide juridictionnelle**, car tout procès entraîne des frais.

LES MOTS IMPORTANTS

Droit
Il définit, à travers des textes de lois, les droits et obligations de tous, pour nous permettre de vivre ensemble.

Infraction
Acte, parole, comportement puni par la loi.

Litige
Désaccord sur l'application du droit, donnant lieu à un arbitrage ou à un procès.

Loi
Règle adoptée par le Parlement que doivent respecter tous les habitants d'un pays.

Les valeurs de la République

Esprit de justice

Respect de la procédure judicaire qui applique les **principes d'un procès juste et équitable** : respect du droit et application de la loi, débat contradictoire, droits de la défense, présomption d'innocence, proportionnalité des peines, droit de faire appel... L'esprit de justice, c'est la **reconnaissance de la dignité humaine de chacun, au nom de l'égalité**.

POUR ALLER PLUS LOIN

Revue et livre

***Garde à vie*, Abdel-Hafed Benotman, « Rat noir », Syros jeunesse, 2011.**
L'auteur, ancien détenu, livre une description étonnante et poétique de l'univers carcéral pour mineurs.

***Citoyen junior* n° 15, décembre 2011.**
« À l'étranger : le droit est-il universel ? » : dossier sur les différentes sources du droit dans le monde.

Sites

www.justice.gouv.fr
Le site du ministère de la Justice avec un espace dédié à la justice des enfants et des adolescents.

www.cidj.com/s-informer/vos-droits
Les droits des jeunes.

Films

***New York police judiciaire*, Dick Wolf, 1990-2010.**
Série américaine (20 saisons) qui s'interroge sur l'interprétation de la loi dans un tribunal.

***10e chambre, instants d'audience*, Raymond Depardon, 2004.**
Documentaire. De mai à juillet 2003, R. Depardon a filmé les audiences de la 10e chambre correctionnelle de Paris. Il nous permet de suivre au plus près le travail des magistrats et les réactions des prévenus.

7 Être citoyen

→ Pourquoi « être citoyen », c'est agir pour bien vivre ensemble dans la cité ?

1 Devenir citoyen

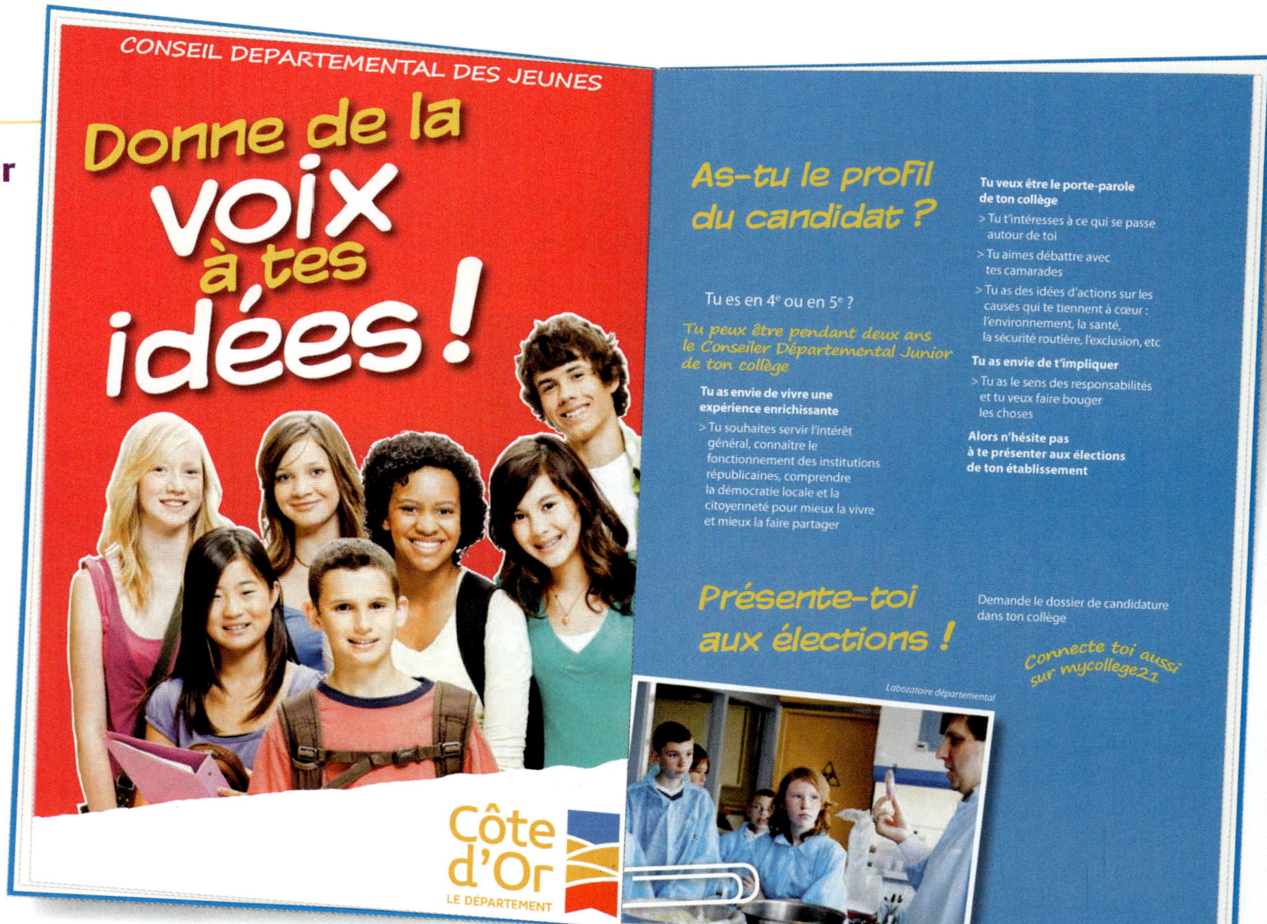

Livret du conseil départemental des jeunes de la Côte-d'Or, 2014.

VIDEO

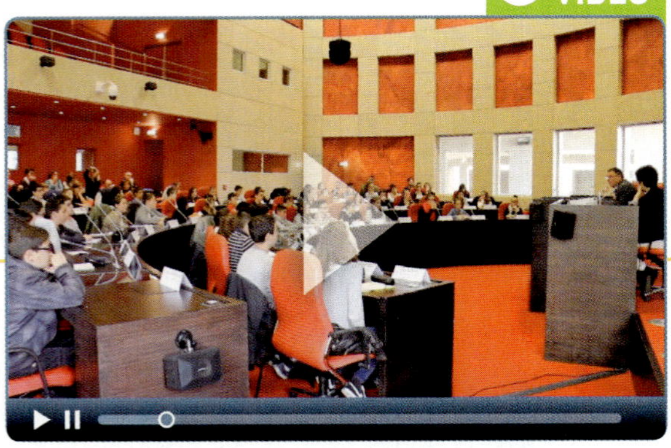

Les 59 nouveaux élus du conseil général junior de Vendée se sont réunis pour préparer leur mandat 2014-2016.

Retrouvez le lien vers cette vidéo sur le site www.nathan.fr/emc-college-eleve.

? Comment ces jeunes apprennent-ils à agir en citoyens ?

> *Le citoyen est celui qui participe de son plein gré à la vie de la cité. Si tu ne votes pas, [...] tu laisseras les autres décider à ta place [...]. Mais alors, tu ne pourras pas venir te plaindre si un jour, par malheur, le gouvernement sorti des urnes décide d'interdire le rap sur les antennes.*
>
> *La République expliquée à ma fille*, Régis Debray, Seuil, 1998.

2 Se rassembler autour des valeurs de la démocratie

La marche républicaine du 11 janvier 2015 à Paris, après l'attentat contre *Charlie Hebdo*.

VIDEO

Des volontaires du service civique à l'honneur lors du défilé du 14 juillet 2013.

Retrouvez le lien vers cette vidéo sur le site www.nathan.fr/emc-college-eleve.

? Quelles valeurs de la démocratie sont défendues ? De quelle manière ?

Exprimez-vous !

1. Comment ces documents montrent-ils qu'être citoyen, c'est s'engager au nom de l'intérêt général ?
2. Lorsque le citoyen participe à la vie de la cité, quels droits exerce-t-il ? Sont-ils sans limites ?

Je découvre

COMPÉTENCES
- Connaître les droits et les devoirs du citoyen en France.
- Comprendre les principes et les valeurs de la citoyenneté française et européenne.

Être citoyen, des droits et des devoirs

A Citoyenneté et droits politiques

1 J'ai voté pour la première fois !

Mes parents sont français. En 2012, j'ai voté pour la première fois. C'était pour les élections présidentielles. Je m'étais fait recenser à la mairie de ma commune à 16 ans et j'ai reçu ma première carte électorale quelques semaines avant les élections.

Zina est française par le droit du sang.

Art. 18 – Est français l'enfant dont au moins l'un des parents est français.

Code civil.

Mes parents sont portugais. Je suis né en France et j'y vis depuis toujours. J'ai voté pour la première fois en 2012 pour les élections présidentielles.

Joaquim est français par le droit du sol.

Art. 21.7 – Tout enfant né en France de parents étrangers acquiert la nationalité française à sa majorité, s'il a résidé en France pendant une période continue ou discontinue d'au moins 5 ans depuis l'âge de 11 ans.

Code civil.

2 Une conseillère municipale anglaise

Jerôme Bétaille, l'une des têtes de liste pour les élections municipales de 2008, pose en compagnie de sa colistière Terrie Simpson dans le centre d'Eymet (Dordogne), ville de 2 600 habitants où 5 Britanniques figuraient sur les trois listes en compétition.

3 Ce que dit la loi

Art. 3 – Sont électeurs, dans les conditions déterminées par la loi, tous les nationaux français majeurs des deux sexes, jouissant de leurs droits civils et politiques.

Constitution de la Ve République, 1958.

Art. 20.2 – Les citoyens de l'Union […] ont :

a. le droit de circuler et de séjourner sur le territoire des États membres ;

b. le droit de vote et d'éligibilité aux élections au Parlement européen ainsi qu'aux élections municipales dans l'État membre où ils résident, dans les mêmes conditions que les ressortissants de cet État.

Traité sur le fonctionnement de l'Union européenne, 2007.

B Citoyenneté et solidarité

4 Le citoyen participe au financement des droits sociaux

La solidarité est l'une des valeurs de la République française. Elle fait partie des devoirs des citoyens.

■ Dessin extrait de la vidéo *Dessine-moi l'éco* produite par Sydo, 2014.

VOCABULAIRE

- **Contributions publiques**
Une partie des impôts versés par les habitants finance la protection sociale.
- **Cotisations sociales**
Prélèvements obligatoires effectués sur le salaire.
- **CSG**
Contribution sociale généralisée, impôt prélevé directement sur le salaire.

Découvrir le sujet

1. Doc 1 et 3. Qui peut se dire de nationalité française ? Quels sont les droits politiques liés à la nationalité en France ?

2. Doc 2 et 3. Pourquoi une Anglaise peut-elle être élue au conseil municipal d'Eymet ?

3. Doc 4. Dans quelles situations la protection sociale mise en place par la République vient-elle au secours des personnes ? Comment les citoyens participent-ils à cette protection sociale ?

Parcours 1 Faire le bilan

1. Je présente le lien qui existe entre nationalité et droits politiques en France.

2. J'explique comment la protection sociale donne des droits mais aussi des devoirs aux citoyens pour permettre l'exercice de la solidarité.

Parcours 2 Réaliser une affiche

Seul(e) ou en groupe, je réalise une affiche pour montrer que les droits politiques et sociaux d'un citoyen en France s'accompagnent de devoirs.

Hubertine Auclert et son combat pour le droit de vote des femmes

Hubertine Auclert (1848-1914)
Militante des droits des femmes.

→ *Pourquoi Hubertine Auclert s'est-elle battue pour que les femmes deviennent des citoyennes ?*

Née en 1848, Hubertine Auclert se bat toute sa vie pour que les femmes puissent voter et soient éligibles. Elle s'installe à Paris en 1870 quand la IIIe République ouvre la voie à la démocratie. Devenue journaliste, elle fonde, en 1876, le groupe « Le droit des femmes » et profite de la liberté de la presse pour lancer, en 1881, le journal *La Citoyenne*. On lui doit le sens moderne du mot « féminisme ». Elle se rend célèbre par des actions spectaculaires : grève des impôts, renversement d'une urne électorale. Elle a réussi à placer le droit de vote des femmes au cœur du débat public.

1 S'engager pour l'égalité hommes-femmes

Si vous, prolétaires, vous voulez aussi conserver des privilèges, les privilèges de sexe, je vous le demande, quelle autorité avez-vous pour protester contre les privilèges des classes ? Que pouvez-vous reprocher aux gouvernants qui vous dominent, qui vous exploitent, si vous êtes partisans de laisser subsister dans l'espèce humaine des catégories de supérieurs et d'inférieurs ?

■ Discours prononcé au congrès socialiste ouvrier de Marseille, octobre 1879.

Dans les fêtes multiples du Centenaire[1] célébrant successivement les journées mémorables qui ont donné le droit et la liberté aux hommes, les femmes sont obligées d'avoir une singulière attitude. Peuvent-elles [...] s'associer de cœur aux manifestations publiques faites pour honorer une Révolution qui est loin d'avoir, comme on le proclame, aboli les privilèges, rompu les chaînes, investi chacun de pouvoirs souverains, puisque la moitié de la nation – les femmes – est esclave et destituée de tous droits et avantages sociaux.

Les femmes n'ont pas à fêter le 89 masculin ; elles ont à faire un 89 féminin.

■ Article paru dans *La Citoyenne* n° 145, juin 1889.

1. Celui de la Révolution française de 1789.

2 Des actions spectaculaires

■ Supplément illustré du *Petit Journal*, 17 mai 1908.

Lors des élections législatives de 1908, Hubertine Auclert renverse une urne « illégale » selon elle, puisqu'elle ne peut recevoir les bulletins de « tous les Français ». Pour cela, elle se retrouve devant le tribunal correctionnel. C'est une tribune toute trouvée pour exposer ses idées !

3 1944, les femmes enfin citoyennes !

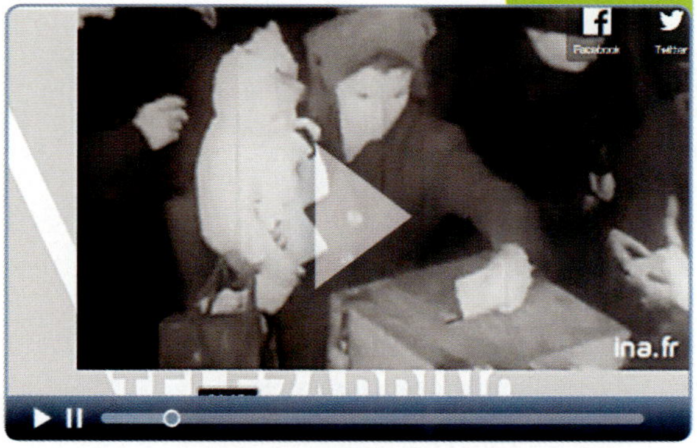

Il y a 70 ans, les femmes obtenaient le droit de vote, « Télézapping », *Le Monde*, 2014.

Retrouvez le lien vers cette vidéo sur le site www.nathan.fr/emc-college-eleve.

INFOS

Le **Centre Hubertine-Auclert**, centre francilien de ressources pour l'**égalité femmes-hommes**, est une association fondée en 2009 par la région Île-de-France. Il a pour principaux objectifs la sensibilisation de différents publics à la nécessité de **lutter contre les inégalités** et les **discriminations** fondées sur le sexe et le genre, et la promotion d'une culture de l'égalité entre les femmes et les hommes.

4 Aujourd'hui encore, le combat continue

Affiche du Centre Hubertine-Auclert pour la campagne « Féministes d'hier, combats d'aujourd'hui », 2014.

Découvrir l'action d'Hubertine Auclert

1. **Doc 1 et 2.** Qui est Hubertine Auclert ? Quel est son combat ?
2. **Doc 1.** J'explique la phrase : « Les femmes n'ont pas à fêter le 89 masculin ; elles ont à faire un 89 féminin ».
3. **Doc 3.** Pourquoi le droit de vote est-il accordé aux Françaises en 1944 ?
4. **Doc 1 à 4.** Pourquoi des actions militantes comme celles d'Hubertine Auclert sont-elles importantes aujourd'hui encore ?

Faire le portrait d'une féministe, Hubertine Auclert

1. À l'aide des documents et des réponses aux questions, je construis la biographie d'Hubertine Auclert en utilisant le modèle ci-dessous.

Son époque : Quel est le régime politique ? Quelle est la situation de la femme ?

Son métier : Quel métier exerce-t-elle ?

Hubertine Auclert
Née en ...
Morte en ...

Ses combats : Quels sont-ils ? Dans son engagement, comment s'exprime son tempérament ?

Son action : Comment fait-elle connaître ses idées ?

2. Je présente ensuite la vie et les combats d'Hubertine Auclert à l'oral.

Pour aller + loin

Le combat pour le droit de vote des femmes, ailleurs dans le monde

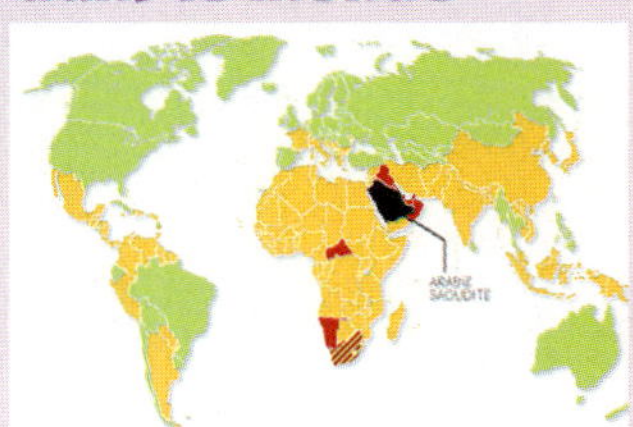

Je réalise un exposé sur les étapes de la conquête du droit de vote des femmes dans le monde en m'appuyant sur le site www.lemonde.fr/demographie/article/2015/01/12/une-marche-paradoxale-vers-l-emancipation-des-femmes_4554683_1652705.html

À nous d'agir ! TÂCHE COMPLEXE

COMPÉTENCES
- Comprendre le lien entre engagement et responsabilité.
- Comprendre comment s'exerce la citoyenneté dans une démocratie.

Le droit de vote doit-il devenir obligatoire en France ?

Consigne

Aujourd'hui, face à la montée de l'abstentionnisme, la classe politique s'interroge sur la nécessité de rendre le vote obligatoire. À l'aide des documents, relevez les arguments pour ou contre. Donnez vos propres arguments. Vous participerez ensuite à un débat en classe sur ce sujet d'actualité.

1 Voter, pourquoi ?

Affiche de l'agence de communication Herezie pour une campagne collective de l'Association des agences – conseils en communication, pour lutter contre l'abstention aux élections, 2012.

VOCABULAIRE

- **Abstention**
Non-participation volontaire des citoyens aux élections et aux référendums.
- **Abstentionnisme**
Fait de ne pas aller voter alors que l'on en a le droit.

2 Ce que dit la loi

Art. 3 – La souveraineté nationale appartient au peuple qui l'exerce par ses représentants et par voie du référendum.

INFOS

L'abstention aux élections

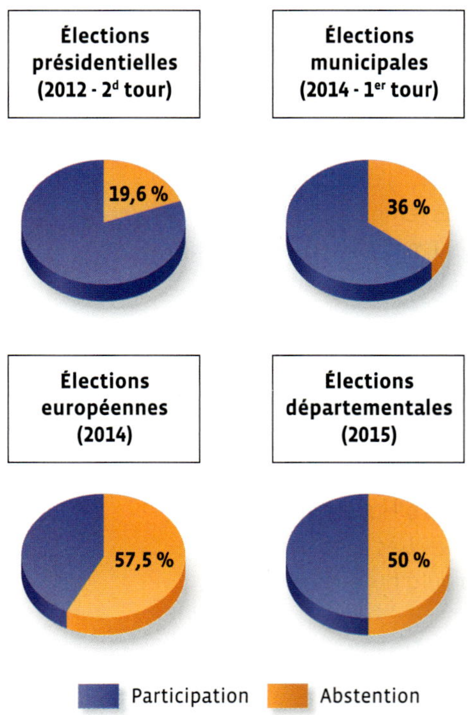

3 Voter : un droit et un devoir civiques

Si le vote est un droit, on peut, comme tout autre droit (ex. : liberté de réunion ou d'association), ne pas l'exercer. Il pourrait sembler paradoxal de transformer un droit aussi essentiel en contrainte.

Obliger les citoyens à voter pose au moins deux problèmes :

– vérifier que cette règle sera suivie. En clair, il faudrait mettre en œuvre une sanction pénale efficace, à savoir une amende sévère. Faute de quoi, l'obligation posée pourrait demeurer lettre morte ;

– forcer les citoyens à utiliser leur droit de vote peut avoir des effets déstabilisateurs sur les résultats : augmentation des votes blancs, nuls ou extrémistes, qui pourraient signifier l'opposition des citoyens à une telle procédure.

■ www.vie-publique.fr

4 En Belgique, le vote est obligatoire

L'obligation de voter en Belgique a été mise en place en 1893. Au dernier scrutin européen, 89,64 % des Belges se sont déplacés aux urnes. Vitalité démocratique ou peur du bâton ?

Selon le Code électoral, tout citoyen belge doit s'inscrire sur les listes électorales, et tout électeur s'abstenant de se rendre aux urnes est passible d'une amende de 30 à 60 € la première fois ; jusqu'à 150 € en cas de récidive.

La loi peut priver de vote pendant 10 ans toute personne qui aurait négligé l'obligation de se rendre aux urnes à quatre reprises sur une période de 15 ans. L'abstentionniste ne peut recevoir pendant ce laps de temps ni nomination, ni promotion, ni distinction émanant d'une autorité publique.

■ D'après www.lemonde.fr/les-decodeurs/article/2015/03/06/le-vote-obligatoire-changerait-il-quelque-chose_4588553_4355770.html

5 Rendre le vote obligatoire ?

VIDEO

Le président de l'Assemblée nationale, Claude Bartolone, a remis au président de la République le 15 avril 2015 un rapport dans lequel il défend l'idée du vote obligatoire.

Retrouvez le lien vers cette vidéo sur le site www.nathan.fr/emc-college-eleve.

COUP de POUCE

Pour préparer le débat : complétez un tableau en trois colonnes.

Arguments pour le vote obligatoire	Arguments contre le vote obligatoire	Arguments de mes camarades

Pendant le débat : notez dans la troisième colonne les arguments échangés lors du débat.

Après le débat : entourez les arguments avec lesquels vous êtes finalement d'accord.

Si vous ne souhaitez pas ou ne pouvez pas organiser un débat, vous pouvez rédiger un article pour justifier votre point de vue sur le droit de vote obligatoire.

Journée de la fête nationale en France : 14 juillet

En 1880, la IIIe République a fixé au 14 juillet la date de la fête nationale française. Il s'agissait de montrer que la République était l'héritière de la Révolution française et des valeurs autour desquelles les Français s'étaient unis pour former une nation : « Liberté, égalité, fraternité ».

A Que signifie cette journée ?

1 Les valeurs républicaines héritées de la Révolution française

14 JUILLET 1789 : PRISE DE LA BASTILLE, PEUPLE SOUVERAIN, ABOLITION DES PRIVILÈGES, DÉCLARATION DES DROITS DE L'HOMME ET DU CITOYEN.

14 JUILLET 1790 : FÊTE DE LA FÉDÉRATION AU CHAMP-DE-MARS À PARIS, 250 000 CITOYENS VENUS DE LA FRANCE ENTIÈRE CÉLÈBRENT L'UNION DE LA NATION.

2 Partager des rituels : le défilé militaire

Le défilé militaire du 14 Juillet trouve ses origines dans les guerres révolutionnaires contre les monarchies (1792-1802). Il célèbre aussi la guerre de 1870 et les deux guerres mondiales au cours desquelles, par leur patriotisme, les militaires ont défendu les valeurs de la France.

VIDEO

Les 14 Juillet dans l'histoire.

Retrouvez le lien vers cette vidéo sur le site www.nathan.fr/emc-college-eleve.

3 Partager des rituels : une fête populaire

Affiche pour la célébration du 14 juillet 1910 à Cosne, Archives municipales de Cosne-Cours-sur-Loire.

B Comment agir aujourd'hui pour faire du 14 Juillet un jour qui rassemble ?

4 14 juillet 2013 : un défilé solidaire

Répétition du défilé militaire du 12 juillet 2013 en présence de Jean-Yves Le Drian, ministre de la Défense (au centre) et Martin Hirsch, président de l'Agence du service civique (à droite). Les jeunes volontaires du Service Civique portent des coussins avec des décorations.

Aux répétitions, au milieu de centaines de militaires au garde-à-vous, Dan semble malgré tout impressionné. Le jeune homme de 21 ans fait partie des 92 jeunes du Service Civique pour la première fois sélectionnés pour participer aux animations d'ouverture et de fermeture du défilé du 14 Juillet. Il portera, avec une cinquantaine de ses camarades du Service Civique, le drapeau représentant la médaille de l'ordre national du Mérite[1].

Karen Latour, *Des jeunes du Service Civique au défilé du 14 Juillet*, lefigaro.fr, 10 juillet 2013.

1. Deuxième ordre après celui de la Légion d'honneur. Il encourage et récompense les mérites de la jeune génération et reconnaît sa place dans la nation française.

Affiche, 2013.

5 Une fête, pour partager les valeurs de la République

Toutes les communes de France célèbrent le 14 Juillet par une manifestation officielle à laquelle participent les habitants (défilé, chant de *La Marseillaise*) et par une fête populaire.

Je comprends

1. **Doc 1.** Pourquoi la IIIe République a-t-elle choisi la date du 14 juillet pour la fête nationale ?
2. **Doc 2 et 4.** En quoi le défilé des forces armées lors de ces 14 Juillet exprime les valeurs de liberté, d'égalité et de fraternité ?
3. **Doc 4 et 6.** Comment la solidarité s'exprime-t-elle dans les défilés aujourd'hui ?
4. **Doc 2 à 5.** Comment la population prend-elle part à la fête nationale ?

J'agis

Avec ma classe, j'organise un sondage à partir des questions suivantes :
- que représente pour vous le 14 Juillet ?
- que faites-vous le 14 Juillet ?
- que pourriez-vous proposer pour faire vivre les valeurs de la démocratie à l'occasion du 14 Juillet ?

En équipe !

COMPÉTENCES
- Développer une conscience citoyenne.
- Comprendre le sens et l'importance de l'engagement individuel dans une démocratie.

S'engager dans la vie politique et sociale

Votre mission

Chacun, au quotidien, peut agir pour faire vivre la démocratie sur le terrain en s'engageant dans un parti politique ou une association. Répartis en équipes, vous êtes chargés de faire découvrir ces différents aspects de l'engagement du citoyen aux autres élèves de la classe.

Vous vous appuierez sur les documents proposés et sur vos recherches personnelles.

Équipe 1 S'engager dans un parti politique

Votre équipe va devoir expliquer à la classe pourquoi on devient militant dans un parti politique et ce que sont les activités et les qualités d'un militant.

1 De jeunes militants

a. Clément, 23 ans, étudiant en droit

J'ai décidé, un jour, d'aller frapper à la porte d'un parti. J'avais envie de pouvoir, à mon petit niveau, porter des idées. Pour une société plus juste et plus égalitaire.
Entre les temps forts des congrès du parti et des assemblées, nous organisons des débats, des collages d'affiches, du porte-à-porte et des formations. Avec mes camarades militants, nous avons également fait signer des pétitions pendant la dernière campagne présidentielle par des jeunes de tous milieux.
À travers toutes ces actions, notre objectif est d'attirer les jeunes, qui sont trop nombreux à ne pas voter, vers la politique.
Mon activité militante est très prenante, et si je ne fais pas attention, je peux facilement y passer 60 heures par semaine. Il faut savoir donner de son temps, être créatif, oser aller vers les autres et rester critique.

D'après l'interview de Clément sur www.cidj.com/s-engager-pour-une-cause-en-militant/militant-et-heureux-de-l-etre, avril 2014.

b. Un militant distribue des tracts politiques aux passants. Paris, décembre 2011.

VOCABULAIRE
- **Association**
Groupement de personnes qui s'unissent pour mener une action commune sans chercher à faire de profit.
- **Syndicat**
Association qui défend les intérêts professionnels de ses adhérents. Son représentant dans l'entreprise est le délégué syndical.

2 Ce que dit la loi

Art. 4. Les partis et groupements politiques concourent à l'expression du suffrage. Ils se forment et exercent leur activité librement. Ils doivent respecter les principes de la souveraineté nationale et de la démocratie.

Constitution de 1958.

Équipe 2 S'engager pour les droits des travailleurs

Votre mission est d'expliquer à la classe le rôle d'un syndicat et les valeurs pour lesquelles on s'y engage.

3 Manifestation des syndicats à Nancy en mars 2014

4 Le témoignage d'Angélique

Dans ma vie étudiante, j'ai toujours aimé faire du social et j'étais fortement impliquée dans la vie associative de mon quartier : animatrice, soutien scolaire…

Dans mes études informatiques, étant la seule fille de ma promo, mes camarades m'ont élue déléguée de classe afin de relayer leurs revendications auprès de nos professeurs.

En 2005, ayant une bonne connaissance de mon métier, j'ai voulu faire plus, apporter ma pierre à l'édifice pour sensibiliser les autres aux problèmes rencontrés par les salariés dans le monde du travail. Je me suis syndiquée en 2005 et ai eu mes premiers mandats en 2006.

Témoignages de jeunes syndiqués, http://fojeunes.force-ouvriere.org/Temoignage-Angelique, 2015.

Équipe 3 S'engager dans une association humanitaire

Votre mission est d'expliquer à la classe ce qu'est une association humanitaire et pourquoi, au quotidien, chacun peut s'engager pour aider les plus démunis.

5 Venir en aide aux sans-abri

Touchés par la situation des sans-abri, les habitants de Bourges ont décidé d'agir. Réunis dans l'association Action Froid, ils leur apportent de l'aide. Mylène, cette bénévole active, n'a jamais travaillé dans l'humanitaire mais une démarche citoyenne lui a fait rejoindre l'association de Laurent Eysat, Action Froid, née spontanément sur Facebook. Pour leurs actions engagées, les bénévoles ont de l'imagination. Une Vierzonnaise fait tricoter des écharpes distribuées avec la soupe. Bruno apprécie ces maraudeurs[1] d'un nouveau genre : « C'est des gens comme tout le monde qui donnent un coup de main ». Mylène : « Quand on me demande pourquoi je fais ça, je ne sais pas ; mais moi, je me demande pourquoi les gens ne le font pas. »

D'après l'article d'A. Tobeluchy, *Le Berry*, 13 novembre 2012.

1. Maraudeurs : bénévoles qui apportent chaque nuit aide et nourriture aux sans-abris.

Un bénévole d'Action Froid vient à la rencontre d'un SDF, Paris, 2015.

Mise en commun

- Chaque groupe présente à l'oral son travail au reste de la classe. Pendant les présentations de vos camarades, prenez des notes et préparez les questions que vous allez leur poser.
- À partir de ces présentations, rédigez un bilan pour montrer comment, en dehors de l'élection de nos représentants, nous pouvons tous, au quotidien, nous comporter d'une manière responsable et agir pour les autres.

Le drapeau tricolore et *La Marseillaise*, symboles de la citoyenneté

→ ***Pourquoi le drapeau et l'hymne national rassemblent-ils les citoyens ?***

« L'emblème national [de la France] est le drapeau tricolore, bleu, blanc, rouge », dit l'article 2 de la Constitution de 1958. Il est présent sur tous les bâtiments publics. Avec *La Marseillaise*, hymne national, il participe à toutes les commémorations nationales et à toutes les rencontres sportives internationales. Symboles de la France, le drapeau et l'hymne rassemblent les citoyens autour d'une mémoire commune et de ses valeurs.

INFOS

Le **drapeau tricolore** est né sous la Révolution française de la réunion des couleurs du roi (blanc) et de la ville de Paris (bleu et rouge). Il disparaît avec le retour de la monarchie entre 1814 et 1830, remplacé par le drapeau blanc. Il est depuis la révolution de 1830 le **drapeau de la France**.

1 Le drapeau bleu, blanc, rouge

■ Claude Monet, *La Rue Montorgueil à Paris. Fête du 30 juin 1878*, huile sur toile, 81 x 50 cm, musée d'Orsay.

MÉMO'ART

Forme et technique

■ C'est un petit tableau (81 x 50 cm), peint en plein air, sur le vif. **Claude Monet** raconte : « J'aimais les drapeaux. Je me promenais rue Montorgueil. La rue était très pavoisée avec un monde fou, j'avise un balcon, je monte... » Monet saisit cet instant de fête sur sa toile.

Sens

■ Cette toile offre une image d'**union autour de la République**, celle d'une fête nationale symbolisée par l'omniprésence du **drapeau**, et celle d'une **fête populaire** exprimée par la liesse de la population tout entière.

Usage

■ Monet, ce jour-là, peignit une toile jumelle de celle-ci : *La Rue Saint-Denis. Fête du 30 juin 1878.* Les deux toiles furent présentées lors de l'**exposition impressionniste** de 1879. On les retrouve souvent pour illustrer la journée du 14 Juillet, tant ce qu'il en ressort est l'image d'une **fête nationale**.

2 *La Marseillaise*
Carte postale de 1904.

MÉMO'ART

Forme

■ *La Marseillaise* est un **chant patriotique** composé de sept couplets et d'un refrain. La version officielle de la partition date de 1887.

Sens

■ Composée en avril à Strasbourg par le **capitaine Rouget de Lisle**, elle est chantée par les révolutionnaires français qui combattent pour **la liberté** contre les monarchies absolues d'Europe.

Usage

■ Elle accompagne toutes les **cérémonies officielles** en France. Depuis 2005, elle doit être apprise par tous les élèves de l'école primaire.

Questions

Je présente les œuvres et j'exprime ce que je ressens

1. Doc 1. Quand ce tableau a-t-il été peint ? Par qui ?

2. Doc 2. Par qui ce chant a-t-il été composé et quand ?

3. Doc 1 et 2. Quelles sont les émotions que je ressens face à ces œuvres ?

Je décris les œuvres

4. Doc 1. Comment Monet exprime-t-il la joie de cette fête de la République ?

5. Doc 2. Comment *La Marseillaise* exprime-t-elle le combat pour la liberté ?

Je fais le lien entre art et engagement

6. Doc 1. Quels sont les « personnages » principaux du tableau ? Pourquoi ?

7. Doc 2. Pourquoi *La Marseillaise* est-elle un symbole de la citoyenneté française ?

Pour aller + loin

Je réalise un exposé sur le drapeau et l'hymne de l'Union européenne pour expliquer comment ils ont été choisis et montrer qu'ils symbolisent les valeurs attachées à la citoyenneté européenne.

Je découvre

COMPÉTENCES
- Assumer ses responsabilités.
- Comprendre les raisons de l'obéissance aux règles.

Responsable face aux séismes

A 29 novembre 2007 : un séisme en Martinique

1 Des dégâts matériels

Fort-de-France, 29 novembre 2007.

INFOS

Le **dispositif ORSEC** (Organisation de la réponse de sécurité civile) est déclenché par le préfet.
Le **plan séisme ORSEC** en Martinique comprend 3 phases.
- **Phase 1** (6 à 8 premières heures) : secours spontané et premier bilan.
- **Phase 2** (8 h à 24 h suivantes) : synthèse des renseignements et organisation des secours.
- **Phase 3** : engagement des moyens départementaux et, à partir de 24 heures, arrivée des moyens nationaux, organisation des secours dans la durée, planification de l'emploi des moyens.

2 Les effets du séisme en Martinique

Un violent et profond séisme, de magnitude de 7,3 sur l'échelle de Richter[1], s'est produit jeudi 29 novembre au large de la Martinique, semant la panique dans l'ensemble de la région, sans toutefois provoquer de dégâts importants. La secousse, survenue à 15 heures, a duré 50 secondes.

La préfecture recense deux blessés légers. Plusieurs cas de malaise ont également été signalés.

De nombreuses communes étaient encore privées d'électricité vendredi matin, et les communications téléphoniques avec l'île demeuraient perturbées. La préfecture de Martinique indique que les ports, les aéroports et les hôpitaux fonctionnent normalement. Les écoles resteront closes vendredi et samedi en Martinique, le temps d'être inspectées par des experts.

D'après *Le Monde*, 29 novembre 2007.

1. Échelle allant de 1 à 9 qui mesure de la quantité d'énergie libérée par le séisme.

3 Le traumatisme dans la commune de Sainte-Marie

L'ensemble de la population a très fortement ressenti ce séisme. […] Tout le monde est sorti sauf ceux qui étaient tétanisés par l'événement, il y a eu de la panique. Généralement, les enfants se sont réfugiés sous les tables.

Au collège Lagrossillière, où l'oscillation des bâtiments a été très forte, deux élèves ont sauté du 1er étage. Lors d'une réplique, 10 enfants traumatisés ont été hospitalisés. […]

Une maison a été rendue inhabitable. 20 bâtiments communaux ont été affectés […]. Il est peu probable que les 30 particuliers qui ont déclaré des dégâts en mairie soient les seuls touchés sur l'ensemble de cette commune.

D'après le rapport du Bureau central sismologique français sur le séisme de 2007 en Martinique, juin 2008.

B Faire face aux risques sismiques en Martinique

4 Se préparer aux séismes

5 Le plan séisme Antilles

Ce plan se traduit principalement par des mesures de construction, reconstruction ou renforcement parasismique. En janvier 2007, le gouvernement avait défini une première phase du plan (2007-2013) avec la réduction de la vulnérabilité des bâtiments publics au risque sismique. En outre, le plan séisme Antilles renforce les actions qui étaient en cours depuis plusieurs années, telles que l'amélioration de la connaissance [...] du risque sismique local, la formation des professionnels de la construction, la sensibilisation de la population et les exercices de sécurité civile.

■ Ministère de l'Écologie, *Plan séisme Antilles : bilan de la 1re phase du plan (2007-2013)*, 2014.

Découvrir le sujet

1. Doc 1 et 3. Quelle catastrophe a touché la Martinique ? Quel est le bilan matériel et humain de ce séisme ?

2. Doc 2, 5 et Infos. Quelles autorités officielles prennent en charge le séisme et engagent leur responsabilité dans la prévention des risques sismiques aux Antilles ? De quelles manières ?

3. Doc 4. À qui s'adresse ce document ? De quelles attitudes responsables les personnes concernées doivent-elles faire preuve ?

Parcours 1 Faire le bilan

Je présente les responsabilités individuelles et collectives face au risque de séisme.

Parcours 2 Faire face au risque sismique

À partir du site www.risques.gouv.fr, nous recherchons les risques naturels qui peuvent menacer notre région et nous réalisons un petit dépliant illustré pour faire connaître le rôle et les responsabilités de chacun en cas de situation d'urgence.

Vérifier ses connaissances

1 **Je fais correspondre aux mots suivants les définitions ci-dessous :**

a Solidarité b Militer c Féminisme d Civisme e Abstentionnisme

1 Respecter les lois de la collectivité et savoir agir pour l'intérêt général.
2 Mouvement pour les droits des femmes.
3 Refus d'exercer son droit de vote.
4 Aide aux plus démunis, personnellement ou par le biais de l'État.
5 S'engager activement dans une association, pour une idée, etc.

2 **J'indique la (ou les) bonne(s) réponse(s).**

1. Le droit de vote en France concerne :
a tous les habitants.
b uniquement les hommes de plus de 18 ans.
c les hommes et femmes majeurs de nationalité française.
d les citoyens européens.

2. Le civisme, c'est :
a s'engager pour une société meilleure.
b une attitude que doivent avoir tous les habitants du pays.
c laisser les autres agir comme ils le veulent.
d profiter des droits sociaux du pays.

3. On peut s'engager dans la société :
a en adhérant à une association.
b en s'abstenant d'aller voter.
c en sachant prendre des responsabilités.
d en agissant face aux risques naturels.

Évaluer ses connaissances et ses compétences

★★ 3 Pourquoi voter ?

→ *Je comprends le lien entre citoyenneté et responsabilité.*

AACC « L'abstention n'aura pas ma voix – Ailleurs exactement », 2012.

Questions

1. Je décris l'affiche.
2. Quel est son objectif ?
3. Sur quelle conséquence de l'abstention veut-elle faire réfléchir la population ?

★ 4 Se mobiliser pour sauver des vies et l'environnement

→ *Je comprends le sens des responsabilités individuelles et collectives face aux risques majeurs.*

1 Les conséquences d'un incendie de forêt

Dans l'actualité de ces derniers jours, un incendie de forêt a eu lieu à la frontière franco-espagnole. L'origine du feu, qui a démarré dans le village du Perthus avant de se propager dans la région catalane, serait due à un mégot de cigarette. Plus de 14000 hectares de végétation ont brûlé et 4 personnes sont mortes. 15 000 pompiers et 25 Canadair et hélicoptères ont été nécessaires.

AFP, 22 juillet 2012.

2 Une initiative pour sensibiliser aux risques d'incendie de forêt

Depuis 2004, la région PACA a mis en place le dispositif « Jeunes en forêt », qui permet aux communes et aux parcs naturels de recruter des assistants à la prévention et à la surveillance des incendies de forêt (APSIF) lors des périodes estivales. Ce dispositif a pour but de développer la culture du risque incendie, sensibiliser la population (résidentielle et passagère) et renforcer et compléter la surveillance des massifs existants. Cet été [2012], 170 APSIF de 18 à 26 ans ont été recrutés. Ils sensibilisent sur des points stratégiques tels que les sites naturels et touristiques les plus fréquentés, les campings, les marchés...

D'après www.risquesmajeurs.fr

Questions

1. **Doc 1.** Qu'est-ce qui est à l'origine de cet incendie ? Quelles sont les conséquences humaines et environnementales ?
2. **Doc 1 et 2.** Pourquoi peut-on dire que les jeunes APSIF font preuve de civisme ?
3. Je suis un jeune APSIF. J'imagine quelques conseils à donner aux campeurs et promeneurs de la région pour les responsabiliser face aux risques d'incendie.

★★★ 5 Que veut dire « être citoyen » ?

→ *Je comprends le sens de l'engagement individuel ou collectif des citoyens dans une démocratie.*

INFOS

Dans le cadre de la mission lancée par le président de la République sur « l'engagement citoyen et l'appartenance républicaine », un sondage a été réalisé en mars 2015.
Le nuage de mots, généré automatiquement par un logiciel, représente les réponses des Français à la question : « Lorsque l'on parle d'engagement citoyen, quels sont tous les mots, toutes les impressions qui vous viennent à l'esprit ? » La taille d'un mot représente sa fréquence d'utilisation.

Publié par la Fondation Jean-Jaurès, mai 2015.

Questions

1. Je relève les cinq mots qui ont été le plus souvent prononcés.
2. J'explique, à l'aide d'un exemple concret étudié dans le chapitre, le sens de chacun de ces mots.

★★★ 6 Outrager *La Marseillaise* ou le drapeau tricolore : un délit

→ *Je comprends que La Marseillaise est un symbole fort de la citoyenneté française.*

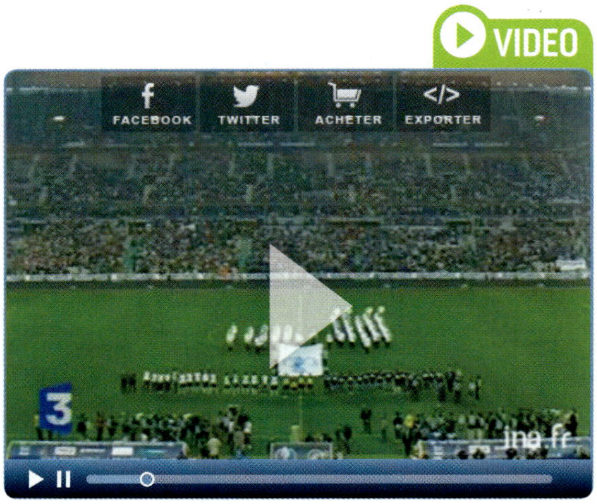

Retrouvez le lien vers cette vidéo sur le site www.nathan.fr/emc-college.

Symboles par excellence de l'identité nationale, drapeaux et hymnes nationaux sont sanctuarisés par la loi dans de nombreux pays comme l'Allemagne, les Pays-Bas, l'Espagne ou l'Italie qui ont inclus dans leur Code pénal des peines plus ou moins sévères. En France, la loi instituant le délit d'outrage à *La Marseillaise* et au drapeau tricolore a été adoptée en janvier 2003. Elle prévoit des peines allant jusqu'à 6 mois de prison et 7 500 € d'amende. Il a fallu les sifflets du match France-Algérie en 2001 pour que l'on s'en préoccupe. [...] Le 11 mai 2002, lors de la finale de la Coupe de France Bastia-Lorient, *La Marseillaise* avait été huée par les supporters corses. [...] Initialement envisagée pour punir des actes individuels, la loi a été modifiée en mars 2003 par le Conseil constitutionnel qui étend les sanctions aux « manifestations publiques à caractère sportif, récréatif ou culturel » et en exclut en revanche les « œuvres de l'esprit ».

D'après *Le Parisien*, 1er novembre 2009.

Questions

1. Dans quelles circonstances la loi de 2003 a-t-elle été votée ?
2. Pourquoi, à mon avis, le président Chirac a-t-il quitté la tribune ?
3. Pourquoi peut-on dire que les supporters n'ont pas fait preuve de civisme ?
4. Selon moi, pour quelles raisons ont-ils agi ainsi ?
5. Je donne mon avis personnel sur leur attitude.

★★★ 7 Des femmes citoyennes ?

→ *Je comprends que l'aspiration à la liberté suppose de reconnaître la liberté de l'autre.*

→ *Je connais les caractéristiques d'un État démocratique.*

1 Trois femmes au gouvernement en 1936

Suzanne Lacore

Institutrice et militante socialiste, nommée à la Santé publique et à la Protection de l'enfance.

Irène Joliot-Curie

Prix Nobel de chimie 1935, nommée à la Recherche scientifique.

Cécile Brunschvicg

Présidente de l'Union française pour le suffrage des femmes, nommée à l'Éducation nationale.

2 La reconnaissance des droits politiques des femmes, 1944

Ordonnance du 21 avril 1944 relative à l'organisation des pouvoirs publics en France après la Libération

Art. 17 – Les femmes sont électrices et éligibles dans les mêmes conditions que les hommes.

Questions

1. **Doc 1.** Pour quelles compétences ces femmes participent-elles au gouvernement en 1936 ?
2. **Doc 2.** Quels sont les droits politiques des femmes en 1936 ?
3. **Doc 1 et 2.** Quels peuvent être les arguments du combat féministe dans les années 1930 ?
4. Quelle est ma réaction face à la situation en 1936 ?

L'essentiel

La citoyenneté, des droits politiques

- Les **Français** sont devenus des **citoyens** avec la **Révolution française de 1789**. Ils ont choisi la **République** comme mode de gouvernement. La **citoyenneté française** leur donne le droit de participer à la **vie politique** en France. Le **droit de vote** est le résultat d'une conquête. Les hommes l'ont obtenu en **1848**, et les femmes, après un long combat, l'ont obtenu en **1944**. Le citoyen est **électeur** et **éligible**. Voter est un droit. C'est aussi un **devoir civique**, qui doit être exercé afin de faire vivre la **démocratie**.

- Pour être citoyen, il faut être **majeur** et avoir la **nationalité française**. Elle est acquise par le **droit du sang**, par le **droit du sol**, par **mariage**, ou par **naturalisation**. Les citoyens français sont aussi des **citoyens européens**. La **citoyenneté européenne** leur donne le droit de participer à l'élection du **Parlement européen**.

- Les citoyens forment la **nation française**, unie par une même langue, une histoire commune et des **valeurs partagées**, celles de la **démocratie**. Ils se reconnaissent dans les symboles de la République, inscrits dans la **Constitution** : la devise « **Liberté, égalité, fraternité** », le **drapeau bleu, blanc, rouge**, emblème de l'unité nationale, ***La Marseillaise***, hymne national, le **14 Juillet**, fête nationale.

Les droits civils et sociaux et la citoyenneté

- Qu'ils soient citoyens français ou étrangers, les habitants de la France disposent tous de **droits civils** (droit au respect de la vie privée, d'aller et venir, de s'exprimer), et de **droits sociaux** (droit de faire grève, de former des syndicats, droit à l'instruction, à la protection de la santé...). Ces droits sont limités par des **obligations** (respecter la loi, payer l'impôt, les cotisations sociales...).

- Dans la société, la **citoyenneté** se traduit par des actes. Chacun doit **respecter les autres**, qui sont ses semblables. Les citoyens doivent engager et **assumer leurs responsabilités** dans l'**intérêt général**, individuellement ou collectivement : par exemple, aider les personnes démunies, faire face aux risques majeurs...

LES MOTS IMPORTANTS

Citoyen
Personne qui a le droit de participer à la vie politique.

Citoyenneté
Qualité commune des citoyens qui exercent ensemble leurs droits et participent à la vie politique.

Droits politiques
Droit de participer à la vie politique de son pays, par le droit d'être électeur et éligible.

Droits sociaux
Droits garantis par l'État au nom de l'égalité et de la solidarité. Ils donnent à tous accès aux services publics assurés par l'État et les collectivités territoriales pour répondre aux besoins de la population (éducation, santé...).

Les valeurs de la République

Citoyenneté

La citoyenneté organise une société qui repose sur l'idée de l'égale dignité de tous les êtres humains qui la composent, la communauté des citoyens. Égaux devant la loi, ceux-ci détiennent la souveraineté politique par l'élection de leurs gouvernants. Les citoyens et leurs élus sont unis par des droits et des devoirs réciproques, dont le respect garantit la démocratie.

POUR ALLER PLUS LOIN

Livres et revue

Mini-guide du citoyen
Sylvie et Jean-Marie Furois, *Milan*, 2014.
Chaque citoyen a des droits et des devoirs... Des clés pour comprendre ce que sont la souveraineté nationale, l'intérêt général...

Il faut désobéir
Didier Daeninckx, Pef, Rue du Monde, 2002.
Un conte d'aujourd'hui et des documents d'époque pour interroger l'histoire du monde. La France sous l'occupation nazie : quand les valeurs de la République sont bafouées, c'est un devoir civique de désobéir.

Citoyen Junior n° 40, mars 2014.
Une revue qui parle de la citoyenneté, de la vie politique, du droit, de la société ici et ailleurs.

Site

www.juniorassociation.org/
Pour aider les 13-18 ans à participer à une association ou même à en fonder une !

8 La République française, une démocratie

→ Comment s'exerce la démocratie dans la vie politique en France ?

1 L'Assemblée nationale, lieu de discours, de débats et de vote

Discours de la ministre de la Santé Simone Veil pour défendre la loi sur l'interruption volontaire de grossesse à l'Assemblée nationale, novembre 1974.

Discours du garde des Sceaux Robert Badinter en faveur de l'abolition de la peine de mort à l'Assemblée nationale, septembre 1981.

Retrouvez le lien vers cette vidéo sur le site **www.nathan.fr/emc-college-eleve**.

? Qui sont les représentants du peuple ? Que font-ils ?

> *Le principe [de la République] est : gouvernement du peuple, par le peuple et pour le peuple.*

Article 2 de la Constitution de la Ve République, 1958.

2 Les conseils de quartier pour l'expression directe des habitants

VIDEO

FIlm réalisé par la commune de Montpellier (Hérault) pour présenter les conseils de quartier, avril 2015.

Retrouvez le lien vers cette vidéo sur le site www.nathan.fr/emc-college-eleve.

Affiche pour la mise en place des conseils de quartier à Montpellier, 2015.

? Dans la vie locale, qui peut s'exprimer et débattre ? Comment ?

Exprimez-vous !

1. **Qu'est-ce que la démocratie ? Comment est-elle exercée ? Comment les citoyens peuvent-ils faire vivre la démocratie ?**

2. **Pourquoi est-il important de s'exprimer et de débattre au sujet de questions qui concernent notre vie à tous ?**

À nous d'agir ! TÂCHE COMPLEXE

COMPÉTENCES
- Identifier les grandes étapes du parcours d'une loi dans la République française.
- Comprendre les principes d'un État démocratique.

Quelles sont les étapes du parcours d'une loi ?

Consigne

Dans le cadre de la « grande mobilisation de l'École pour les valeurs de la République », votre académie organise le concours « jeunes citoyens » ayant pour thème un extrait de l'article 6 de la Déclaration des droits de l'Homme et du citoyen : « la loi est l'expression de la volonté générale ».

Avec votre classe, vous participez à ce concours. Vous devez expliquer pourquoi et comment a été adoptée la loi sur le service civique. Votre production finale prendra la forme d'un schéma fléché illustrant le parcours de la loi, associé à une argumentation rédigée montrant que « la loi est l'expression de la volonté générale ».

1 Un sénateur fait une proposition de loi (14 septembre 2009)

« Alors que la crise touche de plein fouet la jeunesse qui est déjà à la recherche de repères et en mal de citoyenneté, nous avons le devoir d'améliorer le service civil volontaire[1] totalement inadapté, inefficace et inopérant », a expliqué le sénateur Yvon Collin, à l'origine de la proposition de loi. Cette dernière est soutenue par le gouvernement, en la personne du haut-commissaire à la Jeunesse, Martin Hirsch.

Le Figaro, 29 octobre 2009.

1. Le service civil volontaire attire peu de candidats. Dès 2009, Martin Hirsch, haut-commissaire à la Jeunesse (membre du gouvernement), avait annoncé son intention de le réformer.

VOCABULAIRE

- **Amendement**
Modification proposée à un texte soumis à une assemblée.
- **Promulguer**
Acte par lequel le président de la République signe une loi avant qu'elle ne soit publiée au *Journal officiel*.

2 Qu'est-ce que le service civique ?

Le service civique volontaire consiste à effectuer durant 6 à 12 mois une mission d'intérêt général.

3 La proposition de loi adoptée au Sénat (27 octobre 2009)

Après 5 heures de débats et le vote sur 60 amendements, le texte a été adopté par quatre des cinq groupes parlementaires du Sénat.

PROPOSITION DE LOI
Adoptée par le Sénat
Relative au Service civique

Le Sénat a adopté, en première lecture, la proposition de loi dont la teneur suit :

[…] **Art. 4** : Le service civique offre à toute personne l'opportunité de servir les valeurs de la République et de s'engager au profit d'un projet collectif d'intérêt général. […]

D'après senat.fr.

4 Débat à l'Assemblée nationale et vote de la proposition de loi (4 février 2010)

a. Le débat

Les députés présentent leurs arguments.

Claude Greff : Le service civique doit avoir pour mission de répondre au besoin d'engagement de la jeunesse, en donnant à celle-ci l'envie de s'investir dans un acte de citoyenneté au profit de la communauté et de se rendre utile à la nation.

Lors de l'examen de la proposition de loi en commission, de nombreuses améliorations ont été apportées au texte. […]

Françoise Hostalier : Sans modifier la philosophie du texte de nos collègues sénateurs, nous l'avons enrichi par des amendements qui sont notamment le fruit de nombreuses auditions, si bien que nous sommes parvenus à une proposition équilibrée et, surtout, réaliste.

b. Le vote

Après 8 heures de débats et le vote sur 101 amendements, la proposition a été adoptée par trois groupes parlementaires sur quatre.

Art. 4 : Le service civique a pour objet de renforcer la cohésion nationale et la mixité sociale et offre à toute personne volontaire l'opportunité de servir les valeurs de la République et de s'engager en faveur d'un projet collectif en effectuant une mission d'intérêt général.

D'après 2007-2012.nosdeputes.fr

5 Le Sénat vote la proposition de loi amendée par les députés (25 février 2010)

PROPOSITION DE LOI
Relative au Service civique
(texte définitif)

Le Sénat a adopté sans modification, en deuxième lecture, la proposition de loi amendée par l'Assemblée nationale en première lecture, dont la teneur suit :

Art. 4 : Le service civique a pour objet de renforcer la cohésion nationale et la mixité sociale et offre à toute personne volontaire l'opportunité de servir les valeurs de la République et de s'engager en faveur d'un projet collectif en effectuant une mission d'intérêt général auprès d'une personne morale agréée.

D'après senat.fr.

La loi est ensuite promulguée par le président de la République le 10 mars 2010.

6 Le parcours d'une loi

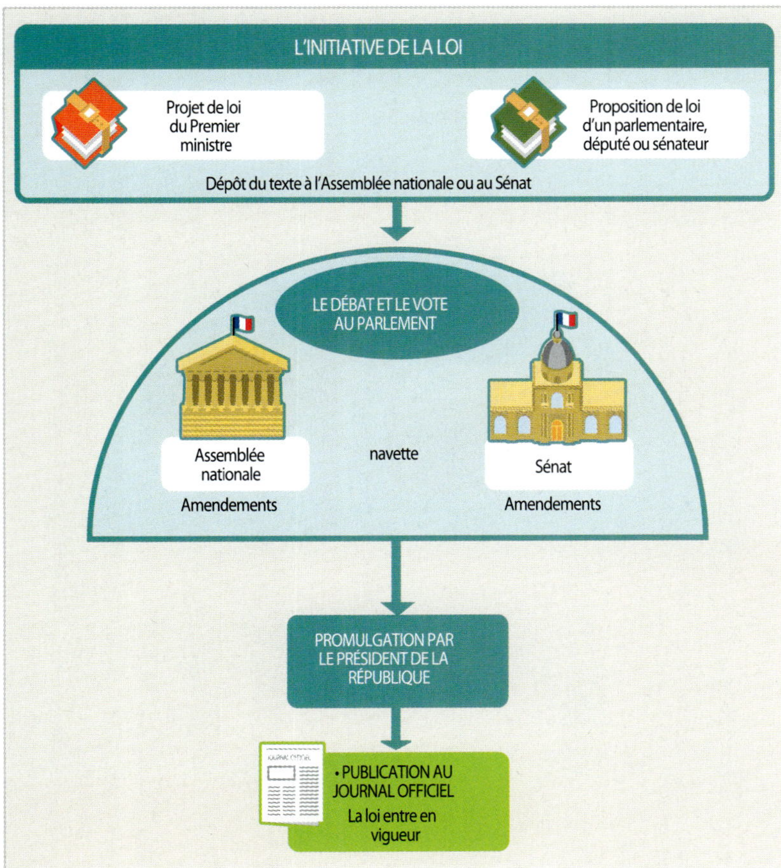

COUP de POUCE

- J'observe bien le doc 6 et je l'adapte à la loi sur le service civique (doc 1, 3, 4 et 5).
- Dans le texte d'accompagnement de mon schéma, j'insisterai sur le fonctionnement démocratique des institutions et les valeurs qui sont défendues.

Repères

COMPÉTENCES
- Reconnaître les principes d'un État démocratique.
- Comprendre ce qu'est la démocratie représentative.

Les institutions de la Vᵉ République

Les institutions de la Vᵉ République sont définies par la Constitution du 4 octobre 1958, loi suprême de la République. Elle est l'expression de la souveraineté nationale et a été approuvée par référendum. Elle a été plusieurs fois modifiée, par exemple en 2000, pour réduire la durée du mandat présidentiel de 7 à 5 ans.

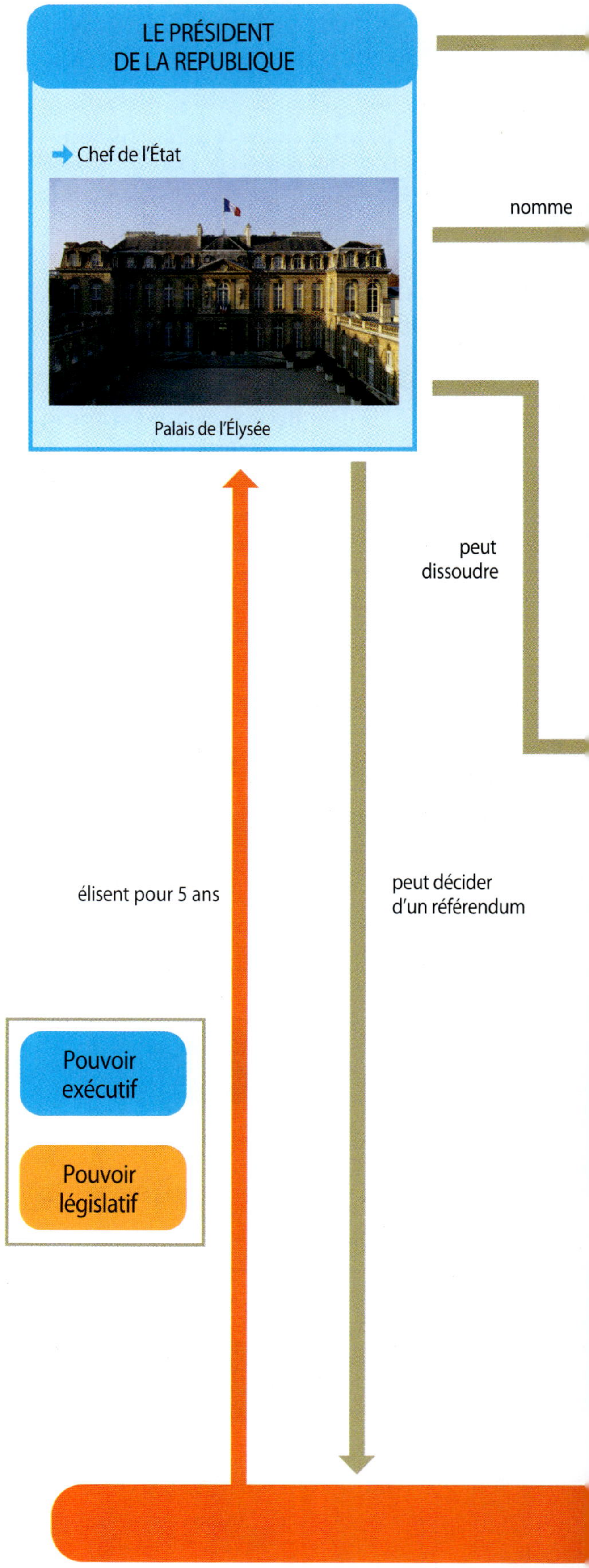

VOCABULAIRE

Pouvoir exécutif
Pouvoir de faire exécuter les lois sur l'ensemble du territoire. Il appartient au président de la République et au gouvernement dirigé par le Premier ministre.

Pouvoir législatif
Pouvoir de faire la loi. Il appartient au Parlement (Assemblée nationale et Sénat).

Référendum
Consultation des citoyens sur un projet de loi. Les citoyens votent en répondant par oui ou par non à la question posée.

Souveraineté nationale
Le pouvoir politique appartient à la nation, c'est-à-dire à l'ensemble des citoyens.

Questions

1. Pourquoi peut-on affirmer que la Constitution est l'expression de la souveraineté nationale ? Quels pouvoirs définit-elle ?
2. Je montre que le pouvoir législatif et le pouvoir exécutif correspondent à des institutions démocratiques de la Vᵉ République.
3. Quel est le rôle du président de la République ?
4. Quelles relations y a-t-il entre le gouvernement et le Parlement ?
5. Pourquoi peut-on dire que le Conseil constitutionnel garantit le fonctionnement de la démocratie ?
6. Je recherche le nom des personnes qui occupent les fonctions suivantes aujourd'hui :
   - président de la République ;
   - Premier ministre ;
   - député de votre circonscription ;
   - sénateurs de votre département.

nomme 3 membres pour 9 ans

LE CONSEIL CONSTITUTIONNEL

Peuvent y siéger les anciens Présidents de la République

- Peut vérifier si les lois sont conformes à la Constitution
- Contrôle le bon déroulement des élections

LE GOUVERNEMENT

Le Premier ministre et les ministres

- Détermine et conduit la politique de la Nation

Hôtel Matignon

contrôle

soumet des projets de loi

LE PARLEMENT

Vote la loi et évalue les politiques publiques

ASSEMBLÉE NATIONALE

577 députés élus

Palais-Bourbon

SÉNAT

348 sénateurs élus

Palais du Luxembourg

nomme 6 membres pour 9 ans

élisent pour 5 ans

élisent pour 6 ans

Députés, conseillers régionaux, départementaux et municipaux

élisent

Environ 44 millions de citoyens électeurs

En équipe !

COMPÉTENCES
- Expliquer l'importance de l'engagement des citoyens dans une démocratie.
- Prendre la parole devant les autres.

Les élections en France

Votre mission

Votre classe doit présenter les élections en France. Répartis en équipes, vous devrez identifier les différentes élections en France, décrire le déroulement d'une campagne électorale, et raconter une journée d'élection. Chaque équipe devra montrer que les élections en France ont un caractère démocratique.

Équipe 1 Les différentes élections en France

Votre équipe doit rechercher puis présenter à la classe les 9 élections qui existent en France. Le travail peut prendre la forme du tableau ci-dessous. Il faudra ensuite expliquer pourquoi ces élections permettent aux Français de se sentir représentés.

Nom de l'élection	Nom de l'assemblée où siège l'élu	Date de la dernière élection	Durée du mandat

1 Affiche pour des candidats aux élections départementales de mars 2015 à Orléans (Loiret)

2 Le rôle d'un élu

Témoignage du maire de Mézin (Lot-et-Garonne), élu lors des élections municipales de 2014.

Aujourd'hui, j'ai la chance d'avoir accédé à la mairie avec une équipe déterminée et dynamique. Il faut prendre des décisions tous les jours, c'est un travail d'équipe. Nous sommes au service de tous les Mézinais et pas seulement d'une frange de la population. J'œuvre, avec mes adjoints, dans l'intérêt général et pour le bien commun. La mairie n'est pas une tour d'ivoire.

www.ladepeche.fr.

3 À quoi sert une élection ?

L'élection est une délégation de souveraineté. En effet, la possibilité pour les citoyens de pouvoir régulièrement exprimer leur mécontentement ou, au contraire, de donner un nouveau mandat au pouvoir sortant, évite que les désaccords politiques majeurs ne trouvent un autre terrain d'expression (la rue) et d'autres modalités (la violence).

Vie publique.fr, 9 octobre 2013.

Équipe 2 La campagne électorale

Votre équipe est chargée de travailler sur la campagne électorale : comment les candidats font-ils connaître leurs idées ? Expliquez pourquoi une campagne électorale est indispensable pour qu'une élection soit démocratique.

4 Un meeting

Meeting pour les élections européennes, Saint-Denis (Seine-Saint-Denis), 18 mai 2014.

5 Distribution de tracts

Le candidat UMP de la 8e circonscription de Paris distribue des tracts sur un marché pour les élections législatives de 2012.

6 Qu'est-ce qu'une campagne électorale ?

Les candidats, pour être élus, doivent faire connaître leurs idées et leurs programmes. En dehors des meetings et des « visites de marchés », les médias représentent un moyen de communication incontournable. Le Conseil supérieur de l'audiovisuel (CSA) doit assurer la possibilité aux différents partis et/ou candidats de délivrer leur message et de bénéficier d'une égalité de traitement, même en dehors de la campagne officielle.

Vie publique.fr, 9 octobre 2013.

Équipe 3 La journée d'élection

Votre équipe est chargée de décrire le déroulement de la journée d'élection, pendant le scrutin et après. Il faudra démontrer que le scrutin en France est démocratique.

7 Ce que dit la loi

Art. 3 – Le suffrage [...] est toujours universel, égal et secret.

Constitution de la Ve République, 1958.

8 Le vote

L'électeur prend une enveloppe et au moins deux bulletins et se rend obligatoirement dans l'isoloir. Une fois son identité vérifiée, il met son bulletin dans l'urne. Il signe alors la liste d'émargement et la date du scrutin est tamponnée sur sa carte.

D'après www.interieur.gouv.fr, 20 mars 2014.

9 Bureau de vote et dépouillement VIDEO

La procédure du dépouillement (France 3 Midi-Pyrénées, 2012), INA.

Retrouvez le lien vers cette vidéo sur le site www.nathan.fr/emc-college-eleve.

Mise en commun

- Chaque groupe présente son travail au reste de la classe. Pendant les présentations de vos camarades, prenez des notes et posez des questions si besoin.
- À partir des restitutions de chaque équipe, rédigez un bilan de quelques lignes sur les élections en France. Comment se déroulent-elles ? En quoi sont-elles démocratiques ?

Je découvre

COMPÉTENCES
- Comprendre les principes de la République : la liberté d'expression.
- Développer une conscience citoyenne : la place de l'opinion dans le débat démocratique.

Quel est le rôle de l'opinion publique dans le débat démocratique ?

A Les médias pour informer l'opinion publique

1 La diversité des médias

Des médias diffusés le 30 juin 2015.

VOCABULAIRE
- **Opinion publique**
Représentation collective de la manière de penser d'une société.

2 L'utilisation des médias

➔ En général, par quel moyen êtes-vous d'abord informé de l'actualité nationale ou internationale ?

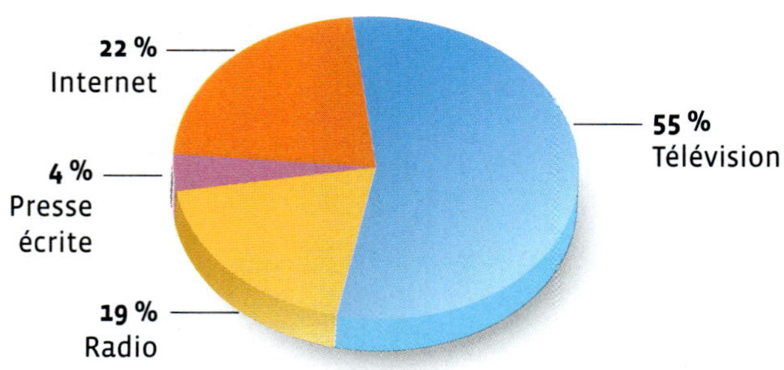

Source : TNS Soffres, *baromètre de confiance dans les medias*, 2015.

3 Informer ou influencer ?

Home, le documentaire écologiste réalisé par Yann Arthus-Bertrand, diffusé deux jours avant le scrutin des élections européennes à 20 h 35 sur France 2, a réuni plus de 8 millions de spectateurs. De fait, dès l'annonce des résultats et de la spectaculaire percée du vote écologiste, la polémique s'est engagée.

« Le vote s'est cristallisé vendredi soir avec la diffusion du film. L'écologie a envahi les esprits et les cœurs », explique Bernard Lehideux, député MoDem sortant non reconduit. Chez les Verts, on se félicitait du succès rencontré par le documentaire, en reconnaissant qu'il avait pu donner un « coup de pouce » dans les urnes.

Le Monde, 8 juin 2009.

B L'opinion face aux médias

4 Peut-on faire confiance aux médias ?

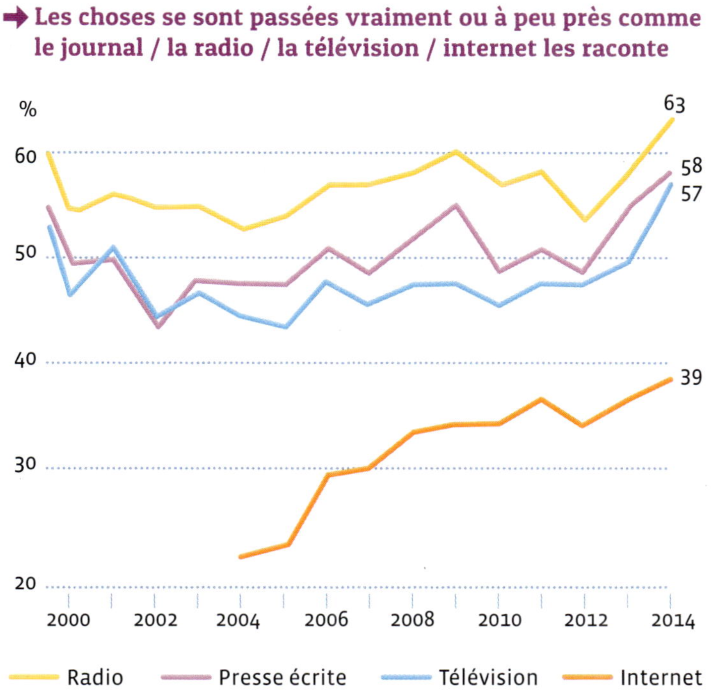

Source : TNS Soffres, *baromètre de confiance dans les medias*, 2015.

5 Les médias sont-ils indépendants ?

a. L'opinion publique

58 % des Français estiment que les journalistes ne résistent pas aux pressions du pouvoir et des partis politiques.

53 % des Français estiment que les journalistes ne résistent pas aux pressions de l'argent.

TNS Soffres, baromètre de confiance dans les médias, 2015.

b. L'analyse d'un journaliste

Les médias sont-ils indépendants ? Le rédacteur en chef du quotidien *Libération* répond à cette question en prenant l'exemple de son journal.

La pression des pouvoirs ? Rarissime et facile à repousser. Un ministre appelle pour se plaindre. Le journal en tient compte ou non, selon les arguments qu'on lui oppose. En tout état de cause, la désobéissance ne lui coûte rien.

L'intervention des actionnaires ? Édouard de Rothschild[1] contrôle la gestion, définit la stratégie, surveille le management. Il ne souhaite pas commenter le contenu du journal.

L'influence des annonceurs ? Elle est réelle, mais faible. On accroît certaines rubriques, comme la mode ou la consommation dans l'espoir d'attirer les budgets publicitaires. Et nous devons appliquer la même règle à tout le monde, annonceur ou non.

Laurent Joffrin, rédacteur en chef de *Libération*, *Média-paranoïa*, 2009.

1. Actionnaire principal du journal *Libération*.

6 Le journalisme d'investigation pour rétablir la confiance

Le succès rencontré par Médiapart[1] comme l'intérêt suscité par les révélations liées aux câbles diplomatiques[2] ou aux paradis fiscaux montrent donc que l'intérêt pour ce type de journalisme, en France, est réel.

Le journalisme d'investigation [...] est susceptible de redonner du crédit au journalisme et de rétablir la confiance de l'opinion publique dans les médias, souvent accusés de connivence avec les pouvoirs en place. Il ne peut bien sûr être la seule alternative, d'autant que sa posture dénonciatrice ne peut résumer à elle seule l'intégralité des missions du journalisme.

www.huffingtonpost.fr, 15 novembre 2013.

1. Site d'information présent seulement sur internet. Il a révélé différents scandales de corruption ou de détournement fiscal.
2. Publication de documents secrets américains révélant l'attitude des États-Unis face aux autres pays (par exemple, l'espionnage de leurs alliés).

Découvrir le sujet

1. **Doc 1 et 2.** Quels sont les différents types de médias ?
2. **Doc 2 et 4.** Comment s'informe l'opinion publique ?
3. **Doc 1, 2, 5 et 6.** Comment les médias donnent-ils à l'opinion publique les moyens de participer au débat démocratique ?
4. **Doc 3 à 6.** Quelle confiance l'opinion publique accorde-t-elle aux médias ? Pourquoi ?

Parcours 1 Faire le bilan

Comment les médias permettent-ils la formation d'une opinion publique ?

Parcours 2 Agir

Je réfléchis à ma façon de m'informer : quels sont les médias que j'utilise ? Quelle doit être ma démarche lorsque je cherche à m'informer ?

Je découvre

COMPÉTENCES
- Développer les aptitudes à la réflexion critique.
- Connaître le rôle de l'opinion dans le débat démocratique.

Quelle est l'influence des sondages d'opinion dans le débat public ?

A Les sondages pour connaître l'opinion publique

1 Le second tour des élections municipales de mars 2014 à Montpellier (Hérault)

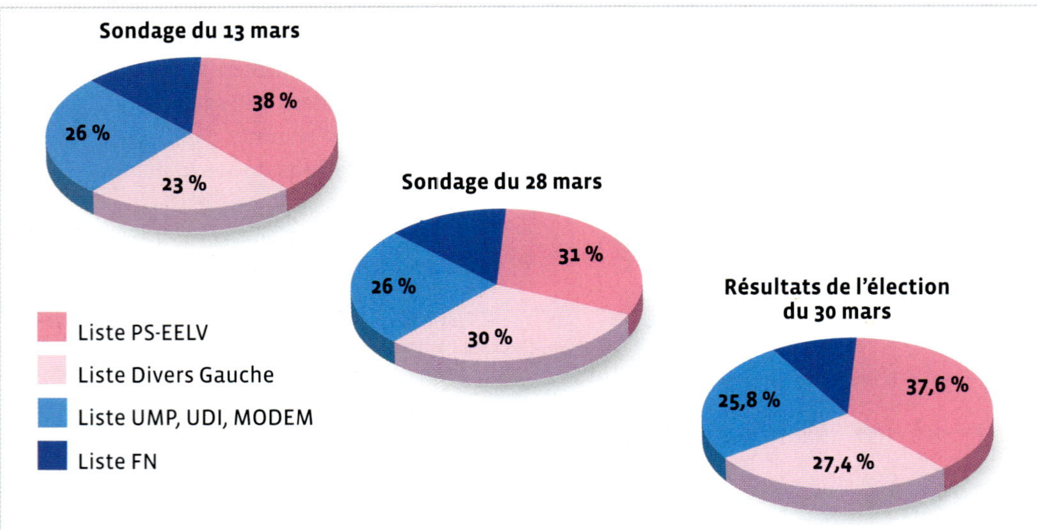

VOCABULAIRE

Sondage
Enquête visant à connaître la répartition des opinions au sein d'une population sur une question donnée à un moment donné.

2 La méthode utilisée pour ces sondages

	Sondage du 13 mars	Sondage du 28 mars
Question posée	« En cas de second tour, pour laquelle des listes suivantes y aurait-il le plus de chances que vous votiez ? »	« Le second tour des élections municipales aura lieu ce dimanche 30 mars. Ici à Montpellier, pour laquelle des listes suivantes y a-t-il le plus de chances que vous votiez ? »
Sondeur	IFOP	IFOP
Commanditaire	*Midi Libre* et France Bleu Hérault	*Midi Libre* et TV Sud
Dates	13 au 15 mars 2014	25 et 26 mars 2014
Méthode	Par téléphone	Par téléphone
Public	Échantillon de 602 personnes, représentatif de la population de la ville de Montpellier âgée de 18 ans et plus et inscrite sur les listes électorales.	Échantillon de 604 personnes, représentatif de la population de la ville de Montpellier âgée de 18 ans et plus et inscrite sur les listes électorales.
Marge d'erreur	2,4 %	4 %

3 Comment mieux garantir la sincérité des sondages ?

Le 14 février 2011, le Sénat a adopté une proposition de loi visant à renforcer l'encadrement des sondages. Parmi les mesures contenues dans la proposition de loi : obligation de mentionner l'organisme ayant réalisé le sondage, le commanditaire et l'acheteur, le nombre de personnes interrogées, les dates de l'enquête, publication à côté des données corrigées des données brutes avant traitement et mention des méthodes de traitement utilisées, interdiction des gratifications pour les personnes sondées, autorisation des sondages de second tour seulement à partir des résultats du premier tour, renforcement des pouvoirs de la Commission des sondages[1].

D'après Vie-publique.fr, 15 mars 2011.

1. Commission qui contrôle la qualité des sondages publiés en période électorale.

B Les sondages pour décider ?

4 Deux sondages, deux résultats pour une même question posée

Sondage 1 : EDF
(15-16 mars 2011)

➜ **Quelle est votre opinion à l'égard de la demande des écologistes d'abandonner la production d'électricité nucléaire en France ?**

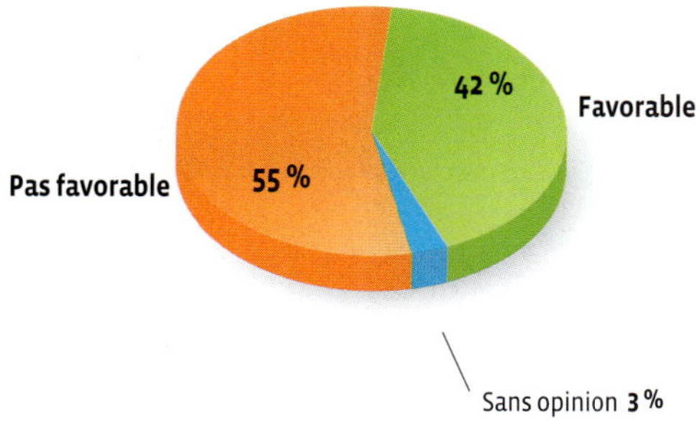

Sondage 2 : Europe Écologie Les Verts
(15-17 mars 2011)

➜ **Souhaitez-vous que la France ...**

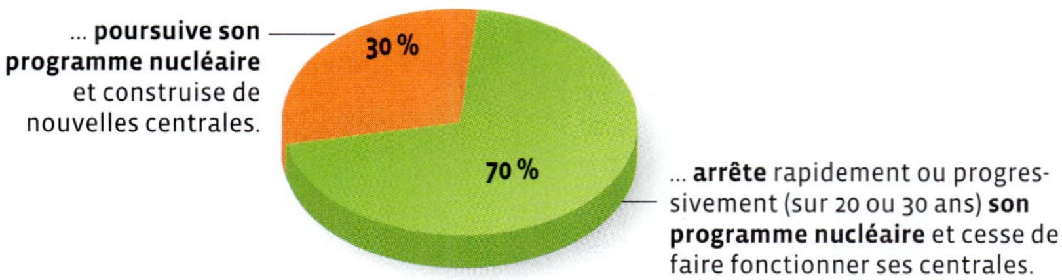

5 Une présence importante dans les médias

Popularité: Hollande progresse à 21% (+1), Valls recule à 26% (-2)

02 Juil. 2015, 08h22 | MAJ : 02 Juil. 2015, 08h22

Partager 0 | Tweeter 1 | 8+1 0 | Pin it

Le président français François Hollande (d) et son Premier ministre Manuel Valls au palais de l'Elysée à Paris, le 16 juin 2015 **(AFP/LIONEL BONAVENTURE)**

La cote de popularité de François Hollande progresse d'un point en juillet, à 21% d'opinions positives, tandis que celle de Manuel Valls recule de deux points, à 26%, selon un sondage YouGov publié jeudi.

■ Dépêche AFP, 2 juillet 2015.

6 Une forte demande des hommes politiques

Le grand intérêt des hommes politiques pour les sondages se comprend d'abord par la nécessité de la connaissance de l'opinion. Des analyses approfondies de groupes d'électeurs peuvent permettre de mieux cerner leurs attentes et leur sensibilité à certains éléments des programmes. Les sondages permettent également une mesure instantanée du ressenti de l'opinion face aux propositions des candidats.

■ Hubert Castéran, www.slate.fr, 20 février 2012.

Découvrir le sujet

1. **Doc 1, 2 et 4.** Qu'est-ce qu'un sondage ? Qui les commande ? Quels sujets abordent-ils ?
2. **Doc 1, 2, 3 et 6.** Les sondages permettent-ils de connaître l'opinion publique ?
3. **Doc 4 à 6.** Quelle est la place des sondages dans le débat public ?

Parcours 1 Faire le bilan

1. Un sondage peut-il remplacer une élection ou un référendum ? Je justifie ma réponse.
2. Les sondages renforcent-ils ou menacent-ils la démocratie ?

Parcours 2 Enquêter

1. Je recherche des sondages publiés dans un titre de presse. J'indique dans quels domaines ils sont utilisés, la place qui leur est accordée et la façon dont ils sont présentés.
2. Je choisis un sondage paru dans la presse et je le retrouve sur le site de l'institut de sondage qui l'a réalisé. Ce sondage me semble-t-il intéressant ? Fiable ? Je justifie mes réponses.

Je découvre

COMPÉTENCES
- Comprendre les principes de la République : la liberté d'expression.
- Connaître le rôle de l'opinion dans le débat démocratique.

L'usage d'internet dans la vie politique

A Internet pour informer et débattre

1 Communiquer en 140 signes : Twitter

VIDEO

Reportage sur l'utilisation de Twitter par les députés, *Journal de 20 heures*, France 2, 2015.

Retrouvez le lien vers cette vidéo sur le site www.nathan.fr/emc-college-eleve.

2 Les forums

Internet, contrairement à la radio ou à la télévision, met en situation d'égalité l'émetteur et le récepteur, c'est donc, à première vue, l'outil idéal pour une démocratie où le citoyen pourrait intervenir très régulièrement dans le débat public.

Par contre, l'échange argumenté est loin d'être toujours la règle. Les forums sont souvent le siège de ces guerres d'injures où les internautes défendent violemment des opinions dont ils ne veulent plus démordre. Le débat ne tend pas vers l'élaboration d'une position commune, mais plutôt vers une multiplication de points de vue contradictoires. Cet éclatement des opinions est encore renforcé par le fait que les identités des internautes sont floues.

P. Flichy, *Internet, un outil de la démocratie*, laviedesidees.fr, 2008.

VOCABULAIRE

Démocratie participative
Implication des citoyens dans le débat public et dans la prise de décision politique.

3 Les sites internet des députés

Page d'accueil du site internet de la députée Europe Écologie Les Verts (EELV) Laurence Abeille.

B Internet pour mobiliser et s'engager

4 Une page Facebook contre les gaz de schiste

Les gaz de schiste sont des réserves de gaz dont l'extraction est très polluante.

5 Le budget participatif parisien

41 000 citoyens ont voté pour choisir les projets que la municipalité devait mener en priorité.

■ Affiche de la ville de Paris, 2014.

6 La démocratie participative

Sur la plateforme Parlement & Citoyens, un parlementaire peut proposer aux citoyens son projet de texte de loi. Chacun d'entre nous peut ainsi faire savoir s'il est d'accord ou pas avec un point particulier du texte proposé, ajouter d'éventuelles remarques ou contre-propositions, et parfois se voir invité à un échange en face à face avec le parlementaire.

Parfaitement inédit en France, ce mécanisme consultatif est une réalisation concrète de l'idéal de démocratie ouverte que facilite internet. La démocratie participative apporte des solutions concrètes – mobilisation de l'intelligence collective, amélioration de la transparence, création de contre-pouvoirs aux lobbies… À tous et à chacun de s'en emparer !

■ www.inriality.fr, 10 avril 2013.

Découvrir le sujet

1. Doc 1 à 5. Grâce à internet, qui peut s'exprimer ? Qu'est-ce qui se développe entre les personnes ?

2. Doc 1, 2 et 3. Comment est-il possible de se forger son opinion grâce à internet ?

3. Doc 3 à 6. Sur internet, quelles actions sont proposées aux citoyens ?

Parcours 1 Faire le bilan

Que peut apporter internet à la démocratie ?

Parcours 2 Agir

J'indique quelques sujets de débats publics qui m'intéressent. Pour l'un de ces sujets, j'explique comment, sur internet, je peux m'informer, débattre et agir.

Vérifier ses connaissances

1 **J'associe chaque mot-clé à la définition qui lui correspond.**

a Sondage
d Démocratie participative
b Constitution
e Gouvernement
c Loi
f Démocratie représentative

1 Conduit la politique du pays.

2 Texte établissant des règles et voté par le Parlement.

3 Enquête pour connaître la répartition des opinions au sein d'une population.

4 Le peuple délègue son pouvoir à des personnes qu'il élit.

5 Les citoyens sont impliqués dans le débat et la prise de décision politique.

6 Texte qui fixe l'organisation des pouvoirs politiques.

2 **J'indique la (ou les) bonne(s) réponse(s).**

1. Le sondage :
- a est réalisé selon une méthode scientifique.
- b permet de prédire comment agira l'opinion publique.
- c dépend de la façon dont la question est posée.

2. La loi :
- a peut être proposée par le Premier ministre.
- b est votée par le gouvernement.
- c est appliquée par le gouvernement.

3. Les élections permettent de choisir :
- a le président de la République.
- b le gouvernement.
- c les députés européens.

4. Internet est :
- a interactif.
- b multimédia.
- c incontrôlé.

Évaluer ses connaissances et ses compétences

★ 3 La démocratie participative

→ Je développe une conscience citoyenne : la place de l'opinion dans le débat démocratique.

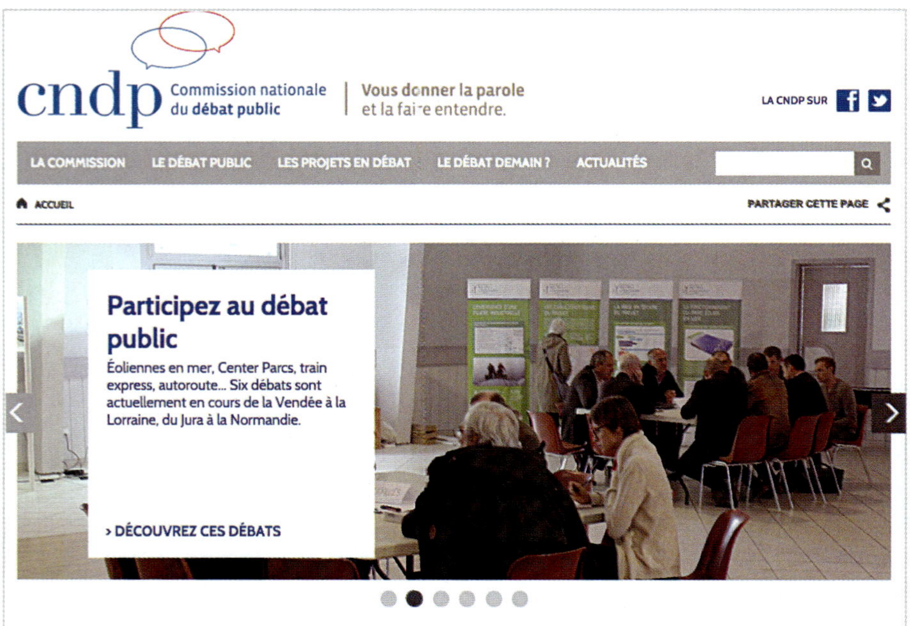

Page d'accueil du site de la Commission nationale du débat public, juillet 2015.

Questions

1. Je relève dans quels domaines sont organisés des débats par la Commission nationale du débat public.
2. Quel est le but de ces débats ? Cela me semble-t-il utile ?
3. Quel est l'intérêt d'utiliser internet pour la Commission nationale du débat public ?

★★ 4 Internet et les révolutions arabes (2010-2014)

→ *Je comprends l'usage d'internet dans la vie politique.*

■ Dessin de M. Iturria, paru dans le journal *Sud-Ouest*, le 26 janvier 2012.

Ce dessin a été publié au moment des révolutions contre les dictatures dans certains États (Tunisie, Égypte, Libye).

Questions

1. Quelle est la nature de ce document ? Quel est son contexte ?

2. Qu'est-ce qui montre, dans ce dessin, qu'internet a permis de contourner la censure qui existait dans les dictatures ?

3. Que penser du rôle joué par internet pendant ces révolutions ? Je justifie ma réponse.

★★ 5 Les Français et les hommes politique

→ *Je comprends l'influence des sondages.*

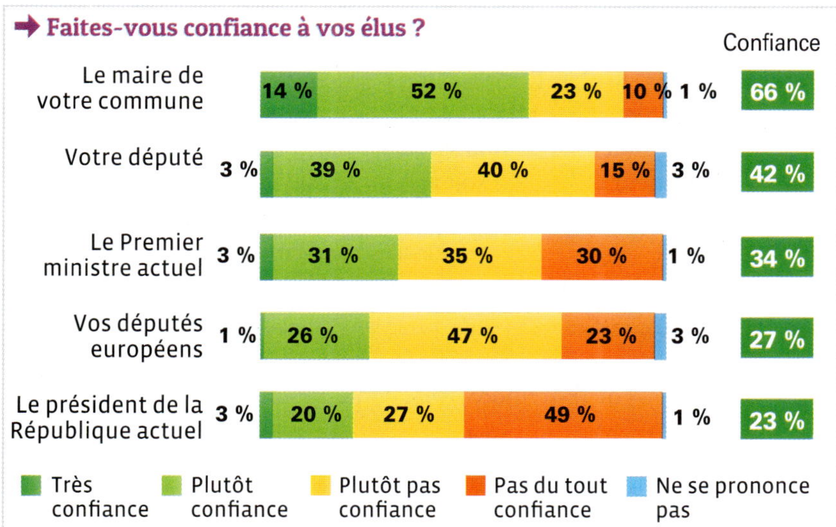

Source : Centre de recherches politiques de Sciences Po, décembre 2014.

Sondage réalisé en ligne par l'institut de sondage OpinionWay et le centre de recherche politique de Sciences Po, du 5 au 15 décembre 2014, auprès d'un échantillon de 1 864 personnes, représentatif de la population française, âgée de 18 ans et plus et inscrite sur les listes électorales.

Questions

1. Ce sondage me paraît-il fiable ? Je justifie ma réponse par trois arguments.

2. Quel est l'élu en qui les Français ont le plus confiance ? Pourquoi, selon moi ?

3. Quelle conclusion puis-je tirer de ce sondage sur la situation de la démocratie française ?

★★★ 6 Imaginer une société démocratique

→ *Je fais preuve de jugement moral.*

→ *Je reconnais les grandes caractéristiques d'un État démocratique.*

Sa Majesté des Mouches, film de Peter Brook, 1963.

Un avion transportant de jeunes garçons s'écrase sur une île paradisiaque. Tous les adultes ont péri. Les nombreux enfants survivants doivent s'organiser pour vivre ensemble.

Questions

1. Selon moi, quel régime politique les enfants devraient-ils mettre en place ? Pourquoi ?
2. Je cite quelques mesures concrètes qu'ils devraient prendre.
3. À quelles difficultés pourrait être confrontée cette société ? Pourquoi ?

★★★ 7 Respecter la hiérarchie du droit

→ *Je comprends les liens qui existent entre les différents textes de loi.*

1 La hiérarchie des différents textes de loi

LES TEXTES DE LOI

CONSTITUTION DE LA Vᵉ RÉPUBLIQUE
- Déclaration des droits de l'Homme et du citoyen de 1789
- Préambule de la Constitution de 1946
- Constitution de 1958
- Charte de l'environnement de 2004

↓

TRAITÉS ET ACCORDS INTERNATIONAUX
- Convention internationale sur les droits de l'enfant
- Traité sur l'Union européenne
- Convention européenne des droits de l'Homme
- Règlements et directives européens

↓

LOIS
- Codes

↓

RÈGLEMENTS
- Décrets : président de la République, Premier ministre
- Arrêtés ministériels, préfectoraux, municipaux
- Circulaires, règlement intérieur

Questions

1. Doc 2. Qui a pris la décision d'interdire la consommation de l'eau dans ces villages ?
2. Doc 1 à 3. À l'aide du schéma, classez dans l'ordre d'importance les différents textes qui ont permis d'interdire la consommation de l'eau dans les trois villages.
3. Doc 1 à 3. Pourquoi cette hiérarchie du droit doit-elle être respectée ?

2 Une restriction de l'utilisation de l'eau du réseau public

En mars 2012, l'eau distribuée dans plusieurs villages du Puy-de-Dôme avait une teneur en arsenic supérieure à la norme.

Art. 1 – Il est interdit de consommer pour la boisson et dans le cadre de la préparation des repas […] l'eau distribuée sur les villages de La Bénétie, La Malie et Le Maspatier jusqu'à nouvel ordre.

Maire de la commune d'Escoutoux (Puy-de-Dôme), arrêté n° 2012-09, 30 mars 2012.

3 Les textes de loi encadrant les restrictions de l'utilisation d'eau

a. **Art. 8** – Les États membres veillent à ce que la distribution d'eaux destinées à la consommation humaine constituant un danger potentiel pour la santé des personnes soit interdite, ou à ce que leur utilisation soit restreinte.

Directive 98/83/CE relative à la qualité de l'eau destinée à la consommation humaine, 3 novembre 1998.

b. **Art. R 1321-29** – Le préfet, lorsqu'il estime que la distribution de l'eau constitue un risque pour la santé des personnes, demande à la personne responsable de la production ou de la distribution d'eau […] de restreindre, voire d'interrompre la distribution.

Article modifié par le décret n° 2007-49 du 11 janvier 2007, Code de la santé publique.

c. **Art. 1** – Chacun a le droit de vivre dans un environnement équilibré et respectueux de la santé.

Charte de l'environnement, intégrée à la Constitution de la Vᵉ République, 2004.

L'essentiel

La Vᵉ République, une démocratie représentative

- La Constitution de la Vᵉ République (1958) garantit la **démocratie représentative**.
- La **souveraineté** appartient au peuple. Il délègue son pouvoir aux représentants qu'il élit tous les 5 ou 6 ans à la tête des collectivités territoriales (communes, département, région), de l'État et de l'Union européenne (Parlement européen).
- Les pouvoirs sont séparés. Le **pouvoir exécutif** est détenu par le président de la République et le Premier ministre, dont le gouvernement conduit la politique de la nation. Le **pouvoir législatif** est détenu par le Parlement, composé du Sénat (les sénateurs) et de l'Assemblée nationale (les députés). Le gouvernement est issu de la majorité à l'Assemblée nationale.
- Les citoyens concourent à l'élaboration de la loi, directement par **référendum** ou par l'intermédiaire de leurs représentants élus.

La Vᵉ République, une démocratie d'opinion

- L'avis des citoyens est recueilli presque en permanence. Tout d'abord, ils sont sollicités pour débattre et donner leur avis sur les projets les plus importants : c'est la **démocratie participative**.
- Par ailleurs, de nombreux **sondages** sont réalisés pour mesurer l'**opinion publique** et ainsi faciliter la prise de décision des gouvernants. Ils sont réalisés selon des méthodes statistiques précises, mais ils sont à prendre avec précaution en tenant compte de la question posée, du contexte…
- C'est grâce aux **médias** que les citoyens peuvent s'informer, débattre et s'engager. En France, la liberté et le pluralisme des médias sont garantis par la loi de 1881. Internet a la particularité d'offrir une grande interactivité à ceux qui l'utilisent et de permettre une plus large diffusion des médias traditionnels.

LES MOTS IMPORTANTS

- **Démocratie participative**
Implication des citoyens dans le débat public et dans la prise de décision politique.
- **Démocratie représentative**
Régime politique dans lequel le peuple délègue son pouvoir à des représentants.
- **Médias**
Ensemble des moyens de communication.
- **Opinion publique**
Représentation collective de la manière de penser d'une société.
- **Pouvoir exécutif**
Pouvoir de faire exécuter les lois sur l'ensemble du territoire.
- **Pouvoir législatif**
Pouvoir de faire la loi.
- **Référendum**
Consultation des citoyens sur un projet de loi. Les citoyens votent en répondant par oui ou par non à la question posée.
- **Sondage**
Enquête visant à connaître la répartition des opinions au sein d'une population sur une question donnée à un moment donné.
- **Souveraineté nationale**
Le pouvoir politique appartient à la nation, c'est-à-dire à l'ensemble des citoyens.

Les valeurs de la République

Démocratie

La démocratie est un régime politique dans lequel **la souveraineté appartient au peuple**. C'est le « gouvernement du peuple, par le peuple, pour le peuple », selon l'article 2 de la Constitution de la Vᵉ République (1958). La démocratie, c'est **renoncer à utiliser la force pour défendre ses idées dans la société**.

POUR ALLER PLUS LOIN

Livres et revue

« La Démocratie et les médias »,
Citoyens Juniors, n° 40, mars 2014.
Le rôle des médias dans le maintien de la démocratie.

La Dictature et la Démocratie
B. Labbé et P.-F. Dupont-Beurier, Milan Éditions, 2012.
Des questions philosophiques abordées à partir de situations concrètes, d'anecdotes de tous les jours…

La Démocratie
J. Laxer, Actes Sud junior, 2010.
Un livre qui fait réfléchir à ce que doit être une démocratie.

Sites

www2.assemblee-nationale.fr/decouvrir-l-assemblee/juniors
L'espace jeunes du site de l'Assemblée nationale qui présente les institutions de la République, avec des jeux, une bandes dessinée…

www.vie-publique.fr/decouverte-institutions/institutions/
Des questions et leurs réponses sur le fonctionnement des institutions. Un site très complet.

Film

L'Exercice de l'État
Pierre Schoeller, 2011.
Bertrand Saint-Jean, le ministre des Transports, est toujours dans l'action et l'urgence : il doit intervenir après un accident de car, défendre ses idées contre ses collègues ministres… C'est la politique au quotidien, à un rythme soutenu.

9 Qu'est-ce que la Défense nationale ?

→ Comment la Défense nationale agit-elle pour la sécurité en France et dans le monde ?

Campagne de recrutement de l'armée de Terre à Choisy-le-Roi (Val-de-Marne), 2013.

1 S'engager pour les autres

La Défense nationale, composée de militaires professionnels, veille à l'intégrité du territoire de la France. Celui-ci est en permanence protégé et surveillé par l'armée de Terre, la Marine, l'armée de l'Air.

VIDEO

Le plan Vigipirate a été relevé au niveau Alerte Attentats / opération Sentinelle depuis les attentats contre le journal *Charlie Hebdo* et contre l'Hyper Cacher de la porte de Vincennes les 7 et 9 janvier 2015.

Retrouvez le lien vers cette vidéo sur le site **www.nathan.fr/emc-college-eleve**.

? Comment la Défense nationale assure-t-elle la protection de la France contre les menaces ?

> *Art. 15 – Le président de la République est le chef des armées.*
> *Art. 21 – Le Premier ministre est responsable de la Défense nationale.*
> *Art. 35 – La déclaration de guerre est autorisée par le Parlement.*
>
> Constitution de 1958.

2 Participer au maintien de la sécurité dans le monde

La mission Atalante contre la piraterie maritime dans l'océan Indien (2009). Des soldats des pays de l'Union européenne, parmi lesquels des militaires français, interviennent pour protéger des attaques des pirates les navires de commerce circulant au large des côtes somaliennes.

Une opération de la mission Atalante (2009).

Retrouvez le lien vers cette vidéo sur le site **www.nathan.fr/emc-college-eleve**.

? Comment la Défense française participe-t-elle au maintien de la sécurité dans l'océan Indien ?

Exprimez-vous !

1. **Qui sont les acteurs de la Défense nationale ?**
2. **Comment agissent-ils, en France et dans le monde ?**

Je découvre

COMPÉTENCES
- Comprendre les grands principes de la Défense nationale.
- Se sentir membre de la collectivité nationale.

Quelles relations entre les citoyens et la Défense nationale ?

A Défense nationale et démocratie

1 L'organisation de la Défense nationale

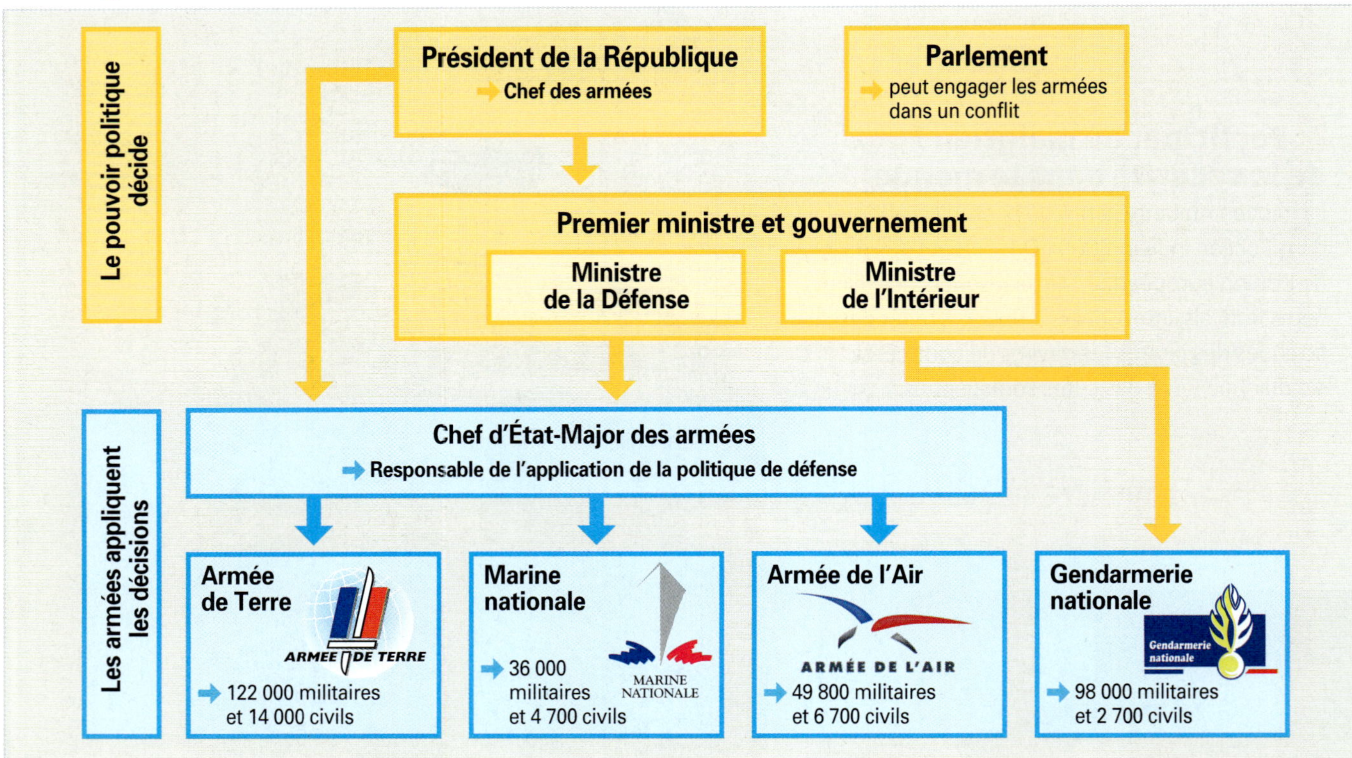

VOCABULAIRE

Esprit de défense
Esprit civique et citoyen qui met une population en capacité d'agir face aux risques et aux menaces, afin de les réduire. Cette prise de conscience résulte d'une éducation à la défense et à la sécurité. Elle est une mission de l'École.

Réserve militaire
Elle comprend la réserve opérationnelle (citoyens volontaires, qui s'impliquent temporairement dans une unité militaire) et la réserve citoyenne (citoyens volontaires, qui contribuent, dans la société, au renforcement du lien armée-nation et promeuvent l'esprit de défense).

2 Ce que dit la loi

Art. 5 – [Le président de la République] est le garant de l'indépendance nationale, de l'intégrité du territoire et du respect des traités.

Art. 20 – Le gouvernement détermine et conduit la politique de la nation. Il dispose [...] de la force armée.

Art. 21 – Le Premier ministre [...] est responsable de la Défense nationale.

Art. 34 – La loi [votée par le Parlement] détermine les principes fondamentaux de l'organisation générale de la Défense nationale.

Constitution de 1958.

3 La responsabilité des citoyens

Face aux risques et aux menaces, la défense et la sécurité de la nation [...] requièrent la sensibilisation, l'association, et l'adhésion de l'ensemble de nos concitoyens. Les Français sont acteurs et responsables de leur propre sécurité. L'esprit de défense [...] est à cet égard le premier fondement de la sécurité nationale. Il est la manifestation d'une volonté collective, assise sur la cohésion de la Nation et une vision partagée de son destin.

Livre blanc sur la Défense et la Sécurité nationale, 2013.

B Agir pour la Défense et la Sécurité nationale

4 Plan Vigipirate et opération Sentinelle

Vigipirate : l'armée en renfort, la France sous haute sécurité
La protection des lieux sensible

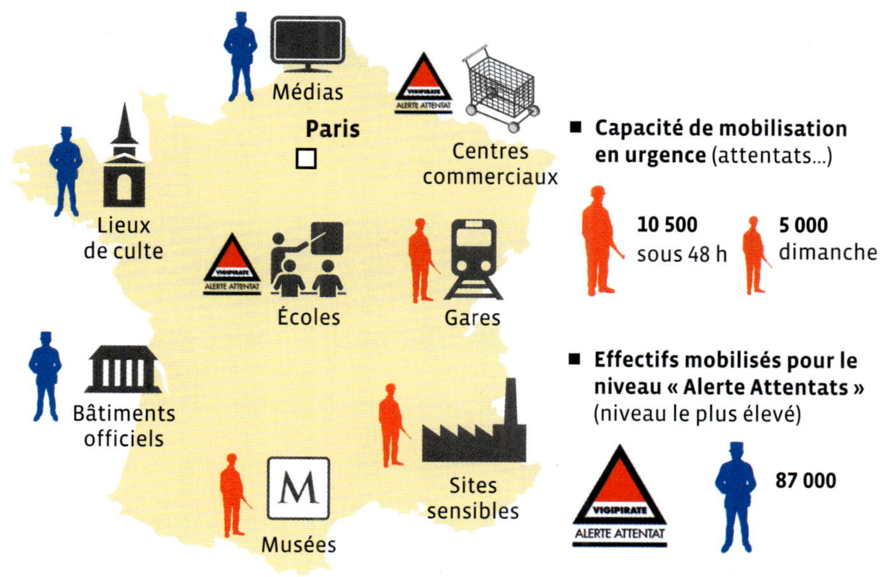

Le préfet **Patrice Latron** nommé coordonnateur de la sécurité des sites juifs.

Jean-Yves Le Drian ministre de la Défense : « *une véritable opération intérieure* ».

5 Les chantiers de l'armée française

Le ministre de la Défense a présenté les principaux chantiers de l'armée française pour tenir compte des nouvelles missions qui sont attribuées aux armées en matière de protection du territoire national.

Décidé après les attentats de janvier 2015 contre le journal *Charlie Hebdo* et l'Hyper Cacher de la porte de Vincennes, l'engagement de 10 000 militaires en appui des forces du ministère de l'Intérieur est maintenu, a décidé le président de la République. Autre mesure, le développement des réserves. « Les travaux que nous menons visent à disposer d'un réservoir de 40 000 réservistes contre 28 000 aujourd'hui », annonce le ministre de la Défense. De nouveaux moyens pour la cyberguerre se traduisent par le doublement de l'embauche de spécialistes. De nouveaux moyens de renseignement sont envisagés (satellite d'observation et nouveaux drones...). Un service volontaire pour les jeunes, associé à une formation professionnelle sera expérimenté.

La priorité reste la lutte contre la « menace terroriste d'inspiration djihadiste ». Le ministre a rappelé que 1 400 Français ont été à ce jour impliqués dans le djihad au Moyen-Orient.

D'après wwwlemonde.fr/politique/article, 3 mars 2015.

Découvrir le sujet

1. **Doc 1, 2 et 3.** En France, qui est responsable de la Défense et de la Sécurité nationale ?
2. **Doc 1, 2 et 4.** En matière de Défense, qui décide et qui applique les décisions ?
3. **Doc 4 et 5.** Pourquoi l'État envisage-t-il de nouveaux chantiers pour l'armée française ?
4. **Doc 3 et 5.** Comment tout citoyen peut-il s'engager au service de la défense et de la sécurité de la France ?

Parcours 1 Faire le bilan

À l'aide des informations relevées dans les documents, je rédige un texte d'une dizaine de lignes qui décrit le rôle des citoyens et des armées dans la défense et la sécurité de la France.

Parcours 2 Interviewer un réserviste

Lors de la Journée annuelle du réserviste, notre classe accueille un réserviste. Nous préparons son interview, d'abord en réalisant une recherche sur son identité, puis en rédigeant les questions que nous allons lui poser. Un reportage issu de cette interview pourra ensuite être mis en ligne sur le site internet du collège.

Journée Défense et citoyenneté

Conséquence de la professionnalisation des armées et de la suspension du service national instaurées par la loi du 28 octobre 1997, la Journée Défense et citoyenneté (JDC) a été instituée en 1998. Cette journée concerne tous les jeunes Français, garçons et filles.
Elle vise à développer l'esprit de défense et de citoyenneté.

A Que signifie cette journée ?

1 Participer à la JDC

VIDEO

Inauguration de la nouvelle JDC, 2014.

Retrouvez le lien vers cette vidéo sur le site www.nathan.fr/emc-college-eleve.

INFOS

Le parcours de citoyenneté
Il comprend l'**enseignement obligatoire de la Défense** au collège (en classe de 3e) et au lycée (en classe de 1re), le **recensement obligatoire** à 16 ans et la **Journée Défense et citoyenneté**. Il vise à sensibiliser les jeunes, garçons et filles, aux questions de défense et au devoir de mémoire. Il contribue au renforcement du lien entre l'armée et la nation.

2 Une étape du parcours de citoyenneté

Lors de la JDC, les valeurs de la République, les droits et les devoirs du citoyen et le rôle de la Défense sont rappelés.

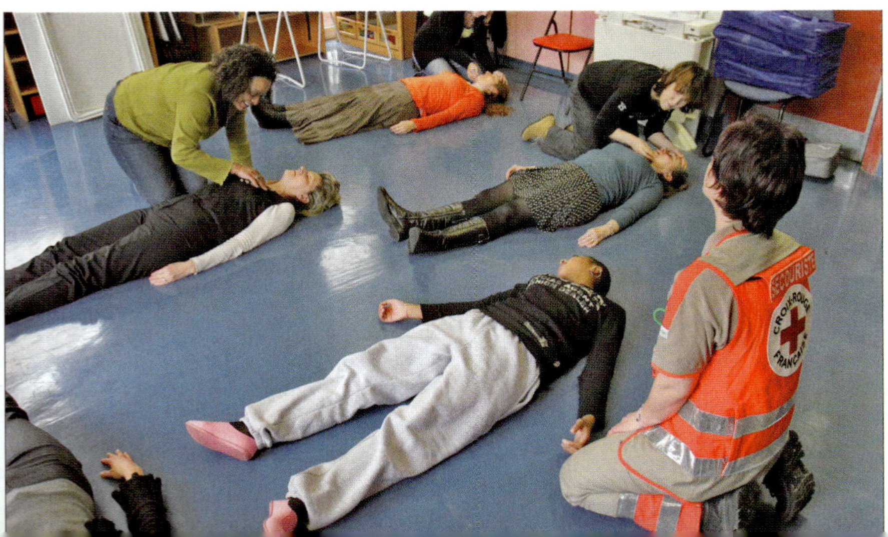

3 L'initiation aux premiers secours

La Journée Défense et citoyenneté comporte une initiation aux premiers secours.

B Comment développer l'esprit de défense avant et après la JDC ?

4 Participer aux commémorations nationales

Commémoration du 70e anniversaire du Débarquement, 5 juin 2014, Colleville-sur-Mer (Calvados).

5 Participer à un rallye citoyen

Le 1er rallye citoyen de Tarn-et-Garonne a réuni, à Montauban, 21 équipes composées d'élèves de classes de 3e des différents collèges du département. Cette manifestation avait été préparée par le trinôme académique réunissant les ministères de la Défense et de l'Éducation nationale et l'Institut des hautes études de la Défense nationale. […] Dix-huit ateliers attendaient ces jeunes avec des épreuves ayant pour objectif de promouvoir et développer le sens civique, le devoir de mémoire, le lien armée-nation, le goût de l'effort et de l'entraide. Des épreuves physiques et intellectuelles ont rythmé la journée de ces jeunes citoyens qui ont rencontré des représentants des services publics et du monde associatif. Sur un parcours de 8 kilomètres dans la ville de Montauban, plusieurs institutions avaient ouvert leurs portes : la préfecture, la mairie de Montauban, le conseil départemental, le tribunal de grande instance, la caserne Guibert, le service départemental d'incendie et de secours, le musée de la Résistance et du Combattant et le commissariat de police.

www.ladepeche.fr, 13 mai 2015.

6 Après la JDC, s'engager dans la Réserve

VIDEO

Présentation de la Réserve dans les armées.

Retrouvez le lien vers cette vidéo sur le site www.nathan.fr/emc-college-eleve.

INFOS

La Réserve

Les **réservistes militaires** exercent une **activité professionnelle civile** et consacrent une partie de leur temps à une **activité de défense**. Ils doivent avoir plus de 17 ans. D'origines très variées, les réservistes ont des compétences multiples. Ils participent par exemple au **plan Vigipirate**. Les réservistes citoyens réalisent des actions dans la société, par exemple en faveur de la jeunesse.

Je comprends

1. **Doc 1 et 2.** Je relève les éléments qui montrent que la JDC est une journée de sensibilisation à la défense, et à la citoyenneté.
2. **Doc 2, 3 et Infos p. 174.** Au cours de cette journée, que signifie « développer l'esprit de défense » ?
3. **Doc 4, 5, et Infos p. 174.** La JDC est-elle le seul moyen pour développer l'esprit de défense ?
4. **Doc 6 et Infos p. 175.** Je montre que devenir réserviste est un engagement au service de la Défense.

J'agis

1. Avec ma classe, je participe à un voyage sur un lieu de mémoire de la Première ou de la Seconde Guerre mondiale. Nous prenons des photographies et les accompagnons d'un poème ou d'un reportage qui illustre le devoir de mémoire.
2. Je souhaite intégrer la classe de 3e « défense et sécurité globale » de mon collège. Avec mes camarades, nous élaborons un programme (visites, rencontres, exposés…) qui nous sensibilise à « l'esprit de défense ».

En équipe !

COMPÉTENCES
- Connaître les principes de la Défense nationale.
- Prendre la parole devant les autres.

France, Europe, monde : les engagements de la Défense française

Votre mission

Dans le cadre de l'enseignement obligatoire de défense, votre classe doit préparer des présentations orales sur les différentes formes d'engagement des armées françaises aux échelles nationale et internationale. Répartis en équipes, vous devez analyser des situations afin de faire comprendre le sens de ces engagements pour la sécurité collective.

Vous effectuerez le travail demandé à partir des documents proposés et de vos recherches personnelles.

Équipe 1 La Défense nationale : assurer la sécurité de la France

Votre équipe va devoir expliquer à la classe pourquoi la France, pays en paix, a besoin d'une armée, et quel est le rôle des armées de Terre, de l'Air et de la Marine dans la défense du territoire national.

1 La défense militaire

Les menaces militaires n'ont pas disparu, et les nombreuses opérations militaires dans lesquelles la France a été engagée au cours des dernières années (Afghanistan, Côte d'Ivoire, Libye, Mali) démontrent que l'action militaire reste une composante importante de notre sécurité. Dans le même temps, les risques et les menaces se sont multipliés. Le terrorisme, la cybermenace[1], le crime organisé, la dissémination des armes conventionnelles, la prolifération des armes de destruction massive, les risques de pandémies, les risques technologiques et naturels peuvent affecter gravement la sécurité de la nation.

■ Livre blanc sur la Défense et la Sécurité nationale, 2013.

1. Cybermenace : menace dirigée contre les réseaux informatiques.

2 La stratégie de défense et de sécurité nationale

Les priorités du

LIVRE BLANC

sur la Défense et la Sécurité nationale, 2013

Trois missions de la Défense nationale
- Protection
- Dissuasion (arme nucléaire)
- Intervention

Des lieux à sécuriser pour la protection du territoire
- L'Europe et ses marges
- La Méditerranée
- L'Afrique subsaharienne

La fidélité de la France à ses alliances
- Alliance atlantique (OTAN)
- Participation à la défense commune européenne
- Membre de l'ONU

3 Les actions des armées sur le territoire national

ARMÉE DE TERRE

L'armée de Terre s'investit dans des actions diversifiées (plan Vigipirate / opération Sentinelle, lutte contre les incendies, plan ORSEC...).

ARMÉE DE L'AIR

L'armée de l'Air porte assistance aux aéronefs civils en détresse, au transport de moyens de secours...

MARINE NATIONALE

La Marine porte ses efforts sur l'action en mer (sauvetage en mer, lutte contre les pollutions, narco-trafics, immigration illégale...).

Équipe 2 Les engagements européens de la France

Votre équipe est chargée de travailler sur la place de la France dans la politique de Sécurité et de Défense commune (PSDC) de l'Union européenne. Vous allez devoir définir les opérations militaires européennes auxquelles la France participe.

4 La participation de la France à l'opération Atalante

L'Union européenne mène depuis le 8 décembre 2008 une opération militaire pour contribuer à la prévention et à la répression des actes de piraterie au large de la Somalie. Ici, la frégate *Nivôse* intervient contre des pirates en 2015.

5 La participation de la France à l'opération Triton

Un patrouilleur de la Marine française, présent en mer Méditerranée pour renforcer le dispositif européen de surveillance Triton, a sauvé samedi [2 mai 2015] 217 personnes au large de la Libye. [...] Deux hommes ont été pris en charge par le médecin et les infirmiers militaires à bord du patrouilleur *Commandant Birot*. Le ministère de la Défense avait annoncé mardi l'envoi du *Commandant Birot* pour renforcer le dispositif mis en place afin de faire face à l'afflux de bateaux de migrants. L'Union européenne a décidé, après une série de naufrages ayant entraîné la mort de plusieurs centaines de migrants, de renforcer sa présence en mer. [...] L'opération Triton a été lancée en novembre 2014 pour aider l'Italie à contrôler ses frontières maritimes et récupérer les migrants sur des embarcations en perdition.

France 24 et AFP, 3 mai 2015.

Équipe 3 Les engagements internationaux de la France

Votre équipe est chargée de travailler sur les engagements militaires de la France dans le monde afin d'assurer la sécurité des populations civiles. À partir des exemples proposés, vous allez devoir expliquer quelles sont les différentes formes d'intervention des militaires français, et pour quels objectifs.

6 2010 : porter secours en Haïti

Dans le cadre de l'opération au profit des victimes du séisme, le 12 janvier 2010, les forces armées des Antilles ont assuré un pont maritime et aérien afin d'acheminer de l'aide. Les moyens militaires français ont contribué aux opérations de secours (travaux de déblaiement, montage de tentes, acheminement de vivres...), et d'évacuations sanitaires (interventions chirurgicales à bord du bâtiment de la Marine nationale *Sirocco*...).

Extrait de *Défense et Sécurité de la France au XXIe siècle*, Sceren-CNDP-CRDP, 2011.

7 2013 : intervenir militairement au Mali

En 2013, la France intervient dans le cadre d'une opération de l'ONU. L'objectif est de mettre fin à la guerre civile, de veiller à l'organisation d'élections libres et d'apporter une aide humanitaire aux populations civiles.

Mise en commun

- Chaque groupe présente son travail au reste de la classe. Pendant la présentation de vos camarades, prenez des notes. Si besoin, préparez des questions que vous leur poserez après la présentation.
- À partir des présentations orales de chaque équipe, rédigez un bilan de quelques lignes sur les priorités de la Défense nationale et sur les engagements européens et internationaux de la France.

À nous d'agir ! TÂCHE COMPLEXE

COMPÉTENCES
- Comprendre le sens des engagements internationaux de la Défense française.
- Avoir le sentiment d'appartenir au destin commun de l'humanité.

L'engagement de la France en Afrique : l'opération Barkhane

Consigne

Votre professeur d'histoire-géographie vous invite régulièrement à relater l'actualité dans le monde. Vous endossez le rôle de reporter de guerre et suivez l'opération Barkhane dans laquelle sont engagés les armées et le gouvernement français.

Votre tâche consiste à présenter oralement à la classe le reportage que vous avez effectué sur les raisons de cette opération et les conditions de son déroulement.

1 Agir contre les groupes armés terroristes

VIDEO

Opération Barkhane : au cœur de la coopération, 2014.

Retrouvez le lien vers cette vidéo sur le site www.nathan.fr/emc-college-eleve.

2 L'opération Barkhane, pour sécuriser le Sahel et le Sahara

Depuis plus de 20 ans, la menace terroriste s'est installée en Afrique dans la bande sahélo-saharienne. L'armée française, présente au Mali depuis 2013, est au cœur de cette opération qui engage plusieurs États.

Le 1er aout 2014, la nouvelle force militaire française Barkhane, dédiée à la lutte contre le terrorisme au Sahel, a été lancée. […] Elle renforce la coopération militaire entre la France et les États africains afin d'éradiquer la menace terroriste dans cinq pays […] (Mauritanie, Burkina Faso, Mali, Tchad et Niger). « C'est notre sécurité qui est en jeu, celle des pays africains et la nôtre en même temps. […] », a déclaré Jean-Yves Le Drian, ministre de la Défense. Le but du nouveau dispositif est de permettre aux Africains de posséder, à terme, tous les outils nécessaires pour faire face aux groupes armés terroristes et d'assumer leurs responsabilités en matière de défense et de sécurité.

Armées d'aujourd'hui, n° 392, septembre 2014, www.defense.gouv.fr.

3 Madama, la défense d'un lieu stratégique

Une base militaire française a été construite à Madama (Niger), pour lutter contre les trafics terroristes et mafieux (armes, drogues…) issus de la Libye.

4 Le déploiement des forces françaises de l'opération Barkhane

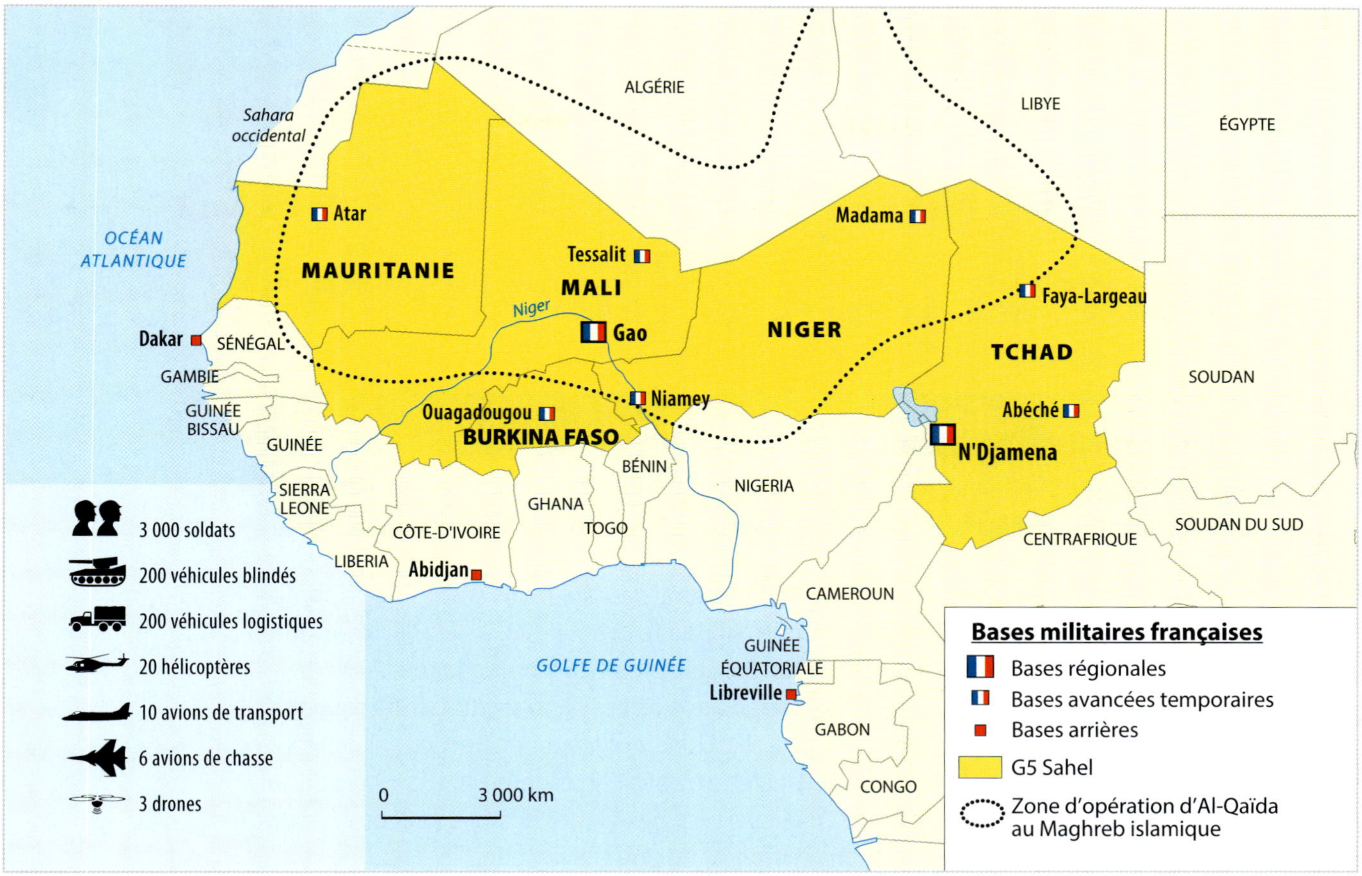

INFOS

La France intervient dans l'**opération Barkhane** avec l'accord de l'ONU et de l'Union européenne. Elle agit au nom du ***Livre Blanc sur la Défense et la Sécurité nationale*** (2013) qui indique que « les coopérations bilatérales et multilatérales doivent être renforcées [...] afin de mieux prendre en compte la continuité qui existe entre la sécurité intérieure et la sécurité extérieure ».

5 Couper les routes des djihadistes au Sahel

Dans la bande sahélo-saharienne, les groupes armés « se jouent des frontières et jouent avec elles », pour échapper aux forces de sécurité nationales, explique le commandant de l'opération Barkhane, le général français Jean-Pierre Palasset. D'où la mise en place du dispositif inédit, « Barkhane », avec cinq États du Sahel. Neuf fois la superficie de la France, dans un environnement particulièrement hostile (climat désertique, peu ou pas de routes). Barkhane étend son emprise au plus près de la Libye, « sanctuaire » de tous ces groupes djihadistes, selon l'expression des militaires français. C'est dans le Sud libyen qu'ils recrutent, se ravitaillent en armes et se mettent à l'abri si besoin. Pour les repérer, avions de combat et drones français décollent quotidiennement de N'Djamena et Niamey (Niger), portant une attention particulière aux points d'eau, rares dans le désert. Sans point d'eau, point de salut.

L'opération Barkhane veut couper les routes des djihadistes au Sahel, Agence France Presse, 7 novembre 2014.

COUP de POUCE

Pour vous aider à réaliser votre reportage oral, reproduisez et complétez le tableau suivant avec les informations relevées dans les documents.

	Origine et objectifs de l'opération Barkhane ; acteurs à l'origine de l'opération	Lieux de l'opération Barkhane	Déroulement de l'opération Barkhane et acteurs	Obstacles au déroulement de l'opération Barkhane
Quelles informations tirez-vous de l'ensemble des documents ?				

L'art S'ENGAGE
L'ART témoigne

Le monument des enfants pour la paix à Hiroshima, 1958

→ ***Comment l'initiative d'une jeune fille a-t-elle transformé des origamis, œuvres d'art populaire éphémères, en message mondial pour la paix ?***

Sadako Sasaki (1943-1955), victime des radiations émises par la bombe atomique larguée sur Hiroshima le 6 août 1945, s'est inspirée de la légende japonaise selon laquelle celui qui confectionne 1 000 grues en origami (pliage de papier) voit ses vœux exaucés. Elle souhaitait guérir et vivre en paix. Elle en confectionna avec tous les morceaux de papier qu'elle trouvait, y compris les étiquettes de ses flacons de médicaments. Sadako et ses pliages colorés sont devenus des symboles de paix universelle.

1 Un mémorial pour la paix réalisé par les jeunes du monde entier

Mémorial de Sadako Sasaki, 2009. Depuis 1955, des écoliers japonais d'abord, puis des jeunes du monde entier, plient des grues, en font des tableaux et les envoient à Hiroshima. En mémoire de Sadako, ils transmettent leurs messages en faveur de la paix.

2 Les pliages de Sadako (1955)

Ces pliages de Sadako sont exposés au Mémorial pour la paix à Hiroshima.

Biographie

Sadako Sasaki
(1943-1955)

Née à Hiroshima en 1943, Sadako a deux ans lorsqu'elle est irradiée par le bombardement atomique du 6 août 1945. Dix ans plus tard, elle développe une leucémie, dont elle meurt à l'âge de 12 ans. Pendant ses séjours à l'hôpital, **elle plie 644 grues en origami**, symbole traditionnel de vie au Japon. Après sa mort, les élèves de sa classe et d'autres écoles du Japon continuent son action, afin de collecter des fonds pour construire **une statue et un mémorial, en souvenir de Sadako et de tous les enfants frappés par la bombe**.

MÉMO'ART

Forme et technique

- **L'origami** (*oru* « plier » et *kami* « papier ») est une **technique traditionnelle japonaise**, empruntée aux Chinois. Il est une juxtaposition de **pliages en papier** qui donne lieu à une **création artistique éphémère**, aux couleurs vives, lumineuses et contrastées. Les origamis du monument des enfants pour la paix à Hiroshima sont des guirlandes composées de petites grues pliées, enfilées sur des fils flottant au vent. Sur les tableaux, les grues sont collées les unes aux autres.
- Parce qu'il est en papier, **cet art est en perpétuelle évolution**. De nouvelles créations remplacent celles abîmées par le temps.

Sens

- Le remplacement permanent des origamis rend le **monument vivant et immortel**. Il est le symbole d'un engagement sans fin pour **promouvoir la paix** et agir pour son maintien dans le monde.

Usage

- Outre l'émotion suscitée, ce monument des enfants pour la paix invite les jeunes générations au **recueillement** et au **devoir de mémoire**. Il génère une volonté commune, celle d'agir et de développer ainsi leur **esprit de défense et de citoyenneté**.

Questions

Je présente l'œuvre et j'exprime ce que je ressens

1. Qui poursuit aujourd'hui l'œuvre de papier commencée par Sadako Sasaki ? Pourquoi est-ce important ?

2. Que ressentez-vous face aux grues pliées par Sadako ? Pourquoi ?

Je décris l'œuvre

3. Quels mots me viennent à l'esprit pour décrire cette œuvre ?

Je fais le lien entre art et engagement

4. Si je devais transmettre un message de paix à travers une œuvre d'art, quelle serait ma création (plastique, musicale, littéraire...) ? J'explique mon choix.

Pour aller + loin

Je mène une recherche sur les symboles qui marquent l'engagement d'artistes pour la paix : Picasso et la colombe de la paix, Daniel Barenboïm et le West-Eastern Divan Orchestra...

Vérifier ses connaissances

1 J'indique la (ou les) bonne(s) réponse(s).

1. La Journée Défense et citoyenneté :
- a est une étape du parcours de citoyenneté.
- b concerne les garçons à partir de 16 ans.
- c est facultative.

2. La Défense et la Sécurité nationale :
- a doivent protéger les habitants et le territoire de la France.
- b doivent défendre les valeurs de la République.
- c relèvent uniquement de la police.
- d concernent des territoires extérieurs à la France.

3. L'armée française :
- a participe à des opérations à la demande de l'Union européenne.
- b impose ses décisions aux élus de la nation.
- c participe à l'opération Vigipirate.

4. Les armées françaises peuvent agir :
- a sous mandat de l'ONU.
- b pour conquérir de nouveaux territoires.
- c à la demande d'un État allié comme le Mali.
- d dans le cadre de l'Union européenne.

2 Je fais correspondre aux mots suivants les définitions ci-dessous.

a Livre blanc sur la Défense et la Sécurité nationale
b Esprit de défense
c OTAN
d ONU
e Parcours de citoyenneté

1 Organisation du traité de l'Atlantique Nord (1949) qui assure aujourd'hui la défense de l'Europe et de l'Amérique du Nord.

2 Il se compose de 4 étapes : enseignement de défense en 3e et en 1re, recensement de tout Français à l'âge de 16 ans, Journée Défense et citoyenneté, appel sous les drapeaux.

3 Esprit civique et citoyen qui met une population en capacité d'agir face aux risques et aux menaces, afin de les réduire.

4 Organisation des Nations unies (1945) dont l'une des missions est de maintenir la paix et la sécurité internationales au nom du respect des droits et de la dignité des personnes humaines.

5 Texte officiel définissant les objectifs de la politique de Défense et de Sécurité nationale.

Évaluer ses connaissances et ses compétences

★ 3 Les forces armées et la solidarité nationale

→ *J'identifie une des missions de la Défense nationale, la défense civile.*

Les armées doivent […] concourir à la prévention des risques de toute nature, au secours et à la protection des personnes, des biens et de l'environnement, lors d'accidents, de sinistres ou de catastrophes naturelles, technologiques et sanitaires.

La réponse à des crises majeures de toute nature peut ainsi mobiliser, rapidement et dans la durée, l'essentiel des moyens des armées, en complément des forces de sécurité et des moyens civils de l'État. Ainsi, le 27 février 2010, immédiatement après le passage de la tempête Xynthia qui allait toucher la façade atlantique de la France, les armées intervenaient au secours des sinistrés en évacuant par air, grâce à quatre hélicoptères, plus de 140 personnes blessées ou en danger immédiat, puis en menant des reconnaissances aériennes pour évaluer les dégâts et orienter les sauveteurs. Les armées ont également mobilisé des embarcations légères amphibies [s'utilisant sur terre et sur l'eau] pour mener des reconnaissances et matériels adaptés pour rehausser digues et ouvrages d'art. Enfin la base aérienne de Rochefort a assuré l'hébergement de 600 secouristes de la sécurité civile et offert de grandes capacités de stockage.

E. Farcy-Magdenel et Ch. Tissier-Dauphin (dir.), *Défense et Sécurité de la France au XXIe siècle*, Sceren-CRDP, 2011.

Questions

1. Quel(s) type(s) de mission(s) appelle(nt) les forces armées à agir pour protéger et secourir la société ?

2. Quelles actions les armées ont-elles menées lors de la tempête Xynthia ?

3. Pourquoi peut-on affirmer que les armées agissent dans un esprit de solidarité ?

★★ 4 Les forces françaises déployées dans le monde (2015)

→ *Je situe les engagements internationaux de la France et les mets en relation avec la liberté et la sécurité des peuples.*

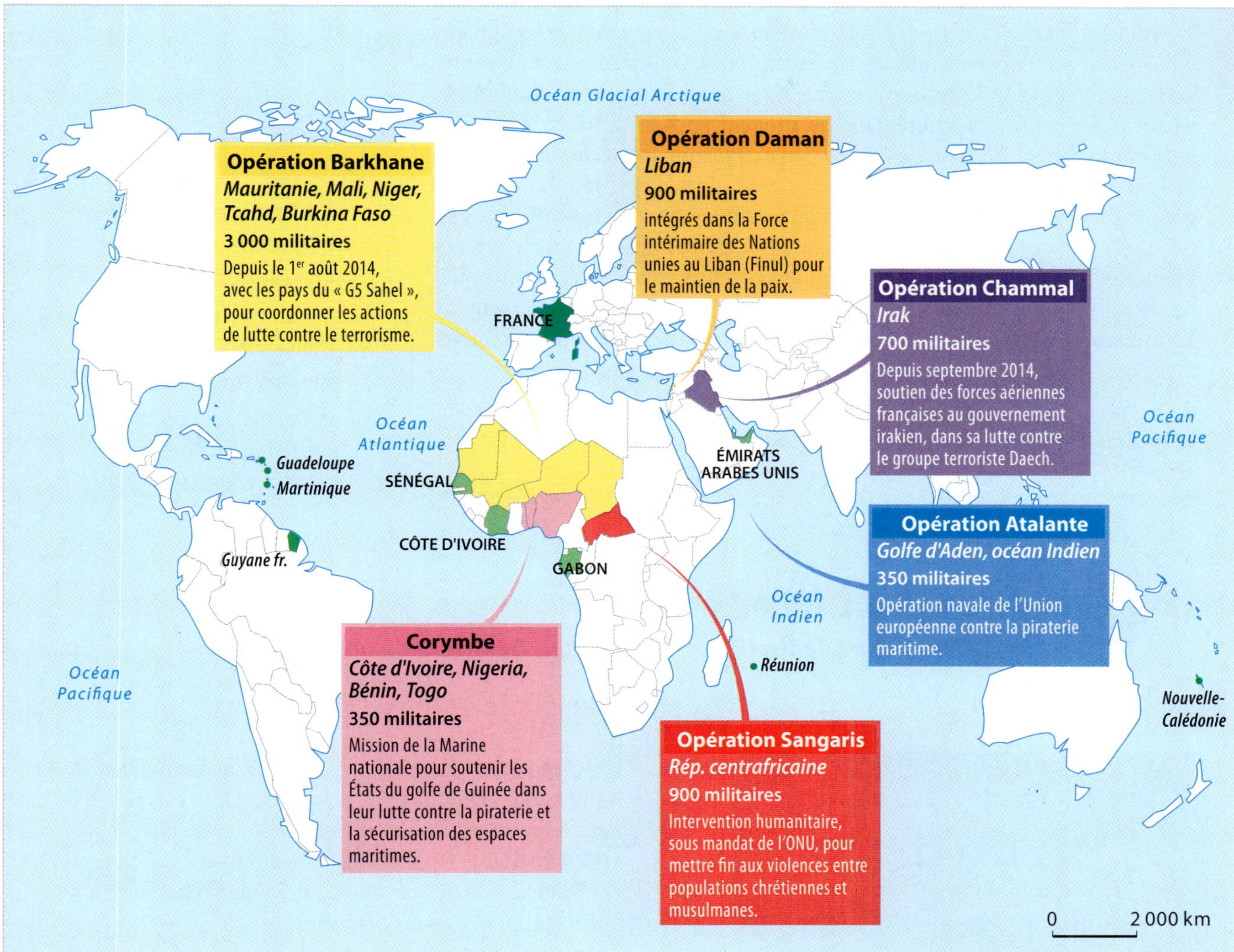

Forces de souveraineté : protection et sauvegarde du territoire national et de la population

Forces de présence : présence des forces françaises suite à des accords de coopération militaire régionale

18 000 soldats français ont été déployés hors métropole en 2015, dont 7 000 en opérations extérieures de maintien de la paix (OPEX).

Questions

1. Comment se nomment les forces armées en charge de la protection du territoire national ? Quels territoires sont concernés ? Pour quels objectifs ?

2. Comment se nomment les forces françaises qui interviennent pour honorer des accords de coopération ? Avec quels pays ? Au nom de quelle(s) valeur(s) ?

3. Recopiez et complétez le tableau ci-dessous en classant et en nommant les opérations extérieures de la France en fonction des objectifs de leurs interventions :

	Nom de l'OPEX	Lieu de l'OPEX et pays	Objectifs
Piraterie			
Terrorisme			
Action humanitaire / maintien de la paix			

Exercices

★ 5 Le service de santé des armées et l'épidémie Ebola

→ *Je définis la mission humanitaire des armées.*

Le 8 mai 2015, à Conakry, en Guinée, la relève du personnel médical du service de santé des armées (SSA), du régiment médical (RMED) et du 2e régiment des dragons est arrivé au centre de traitement des soignants (CTS) pour poursuivre la mission de leurs prédécesseurs dans la lutte contre le virus Ebola[1]. La mission est de sauver les patients suspects ou contaminés par le virus, eux-mêmes soignants ou prenant part en première ligne à la lutte contre Ebola. Il en ressort un travail extraordinaire des militaires français face à un ennemi mortel, avec la mise en place de procédures adaptées pour évoluer avec le minimum de risques et un rythme de travail intense. Il est aussi à remarquer la grande implication du personnel dans les recherches médicales sur le virus Ebola et le suivi des patients guéris pour dépister des séquelles potentielles. Le CTS engage, depuis le 14 janvier 2015, plus de 12 militaires. Il répond à l'objectif que se donne la France de lutter activement contre la maladie, en étant intégré à la *Task Force Ebola* (TFE).

■ www.defense.gouv.fr, 2015.

1. L'épidémie de fièvre hémorragique Ebola a fait plus de 10 000 morts en Afrique de l'Ouest (mars 2015).

Questions

1. D'après ce document, quel métier peut exercer un militaire français ?
2. Pourquoi peut-on parler d'un « travail exceptionnel des militaires français » ?
3. Quelles valeurs animent ces militaires dans la mission qu'ils accomplissent ?

★★ 6 Le citoyen et la Défense nationale

→ *Je comprends la relation entre les citoyens et la Défense nationale.*

1 Se faire recenser

2 Le devoir de défense

Article L111.1 – Les citoyens concourent à la défense de la Nation. Ce devoir s'exerce notamment par l'accomplissement du service national universel.

Article L111.2 – Le service national universel comprend des obligations : le recensement, l'appel de préparation à la défense[1] et l'appel sous les drapeaux.

Il comporte aussi des volontariats.

L'appel de préparation à la défense a pour objet de conforter l'esprit de défense et de concourir à l'affirmation du sentiment d'appartenance à la communauté nationale, ainsi qu'au maintien du lien entre l'armée et la jeunesse.

L'appel sous les drapeaux permet d'atteindre, avec les militaires professionnels, les volontaires et les réservistes, les effectifs déterminés par le législateur pour assurer la défense de la Nation.

■ Code du Service national.

1. Aujourd'hui Journée Défense et citoyenneté

Questions

1. **Doc 1 et 2.** Quelles obligations les citoyens doivent-ils respecter pour concourir à la défense de la nation ?
2. **Doc 1.** Que signifie « Pensez au recensement » ? Qui est concerné ? À quels droits permet-il d'accéder ?
3. **Doc 1 et 2.** D'après ces deux documents, que signifie l'esprit de défense ? Je montre qu'il s'agit d'une attitude de citoyen responsable.

L'essentiel

Les principes de la Défense nationale

- La **Défense nationale** a pour rôle de protéger le territoire français, ses habitants, ses institutions, et de garantir ses intérêts économiques. Le gouvernement définit sa stratégie de défense et de sécurité dans le **Livre blanc sur la Défense et la Sécurité nationale** (2013). Les **attentats de janvier 2015** contre le journal *Charlie Hebdo* et l'Hyper Cacher ont eu pour conséquence un **renforcement du plan Vigipirate** contre le **terrorisme**.

- Le **président de la République** est le chef des armées et le garant de l'indépendance nationale et de l'intégrité du territoire. Le principe de **dissuasion nucléaire** relève de sa responsabilité. Le **Parlement** décide de l'engagement des armées dans un conflit. **L'obligation de défendre** leur pays est inscrite pour les Français dans le **parcours de citoyenneté**. Dès l'âge de 17 ans, ils peuvent s'engager dans la **réserve militaire**.

Les engagements européens et internationaux de la France

- Avec ses alliés, la France est présente dans le monde pour assurer la **paix**. La France contribue à la **sécurité internationale** par ses engagements dans des **missions humanitaires**, par exemple contre l'**épidémie Ebola** en Afrique, et des **missions de maintien de la paix**, par exemple en Centrafrique face aux violences religieuses.

- Elle intervient sous mandat de l'**ONU** et avec l'aval de l'**Union européenne** dans l'**opération Barkhane** contre le terrorisme dans les États africains de la zone sahélo-saharienne. Dans le cadre de la **politique de Sécurité et de Défense commune** (PSDC) de l'Union européenne, elle est présente, par exemple, dans l'océan Indien pour lutter contre la piraterie.

LES MOTS IMPORTANTS

Dissuasion nucléaire
Dissuader, c'est persuader de ne pas faire, donc de ne pas déclencher l'arme nucléaire. L'objectif, dans une démocratie, est de faire peur à l'adversaire, pour maintenir la paix.

Livre blanc sur la Défense et la Sécurité nationale
Texte officiel qui fait état des risques et des menaces et définit les objectifs de la politique de Défense et de Sécurité nationale de la France.

Parcours de citoyenneté
Composé de 4 étapes : enseignement de défense en 3e et en 1re, recensement (inscription à la mairie de sa commune de tout Français, âgé de 16 ans), Journée Défense et citoyenneté, appel sous les drapeaux.

Plan Vigipirate
Plan gouvernemental permanent de vigilance, de prévention et de protection contre la menace terroriste sur le territoire national. Il peut être élevé au niveau « Alerte Attentat ».

Réserve militaire
Elle comprend la réserve opérationnelle (citoyens volontaires, qui s'impliquent temporairement dans une unité militaire) et la réserve citoyenne (citoyens volontaires, qui contribuent, dans la société, au renforcement du lien armée-nation et promeuvent l'esprit de défense).

Les valeurs de la République

L'esprit de défense

Esprit civique et citoyen qui met une population en capacité d'agir dans l'intérêt général face aux risques et aux menaces. Il développe le lien entre l'armée et la nation. Il vise à préserver les valeurs de la démocratie, au service de la paix.

POUR ALLER PLUS LOIN

Vidéos

L'Oiseau bonheur de Seji Arihara,
Les films du paradoxe, 2004.
Un dessin animé japonais qui relate l'histoire de Sadako Sasaki.

L'ONU, Géopolis
Une présentation de l'histoire de l'ONU.
http://www.ina.fr/video/CAB93030200

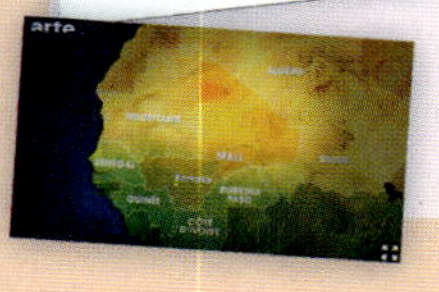

« Des nouvelles du Mali », *Le Dessous des cartes*,
Arte, 11 avril 2015.

Sites

La Journée Défense et citoyenneté
www.defense.gouv.fr/jeunes/jdc/pourquoi-la-jdc

Les opérations extérieures expliquées aux jeunes
www.defense.gouv.fr/jeunes/opex

Les métiers de la Défense
www.defense.gouv.fr/jeunes/metiers

La Constitution et les grandes déclarations des droits de l'Homme

I. Constitution

Déclaration des Droits de l'Homme et du citoyen (26 août 1789)

• **Article 1er.** Les Hommes naissent et demeurent libres et égaux en droits. Les distinctions sociales ne peuvent être fondées que sur l'utilité commune.

• **Article 2.** Le but de toute association politique est la conservation des droits naturels et imprescriptibles de l'Homme. Ces droits sont la liberté, la propriété, la sûreté, et la résistance à l'oppression.

• **Article 3.** Le principe de toute Souveraineté réside essentiellement dans la Nation. Nul corps, nul individu ne peut exercer d'autorité qui n'en émane expressément.

• **Article 4.** La liberté consiste à pouvoir faire tout ce qui ne nuit pas à autrui : ainsi, l'exercice des droits naturels de chaque Homme n'a de bornes que celles qui assurent aux autres Membres de la Société la jouissance de ces mêmes droits. Ces bornes ne peuvent être déterminées que par la Loi.

• **Article 5.** La Loi n'a le droit de défendre que les actions nuisibles à la Société. Tout ce qui n'est pas défendu par la Loi ne peut être empêché, et nul ne peut être contraint à faire ce qu'elle n'ordonne pas.

• **Article 6.** La Loi est l'expression de la volonté générale. Tous les Citoyens ont droit de concourir personnellement, ou par leurs Représentants, à sa formation. Elle doit être la même pour tous, soit qu'elle protège, soit qu'elle punisse. Tous les Citoyens étant égaux à ses yeux sont également admissibles à toutes dignités, places et emplois publics, selon leur capacité, et sans autre distinction que celle de leurs vertus et de leurs talents.

• **Article 7.** Nul homme ne peut être accusé, arrêté ni détenu que dans les cas déterminés par la Loi, et selon les formes qu'elle a prescrites. Ceux qui sollicitent, expédient, exécutent ou font exécuter des ordres arbitraires, doivent être punis ; mais tout citoyen appelé ou saisi en vertu de la Loi doit obéir à l'instant : il se rend coupable par la résistance.

• **Article 8.** La Loi ne doit établir que des peines strictement et évidemment nécessaires, et nul ne peut être puni qu'en vertu d'une Loi établie et promulguée antérieurement au délit, et légalement appliquée.

• **Article 9.** Tout Homme étant présumé innocent jusqu'à ce qu'il ait été déclaré coupable, s'il est jugé indispensable de l'arrêter, toute rigueur qui ne serait pas nécessaire pour s'assurer de sa personne doit être sévèrement réprimée par la loi.

• **Article 10.** Nul ne doit être inquiété pour ses opinions, même religieuses, pourvu que leur manifestation ne trouble pas l'ordre public établi par la Loi.

• **Article 11.** La libre communication des pensées et des opinions est un des droits les plus précieux de l'Homme : tout Citoyen peut donc parler, écrire, imprimer librement, sauf à répondre de l'abus de cette liberté dans les cas déterminés par la Loi.

• **Article 12.** La garantie des droits de l'Homme et du citoyen nécessite une force publique : cette force est donc instituée pour l'avantage de tous, et non pour l'utilité particulière de ceux auxquels elle est confiée.

Préambule de la Constitution de la IVe République (27 octobre 1946)

• **Paragraphe 1.** Au lendemain de la victoire remportée par les peuples libres sur les régimes qui ont tenté d'asservir et de dégrader la personne humaine, le peuple français proclame à nouveau que tout être humain, sans distinction de race, de religion ni de croyance, possède des droits inaliénables et sacrés. Il réaffirme solennellement les droits et libertés de l'Homme et du citoyen consacrés par la Déclaration des droits de 1789 et les principes fondamentaux reconnus par les lois de la République.

• **Paragraphe 6.** Tout Homme peut défendre ses droits et ses intérêts par l'action syndicale et adhérer au syndicat de son choix.

• **Paragraphe 7.** Le droit de grève s'exerce dans le cadre des lois qui le réglementent.

• **Paragraphe 10.** La Nation assure à l'individu et à la famille les conditions nécessaires à leur développement.

• **Paragraphe 11.** Elle garantit à tous, notamment à l'enfant, à la mère et aux vieux travailleurs, la protection de la santé, la sécurité matérielle, le repos et les loisirs. Tout être humain qui, en raison de son âge, de son état physique ou mental, de la situation économique, se trouve dans l'incapacité de travailler a le droit d'obtenir de la collectivité des moyens convenables d'existence.

• **Paragraphe 13.** La Nation garantit l'égal accès de l'enfant et de l'adulte à l'instruction, à la formation professionnelle et à la culture. L'organisation de l'enseignement public gratuit et laïque à tous les degrés est un devoir de l'État.

Constitution de la Ve République (4 octobre 1958)

• **Préambule**

Le peuple français proclame solennellement son attachement aux Droits de l'homme et aux principes de la souveraineté nationale tels qu'ils ont été définis par la Déclaration de 1789, confirmée et complétée par le préambule de la Constitution de 1946, ainsi qu'aux droits et devoirs définis dans la Charte de l'environnement de 2004.

• **Article 1er.** La France est une République indivisible, laïque, démocratique et sociale. Elle assure l'égalité devant la loi de tous les citoyens sans distinction d'origine, de race ou de

religion. Elle respecte toutes les croyances. Son organisation est décentralisée.
La loi favorise l'égal accès des femmes et des hommes aux mandats électoraux et fonctions électives, ainsi qu'aux responsabilités professionnelles et sociales.

• **Article 2.** La langue de la République est le français. L'emblème national est le drapeau tricolore, bleu, blanc, rouge. L'hymne national est « *La Marseillaise* ». La devise de la République est « Liberté, Égalité, Fraternité ». Son principe est : gouvernement du peuple, par le peuple et pour le peuple.

• **Article 3.** La souveraineté nationale appartient au peuple qui l'exerce par ses représentants et par la voie du référendum. Aucune section du peuple ni aucun individu ne peut s'en attribuer l'exercice. Le suffrage peut être direct ou indirect dans les conditions prévues par la Constitution. Il est toujours universel, égal et secret.
Sont électeurs, dans les conditions déterminées par la loi, tous les nationaux français majeurs des deux sexes, jouissant de leurs droits civils et politiques.

• **Article 4.** Les partis et groupements politiques concourent à l'expression du suffrage. Ils se forment et exercent leur activité librement. Ils doivent respecter les principes de la souveraineté nationale et de la démocratie. Ils contribuent à la mise en œuvre du principe énoncé au second alinéa de l'article 1er dans les conditions déterminées par la loi.
La loi garantit les expressions pluralistes des opinions et la participation équitable des partis et groupements politiques à la vie démocratique de la Nation.

• **Article 5.** Le Président de la République veille au respect de la Constitution. Il assure, par son arbitrage, le fonctionnement régulier des pouvoirs publics ainsi que la continuité de l'État. Il est le garant de l'indépendance nationale, de l'intégrité du territoire et du respect des traités.

• **Article 6.** Le Président de la République est élu pour cinq ans au suffrage universel direct. Nul ne peut exercer plus de deux mandats consécutifs. Les modalités d'application du présent article sont fixées par une loi organique.

• **Article 8.** Le Président de la République nomme le Premier ministre. Il met fin à ses fonctions sur la présentation par celui-ci de la démission du Gouvernement. Sur la proposition du Premier ministre, il nomme les autres membres du Gouvernement et met fin à leurs fonctions.

• **Article 9.** Le Président de la République préside le conseil des ministres.

• **Article 10.** Le Président de la République promulgue les lois dans les quinze jours qui suivent la transmission au Gouvernement de la loi définitivement adoptée.
Il peut, avant l'expiration de ce délai, demander au Parlement une nouvelle délibération de la loi ou de certains de ses articles. Cette nouvelle délibération ne peut être refusée.

• **Article 15.** Le Président de la République est le chef des armées. Il préside les conseils et les comités supérieurs de la défense nationale.

• **Article 20.** Le Gouvernement détermine et conduit la politique de la nation. Il dispose de l'administration et de la force armée. Il est responsable devant le Parlement dans les conditions et suivant les procédures prévues aux articles 49 et 50.

• **Article 21.** Le Premier ministre dirige l'action du Gouvernement. Il est responsable de la défense nationale. Il assure l'exécution des lois. Sous réserve des dispositions de l'article 13, il exerce le pouvoir réglementaire et nomme aux emplois civils et militaires. Il peut déléguer certains de ses pouvoirs aux ministres. Il supplée, le cas échéant, le Président de la République dans la présidence des conseils et comités prévus à l'article 15. Il peut, à titre exceptionnel, le suppléer pour la présidence d'un conseil des ministres en vertu d'une délégation expresse et pour un ordre du jour déterminé.

• **Article 24.** Le Parlement vote la loi. Il contrôle l'action du Gouvernement. Il évalue les politiques publiques. Il comprend l'Assemblée nationale et le Sénat. Les députés à l'Assemblée nationale, dont le nombre ne peut excéder cinq cent soixante-dix-sept, sont élus au suffrage direct. Le Sénat, dont le nombre de membres ne peut excéder trois cent quarante-huit, est élu au suffrage indirect. Il assure la représentation des collectivités territoriales de la République. Les Français établis hors de France sont représentés à l'Assemblée nationale et au Sénat.

• **Article 35.** La déclaration de guerre est autorisée par le Parlement. Le Gouvernement informe le Parlement de sa décision de faire intervenir les forces armées à l'étranger, au plus tard trois jours après le début de l'intervention. Il précise les objectifs poursuivis. Cette information peut donner lieu à un débat qui n'est suivi d'aucun vote. Lorsque la durée de l'intervention excède quatre mois, le Gouvernement soumet sa prolongation à l'autorisation du Parlement. Il peut demander à l'Assemblée nationale de décider en dernier ressort. Si le Parlement n'est pas en session à l'expiration du délai de quatre mois, il se prononce à l'ouverture de la session suivante.

II. Déclaration universelle des droits de l'Homme (10 décembre 1948)

• **Article 1er.** Tous les êtres humains naissent libres et égaux en dignité et en droits. Ils sont doués de raison et de conscience et doivent agir les uns envers les autres dans un esprit de fraternité.

• **Article 2.** Chacun peut se prévaloir de tous les droits et de toutes les libertés proclamés dans la présente Déclaration, sans distinction aucune, notamment de race, de couleur, de sexe, de langue, de religion, d'opinion politique ou de toute autre opinion, d'origine nationale ou sociale, de fortune, de naissance ou de toute autre situation.

• **Article 3.** Tout individu a droit à la vie, à la liberté et à la sûreté de sa personne.

• **Article 7.** Tous sont égaux devant la loi et ont droit sans distinction à une égale protection de la loi. Tous ont droit à une protection égale contre toute discrimination qui violerait la présente Déclaration et contre toute provocation à une telle discrimination.

• **Article 18.** Toute personne a droit à la liberté de pensée, de conscience et de religion ; ce droit implique la liberté de changer de religion ou de conviction ainsi que la liberté de manifester sa religion ou sa conviction seule ou en commun, tant en public qu'en privé, par l'enseignement, les pratiques, le culte et l'accomplissement des rites.

• **Article 19.** Tout individu a droit à la liberté d'opinion et d'expression, ce qui implique le droit de ne pas être inquiété pour ses opinions et celui de chercher, de recevoir et de répandre, sans considérations de frontières, les informations et les idées par quelque moyen d'expression que ce soit.

• **Article 20. 1.** Toute personne a droit à la liberté de réunion et d'association pacifiques.

• **Article 22.** Toute personne, en tant que membre de la société, a droit à la sécurité sociale [...]

• **Article 26. 1.** Toute personne a droit à l'éducation. [...]

III. Conventions internationales

Convention internationale sur les droits de l'enfant (20 novembre 1989)

• **Article 2. 2.** Les États parties prennent toutes les mesures appropriées pour que l'enfant soit effectivement protégé contre toutes formes de discrimination ou de sanction motivées par la situation juridique, les activités, les opinions déclarées ou les convictions de ses parents, de ses représentants légaux ou des membres de sa famille.

Article 3. 2. Les États parties s'engagent à assurer à l'enfant la protection et les soins nécessaires à son bien-être, compte tenu des droits et des devoirs de ses parents, de ses tuteurs ou des autres personnes légalement responsables de lui.

• **Article 7. 1.** L'enfant est enregistré aussitôt sa naissance et a dès celle-ci le droit à un nom, le droit d'acquérir une nationalité et, dans la mesure du possible, le droit de connaître ses parents et d'être élevé par eux.

• **Article 12 1.** Les États parties garantissent à l'enfant qui est capable de discernement le droit d'exprimer librement son opinion sur toute question l'intéressant, les opinions de l'enfant étant dûment prises en considération eu égard à son âge et à son degré de maturité.

• **Article 13 1.** L'enfant a droit à la liberté d'expression. Ce droit comprend la liberté de rechercher, de recevoir et de répandre des informations et des idées de toute espèce, sans considération de frontières, sous une forme orale, écrite,

• **Article 14 1.** Les États parties respectent le droit de l'enfant à la liberté de pensée, de conscience et de religion. [...]

3. La liberté de manifester sa religion ou ses convictions ne peut être soumise qu'aux seules restrictions qui sont prescrites par la loi et qui sont nécessaires pour préserver l'ordre public,

• **Article 19 1.** Les États parties prennent toutes les mesures législatives, administratives, sociales et éducatives appropriées pour protéger l'enfant contre toute forme de violence, d'atteinte ou de brutalités physiques ou mentales, d'abandon ou de négligence, de mauvais traitements ou d'exploitation, y compris la violence sexuelle, pendant qu'il est sous la garde de ses parents ou de l'un d'eux, de son ou ses représentants légaux ou de toute autre personne à qui il est confié.

• **Article 23 1.** Les États parties reconnaissent que les enfants mentalement ou physiquement handicapés doivent mener une vie pleine et décente, dans des conditions qui garantissent leur dignité, favorisent leur autonomie et facilitent leur participation active à la vie de la collectivité.

• **Article 28 1.** Les États parties reconnaissent le droit de l'enfant à l'éducation, et en particulier, en vue d'assurer l'exercice de ce droit progressivement et sur la base de l'égalité des chances.

Convention européenne de sauvegarde des droits de l'Homme et des libertés fondamentales (4 novembre 1950)

• **Article 9. 1.** Toute personne a droit à la liberté de pensée, de conscience et de religion ; ce droit implique la liberté de changer de religion ou de conviction, ainsi que la liberté de manifester sa religion ou sa conviction individuellement ou collectivement, en public ou en privé, par le culte, l'enseignement, les pratiques et l'accomplissement des rites.

2. La liberté de manifester sa religion ou ses convictions ne peut faire l'objet d'autres restrictions que celles qui, prévues par la loi, constituent des mesures nécessaires, dans une société démocratique, à la sécurité publique, à la protection de l'ordre, de la santé ou de la morale publiques, ou à la protection des droits et libertés d'autrui.

• **Article 10. 1.** Toute personne a droit à la liberté d'expression. Ce droit comprend la liberté d'opinion et la liberté de recevoir ou de communiquer des informations ou des idées sans qu'il puisse y avoir ingérence d'autorités publiques et sans considération de frontière. Le présent article n'empêche pas les États de soumettre les entreprises de radiodiffusion, de cinéma ou de télévision à un régime d'autorisations.

2. L'exercice de ces libertés comportant des devoirs et des responsabilités peut être soumis à certaines formalités, conditions, restrictions ou sanctions prévues par la loi, qui constituent des mesures nécessaires, dans une société démocratique, à la sécurité nationale, à l'intégrité territoriale ou à la sûreté publique, à la défense de l'ordre et à la prévention du crime, à la protection de la santé ou de la morale, à la protection de la réputation ou des droits d'autrui, pour empêcher la divulgation d'informations confidentielles ou pour garantir l'autorité et l'impartialité du pouvoir judiciaire.

• **Article 11. 1.** Toute personne a droit à la liberté de réunion pacifique et à la liberté d'association, y compris le droit de fonder avec d'autres des syndicats et de s'affilier à des syndicats pour la défense de ses intérêts.

A

Abstention : non-participation volontaire des citoyens aux élections et aux référendums (p. 138).

Abstentionnisme : fait de ne pas aller voter alors que l'on en a le droit (p. 138).

Amendement : modification proposée à un texte soumis à une assemblée (p. 154).

Antisémitisme : haine des juifs (pp. 26, 33, 95).

Association : groupement de personnes qui s'unissent pour mener une action commune sans chercher à faire de profit (p. 142).

Association humanitaire : regroupement de personnes voulant agir ensemble pour aider les autres (p. 111).

B

Bénévole : personne qui exerce volontairement une activité sans être rémunérée (p. 111).

C

Citoyen : personne qui a le droit de participer à la vie politique (p. 151).

Citoyenneté : qualité commune des citoyens qui exercent ensemble leurs droits et participent à la vie politique (p. 151).

Comparution immédiate : jugement d'une personne le jour même où elle a commis un délit passible d'une peine d'emprisonnement (p. 125).

Conseil de prud'hommes : juridiction civile qui règle les différends entre salariés et employeurs (p. 121).

Contributions publiques : une partie des impôts versés par les habitants finance la protection sociale (p. 135).

Cotisations sociales : prélèvements obligatoires effectués sur le salaire (p. 135).

CSG : contribution sociale généralisée, impôt prélevé directement sur le salaire (p. 135).

Cyber-harcèlement : forme de harcèlement qui passe par les nouvelles technologies de la communication (téléphone portable, mails, réseaux sociaux, forums...) (pp. 40, 53).

D

Débat contradictoire : lors d'une audience, chaque partie peut s'exprimer pour donner ses arguments (p. 122).

Démocratie : régime politique dans lequel le peuple exerce le pouvoir. Les opinions peuvent s'y exprimer librement et les gouvernants sont désignés par le peuple lors d'élections libres. La République française est une démocratie (p. 75).

Démocratie participative : implication des citoyens dans le débat public et dans la prise de décision politique (pp. 164, 169).

Démocratie représentative : régime politique dans lequel le peuple délègue son pouvoir à des représentants (p. 169).

Discrimination : fait de refuser des droits à une personne ou à un groupe de personnes, en raison de son origine, de son appartenance religieuse, de son handicap... Cette attitude est punie par la loi (p. 95).

Dissuasion nucléaire : dissuader, c'est persuader de ne pas faire, donc de ne pas déclencher l'arme nucléaire. L'objectif, dans une démocratie, est de faire peur à l'adversaire, pour maintenir la paix (p. 185).

Dopage : fait de prendre des substances pour augmenter ses performances physiques. Il est interdit par la loi (p. 128).

Droit : il définit, à travers des textes de lois, les droits et obligations de tous, pour nous permettre de vivre ensemble (p. 131).

Droits politiques : droit de participer à la vie politique de son pays, par le droit d'être électeur et éligible (p. 151).

Droits sociaux : droits garantis par l'État au nom de l'égalité et de la solidarité. Ils donnent à tous accès aux services publics assurés par l'État et les collectivités territoriales pour répondre aux besoins de la population (éducation, santé...) (p. 151).

E

Esprit de défense : esprit civique et citoyen qui met une population en capacité d'agir face aux risques et aux menaces, afin de les réduire. Cette prise de conscience résulte d'une éducation à la Défense et à la Sécurité. Elle est une mission de l'École (p. 172).

Exclusion : rejet de personnes hors de la société (p. 111).

Lexique

H

Harcèlement : violences répétées (physiques ou verbales), qui sont le fait d'une ou de plusieurs personnes sur une victime isolée, qui ne peut se défendre (pp. 40, 53).

I

Identité légale : identité officielle d'une personne, protégée par l'État (pp. 84, 95).

Identité personnelle : ensemble de caractéristiques qui distinguent un individu d'un autre (nom, prénom, date de naissance...) (pp. 84, 95).

Infraction : acte, parole, comportement puni par la loi. Elle peut être une contravention, un délit, un crime (pp. 121, 131).

J

Juge de proximité : magistrat non professionnel, en activité ou retraité (avocat, enseignant, chef d'entreprise...). Il est compétent pour juger des litiges civils de la vie courante n'excédant pas 4 000 € (le juge de proximité ne juge pas au pénal) (p. 121).

L

Laïcité : du grec ancien *laikos* dérivé du mot *laos* : « peuple uni autour de valeurs partagées ». Principe selon lequel l'État ne favorise aucune religion. Il implique que les signes d'appartenance religieuse soient discrets à l'école publique (pp. 62, 75).

Litige : désaccord sur l'application d'un droit, donnant lieu à un arbitrage ou à un procès (pp. 122, 131).

Livre blanc sur la Défense et la Sécurité nationale : texte officiel qui fait état des risques et des menaces et définit les objectifs de la politique de Défense et de Sécurité nationale de la France (p. 185).

Loi : règle adoptée par le Parlement que doivent respecter tous les habitants d'un pays (p. 131).

M

Médias : ensemble des moyens de communication (p. 169).

Médiateur : personne qui sert d'intermédiaire entre deux personnes, ou deux groupes, pour régler un désaccord. Sa médiation permet de résoudre les conflits par la discussion (p. 53).

Médiation entre élèves : médiation de certains conflits (petites violences quotidiennes, incivilités), par des élèves extérieurs aux litiges et formés pour trouver une solution (pp. 39, 53).

N

Nationalité : toute personne a une nationalité à la naissance, qui la rattache officiellement à un État (p. 84).

O

Opinion publique : représentation collective de la manière de penser d'une société (pp. 160, 169).

P

Parcours de citoyenneté : composé de quatre étapes : enseignement de défense en 3e et en 1re, recensement (inscription à la mairie de sa commune de tout Français, âgé de 16 ans), Journée Défense et citoyenneté, appel sous les drapeaux (p. 185).

Peine avec sursis : sanction que le condamné est dispensé d'exécuter à condition qu'il se soumette à certaines obligations (ne pas récidiver, travail d'intérêt général...) (p. 125).

Plan Vigipirate : plan gouvernemental permanent de vigilance, de prévention et de protection contre la menace terroriste sur le territoire national. Il peut être élevé au niveau « Alerte Attentat » (p. 185).

Pluralisme des médias : existence de médias d'opinions diverses (p. 33).

Pouvoir exécutif : pouvoir de faire exécuter les lois sur l'ensemble du territoire. Il appartient au président de la République et au gouvernement dirigé par le Premier ministre (pp. 156, 169).

Pouvoir législatif : pouvoir de faire la loi. Il appartient au Parlement (Assemblée nationale et Sénat) (pp. 156, 169).

Prévenu : personne poursuivie pour un délit, qui n'a pas encore été jugée (p. 125).

Promulguer : acte par lequel le président de la République signe une loi avant qu'elle ne soit publiée au *Journal officiel* (p. 154).

R

Racisme : attitude de ceux qui méprisent certaines personnes en raison de leur prétendue appartenance à une race (pp. 26, 33, 95).

Référendum : consultation des citoyens sur un projet de loi. Les citoyens votent en répondant par oui ou par non à la question posée (pp. 156, 169).

Règlement intérieur : texte officiel voté par le conseil d'administration du collège qui fixe les règles à respecter par tous (p. 33).

Réserve militaire : elle comprend la réserve opérationnelle (citoyens volontaires, qui s'impliquent temporairement dans une unité militaire) et la réserve citoyenne (citoyens volontaires, qui contribuent, dans la société, au renforcement du lien armée-nation et promeuvent l'esprit de défense) (pp. 172, 185).

Risque naturel : risque dû à des phénomènes naturels (inondation, tremblement de terre, tempête...) (p. 48).

Risque technologique : risque dû à des activités humaines (explosion d'usine, rupture de barrage, accident nucléaire...) (p. 48).

RSA : revenu de solidarité active qui garantit un revenu minimum aux personnes sans ressources ou un soutien financier à des travailleurs pauvres. Il s'appelle désormais « prime d'activité » (p. 110).

S

Sécurité : mesures décidées par l'État, pour protéger la société contre les dangers et agressions qui porteraient atteinte à la liberté de chacun, au quotidien (p. 75).

Sexisme : comportement de ceux qui considèrent que les femmes et les hommes ne sont pas égaux (p. 95).

SMIC : salaire minimum (p. 110).

Solidarité : entraide entre les personnes, ayant pour objectifs le respect de l'autre et la réduction des inégalités entre les êtres humains (p. 111).

Sondage : enquête visant à connaître la répartition des opinions au sein d'une population sur une question donnée à un moment donné (pp. 162, 169).

Souveraineté nationale : le pouvoir politique appartient à la nation, c'est-à-dire à l'ensemble des citoyens (pp. 156, 169).

Stéréotype : opinion toute faite sur une personne ou un objet, souvent imposée par un groupe de la société (pp. 22, 33, 95).

Syndicat : association qui défend les intérêts professionnels de ses adhérents. Son représentant dans l'entreprise est le délégué syndical (p. 142).

T

Tribunal correctionnel : juridiction pénale qui juge les délits (vols, violences, infractions de la circulation routière...). Ils sont passibles d'amende et, pour la plupart, de peines d'emprisonnement (p. 121).

Tribunal d'instance : il règle les petits litiges de la vie quotidienne (loyers impayés, contestation de limites de propriétés, crédits à la consommation...) pour lesquels la demande porte sur des sommes comprises entre 4 000 et 10 000 €. Les affaires sont jugées par un juge unique, assisté d'un greffier (chargé de retranscrire les débats) (p. 121).

Tribunal de grande instance : il statue sur ce qui concerne l'identité des personnes, le droit des familles (adoption, divorce, héritage, etc.) et a la charge des affaires dont les montants sont supérieurs à 10 000 € (p. 121).

X

Xénophobie : hostilité manifestée à l'égard des étrangers (p. 26).

Crédits photographiques

Couverture : LIGHT MOTIV/Altimage-Philippe Frutier.

16bas FRANCE 2 ; **16ht** Concours organisé par la DRDFE, le Rectorat de Caen et le Conseil régional de Basse-Normandie ; **17d** Création Julien Chevalier © Ville de Morsang-sur-Orge ; **20bas d** CG06/© Gilles Véran ; **20bas g** CIT'IMAGES/Alain Delpey ; **20ht** © Eric Zdobych ; **21** FOTOLIA/Scott Griessel ; **22** ONISEP Grenoble ; **23d** HATAT Feng ; **23g** HATAT Feng ; **24bas** LE MONDE/AFP/Walter Astrada ; **24 ht** LE MONDE ; **24 m** AFP/Walter Astrada ; **25** OUEST FRANCE ; **26** © EDITIONS DELCOURT, 2014/© Lilian Thuram, Paris, 2015 ; **27** LA LICRA/www.licra.org ; **28** GETTY IMAGES France/Underwood Archives ;**29bas** © NRELC : Niles, IL., NORMAN ROCKWELL MUSEUM COLLECTIONS ;**29ht** © 2015 THE NORMAN ROCKWELL ESTATE LICENSING COMPANY ; **32** AMNESTY INTERNATIONAL ; **34ht g et ht d** Collège du Plantaurel 31200 Cazères ; **35** AFP PHOTO/JACQUES DEMARTHON ; **36bas** Monkey Business/Fotolia ; **37** Eric Zdobych ; **41** copyright : Collège Albert-Camus – académie de Toulouse. Source : Ministère de l'Éducation nationale, de l'Enseignement supérieur et de la Recherche ; **42ht** ACTION CONTRE LA FAIM ; **42bas** ACTION CONTRE LA FAIM photo © Garance Tonolli ; **43bas** MaxPPP/IP3/Adrien Matton ; **43ht** ACTION CONTRE LA FAIM ; **47** INPES ; **49** Cedric Drubigny ; **50** REA/ ALLARD ; **51** réalisation Bayard Jeunesse dans le cadre de la campagne Agir contre le harcèlement à l'école, janvier 2012, Ministère de l'éducation nationale, de l'enseignement supérieur et de la recherche ; **52** Conseil Général d'Ille-et-vilaine, Conseil Général des Côtes d'Armor,Espaces des sciences ; **54ht** Benoît DIDIER ; **55d** Martin Argyroglo/Divergences ; **55g** LE MONDE/Images Olivier Clairouin/Le Monde.fr, 11 janvier 2015 ; **57ht** YAKANA ; **59** Jeanbor / Archives Larbor ; **59ht** ARCHIVES LARBOR ; **60bas** The Menil Collection, Houston (b.) ; **61** Arnaud Tracol ; **61ht** FACELLY/SIPA ; **61bas** Lea Aubrit ; **63** UFAL ; **64bas** KICHKA ; **65bas** d Lucille CLERC ; **65ht** PLANTU ; **65bas g** Christian Adams ; **66** L'Humanité/Keystone ; **67** Librairie Le Feu Follet/S. Pandolfi © Adagp, Paris 2015 ; **68** ville-bellerive.com ; **69** ANDIA/Rafto ; **71bas** Charles Platiau /Reuters ; **71ht** DGSCGC ; **73** Joel Saget/AFP ; **74** Medhi Fedouach/AFP ; **76d** TRALALERE 2012 ; **76g** ANIMAFAC ; **77d** © posterfortomorrow 2012 – Eric Le ; **77g** INA/France 2 ; **79** Affiche réalisée dans le cadre des Semaines d'éducation contre le racisme – Actions éducatives coordonnées par la Ligue de l'enseignement – FAL **72** / Auteur Valérie Ruillard/Agence Bleu Cerise. ; **80bas** TRALALERE 2008 ; **80ht d** SHUTTERSTOCK/Rim Dream ; **80ht g** SHUTTERSTOCK/Steffen Foerster ; **80m d** SHUTTERSTOCK/v. s. anandhakrishna ; **80m g** FOTOLIA/Andi.es ; **81** Fédération nationale des Francas ; **82bas** AFP/Alexandre Joe ; **82ht** REUTERS/Radu Signeti RSS/GB ; **83bas** GETTY IMAGES France/Times Life Pictures/francis Miller ; **83ht** AFP/Gérard Julien ; **83m** AFP/Anna Zieminski ; **84** AGEFIPH ; **87bas** AFP/Alberto Pizzoli ; **87ht** LA LICRA/www.licra.org ; **89** © CAPEB/ND Conseil ; **90** AFP/Sophie Ramis ; **91bas** REUTERS/Jorge Lopez ; **91ht** d SIPA PRESS//UN Photo ; **91ht g** AFP/Citizenside/Bernard Ménigault ; **93bas d** REA/Nicolas Tavernier ; **93bas g** CIT'IMAGES/Pierre Rousseau ; **93ht** Laboratoire de l'Egalité ; **94** ONU/www.letsfightracism.org ; **96d** © Kat-cent-coups ; **96g** Conception graphique : © www.entrez-sans-frapper.com. – Illustration : © Frédéric Bénaglia ; **97bas** INA/ France 3 ; **97ht** MAXPPP/PQR/L'Union de Reims/Christian Lantenois ; **98** MILAN PRESSE et Jeunesse en Plein Air/Illustration Jacques Azam ; **99bas** FNSPF/Bertrand Zimmer ; **99ht d** ASSOCIATION DE LA FONDATION ETUDIANTE POUR LA VILLE ; **99ht g** ARTISANS DU MONDE ; **100bas** LES RESTAURANTS DU COEUR ; **100ht** LES RESTAURANTS DU COEUR ; **101** REUTERS/Charles Platiau ; **102bas** ROGER-VIOLLET/Janine Niepce ; **102ht** RUE DES ARCHIVES/Tallandier ; **103bas** CORBIS/epa/Bjoern Sigurdsoen ; **103ht d** ATD QUART MONDE ; **103ht g** INA//France 2 ; **105bas d** FONDATION ABBE PIERRE/Boutique Solidarité Metz/Photo Mohamed Regaz ; **105ht d** ATD QUART MONDE ; **106bas** MAXPPP/BEP/ Le Télégramme/Claude Prigent ; **106ht** REA/Hamilton ; **106m** REA/Stéphane Audras ; **109** Collection KHARBINE-TAPABOR ; **110** ATD QUART MONDE ; **112** Maison de la justice et du droit de Noyon ; **113** HERRENSCHMIDT NOELLE ; **114** Le loup et l'agneau Eau--forte de Marc Chagall (1931) collection particulière ADAGP, Paris 2015 – Chagall ® ; **116** Jean Paul LOZOUET/CIT'en scene ; **117bas** Pascal PARROT ; **117ht** Victor Tonelli/ArtComArt ; **118** GAMMA RAPHO/Guy Durand ; **119d** PHOTONONSTOP / Jacques Loïc ; **119ht g** MAXPPP / THOMAS ; **126** FOTOLIA/Jeanette Dietl ; **126** FOTOLIA/Piotr Marcinski ; **126** FOTOLIA/Glenda Powers ; **126** FOTOLIA/DiversityStudio ; **126** FOTOLIA/fidelio ; **129** Illustration de Carolina Melis/Saatchi & Saatchi – Conseil de l'Europe ; **132bas** Conseil Départemental de la Vendée ; **132ht** Conseil Départemental de la Côte-d'Or ; **133bas** GUENET FRANCOIS/Divergence ; **133ht** GUENET FRANCOIS/Divergence ; **134bas** AFP/Patrick Bernard ; **134ht** d FOTOLIA/uclus ; **134ht g** FOTOLIA/Kurhan ; **135** SYDO, société de conseil en pédagogie ; **136bas** ROGER-VIOLLET ; **136ht** ROGER-VIOLLET/Bibliothèque Marguerite Durand ; **137ht d** Centre Hubertine Auclert/ © MarieClaire Grafilles ; **137ht g** INA ; **138** AACC/Campagne Trop jeune – HEREZIE/co-fondateurs : Andréa Stillacci et Luc Wise ; directeur artistique : Sébastien Boutebel ; Concepteur rédacteur : Jean-Laurent Py ; **140bas g** ECPAD ; **140ht d** BIS ; **140ht g** BIS / © Archives Larbor ; **141d** Mairie de Paris ; **141g** REA / © Gilles Rolle ; **142** AFP/Lionel Bonaventure ; **143bas** HAZGUI Laurent/Divergence ; **143ht** MAXPPP/IP3 PRESS/Mathieu Cugnot ; **144** BIS / © Archives Larbor ; **145** Collection KHARBINE-TAPABOR/IM ; **146** MAXPPP/Rodolphe Lamy ; **148** AACC/Agence Ailleurs Exactement/ Directrice corporate : Florence Taieb ; Directeur Création/C.R. : Marc Sinègre ; Directeur Création/D.A. : Jean Letellier ; Coordinatrice interne : Gina Auninas ; Productrice : Elisabeth de Bryas ; Directrice Média : Pascale Deneuter ; PDG : Evelyn Soum ; Photographe : Bertrand Machet ; Responsable fabrication : Jean-Luc Liessens ; **149ht** AFP/Sébastien Hreblay ; **150bas** ARCHIVES NATHAN ; **150ht** INA/France 3 ; **150m d** ROGER-VIOLLET/Henri Manuel/Bibliothèque Marguerite Durand ; **150m g** ROGER-VIOLLET/Albert Harlingue ; **152bas** INA ; **152ht** AFP ; **153bas** © Ville de Montpellier ; **153ht** © Ville de Montpellier ; **15** SERVICE CIVIQUE ; **156** PHOTONONSTOP/Xavier Richer ; **157bas d** HEMIS/Patrick Escudéro ; **157bas g** PHOTONONSTOP/Rosine Mazin ; **157ht d** SIPA PRESS/Florence Durand ; **157ht g** REA/Ludovic ; **158** Néologis/Géraldine Aresteanu ; **159bas** INA/France 3 Midi Pyrénées ; **159ht d** REA/Denis Allard ; **159ht g** AFP/Thomas Samson ; **160bas** FRANCE 2 ; **160ht d** LE MONDE ; **160ht g** 20 Minutes ; **160ht m** Mediapart ; **163** AFP/lionel Bonaventure ; **164bas** EELV ; **164ht** FRANCE 2 ; **165bas** MAIRIE DE PARIS ; **166** CNDP ; **167** ITURRIA Michel ; **168** Collection CHRISTOPHE L © Two arts LTD ; **170** http://94.citoyens.com/theme/cirfa ; **171d** SIPA PRESS / Chamussy ; **174** bas SIPA PRESS / Nicolas Chauveau ; **174d** Ministère de La Défense ; **175ht** AFP / Win McNamee ; **177bas** AFP / Joel Saget ; **177ht** Marine Nationale ; **178bas** MAXPPP / Photopqr / Le Parisien / Mathieu de Martignac ; **180 d** SIPA PRESS / Haley ; **180g** GUILHOT Alain / Divergence ; **180ht** 123RF Limited / Oleg Pidodnya ; **181d** SIPA PRESS / AP ; **181g** Annie LAMBERT ; **184bas** Ministère de La Défense

N° éditeur : 10214987 — Irilys — juillet 2015
Imprimé en France par Maury.